公路工程施工技术

任传林　王轶君　薛　飞　主编

吉林科学技术出版社

图书在版编目（CIP）数据

公路工程施工技术 / 任传林，王轶君，薛飞主编
. -- 长春：吉林科学技术出版社，2019.5
ISBN 978-7-5578-5489-8

Ⅰ．①公… Ⅱ．①任… ②王… ③薛… Ⅲ．①道路施
工—工程技术 Ⅳ．① U415.6

中国版本图书馆 CIP 数据核字（2019）第 106165 号

公路工程施工技术

主　　编	任传林　王轶君　薛　飞
出 版 人	李　梁
责任编辑	端金香
封面设计	刘　华
制　　版	王　朋
开　　本	185mm×260mm
字　　数	370 千字
印　　张	16.75
版　　次	2019 年 5 月第 1 版
印　　次	2019 年 5 月第 1 次印刷
出　　版	吉林科学技术出版社
发　　行	吉林科学技术出版社
地　　址	长春市福祉大路 5788 号出版集团 A 座
邮　　编	130118

发行部电话/传真　0431—81629529　　81629530　　81629531
　　　　　　　　　81629532　　81629533　　81629534

储运部电话　0431—86059116

编辑部电话　0431—81629517

网　　址	www.jlstp.net
印　　刷	北京宝莲鸿图科技有限公司
书　　号	ISBN 978-7-5578-5489-8
定　　价	70.00 元

编委会

主　编

任传林　山东通达路桥规划设计有限公司

王轶君　中交第二公路工程局有限公司

薛　飞　鄂尔多斯市交通投资有限公司

副主编

丁　峰　驻马店市公路工程开发有限公司

管文逢　山东省济南市历城区公路管理局

冯加文　济南黄河路桥建设集团有限公司

江　凯　四川轻化工大学

杨春红　河南省公路工程监理咨询有限公司

廖　波　中交二公局第三工程有限公司

赵治强　孟津县交通运输局

陈永生　孟津县农村公路管理所

编　委

邵兴稳　济宁市鲁西南公路工程有限公司

前　言

  进入 21 世纪以来，我国的经济发展较快，交通运输业迅猛发展，由于我国大力支持互联网技术和科技创新，在这一政策的推动下，运输业的规模庞大，现有的交通网络已不能适应，所以公路建设不断增加，随着公路建设技术的日趋成熟，公路建设的质量也得到了较大完善，理论结合实践使我国公路施工技术取得较大发展的成果。

  本书通过对公路工程施工技术、高速公路桥梁施工技术、隧道工程施工技术与公路工程施工成本管理、技术管理以及公路的生态保障技术的分析，阐明公路工程的基础理论。通过对公路工程施工技术的探讨，研究了公路工程施工技术的发展与应用。是一本理论与实践相结合，又不乏创新的公路工程施工技术的专业书籍，以期为我国广大公路工程从业者提供全新的理论支持与辅助，为我国的交通运输与公路建设添砖加瓦。

  由于这里包罗内容较多，涉及知识较烦琐，编写人员较多，各章节内容的格式、深度和广度可能并不一致，且谬误无可避免，敬请广大读者批评指正。

目 录

第一章 绪 论

第一节 路桥工程概述

一、路桥工程概念与分类

路桥工程原指公路和桥梁的勘察、设计、施工、养护、管理等工作。

路桥工程按构造可以分为：路基、路面、桥梁、涵洞、隧道、排水、防护、绿化、交通工程、机电等工程。按规范的单位工程划分为：路基工程、路面工程、桥梁工程、互通立交工程、隧道工程、环保工程、交通安全设施、机电工程、房屋建筑工程（注：指路桥工程里的房屋建筑工程，例如收费站、服务区等）

路桥工程还包括城市轨道工程和铁路工程。

二、路桥工程的发展

中国路桥工程施工行业从 20 世纪初开始起步，其间经历了几个不同的阶段：1906年中国修建了第一条公路，但新中国成立前公路总体发展缓慢，基本处于起步阶段，到1949 年全国公路里程共有 8.07 万公里。新中国成立后的头十年，国内公路建设出现了突飞猛进的发展，十年全国公路里程共增长了 529.4%。随后的 3 年自然灾害期间，公路发展几乎停顿，并出现了负增长。1965 年以后公路发展得到一定的恢复。改革开放以后，公路建设走上健康发展的轨道。"七五"期间，国家明确交通运输是国民经济发展的瓶颈产业，国务院批准设立公路建设专项基金和车辆购置附加费，专门用于公路建设，公路建设再次进入快速发展时期。受国家实施积极财政政策的影响，公路投资被作为拉动内需的重要手段，公路基础设施投资额屡创新高，为国民经济快速健康发展做出了很大的贡献。2010 年，全国公路建设投资完成 11482.28 亿元，比上年增长 18.8%。"十一五"累计完成投资 22159.01 亿元，是"十五"投资完成额的 2.5 倍。

截至 2014 年年底，全国铁路营业里程达到 11.2 万公里，其中高铁营业里程达到 1.6 万公里；公路总里程 446.39 万公里，其中高速公路里程 11.19 万公里。

（一）全球路桥工程市场规模分析

中国产业调研网发布的 2016 年版中国路桥工程市场现状调研与发展趋势分析报告认为，目前亚太地区是全球最大的路桥工程建设市场，2014 年区域生产规模约为 4823 亿美元，占同期全球市场总量的 46.6%；欧洲市场规模为 2008 亿美元，占比为 19.4%；北美市场总量为 2215 亿美元，占比为 21.4%。

（二）2014 年全球路桥行业细分区域规模对比

近年来，中国路桥积极响应国家"走出去"战略的号召，创新进取，培育核心竞争力，以 EPC 等高端方式承揽了塔乌公路、巴基斯坦喀喇昆仑公路改建工程、毛里塔尼亚友谊港改扩建工程、塞尔维亚泽蒙—博尔察大桥等著名项目。在全力打造国际领先的全球承包商的同时，积极履行社会责任，回馈当地社会和居民。累计资助百余名驻在国学生到中国高等学府留学，并开展各种公益活动，为驻在国民众雪中送炭，受到所在国的普遍好评。

《2016 年版中国路桥工程市场现状调研与发展趋势分析报告》在多年路桥工程行业研究结论的基础上，结合中国路桥工程行业市场的发展现状，通过资深研究团队对路桥工程市场各类资讯进行整理分析，并依托国家权威数据资源和长期市场监测的数据库，对路桥工程行业进行了全面、细致的调查研究。

中国产业调研网发布的 2016 年版中国路桥工程市场现状调研与发展趋势分析报告可以帮助投资者准确把握路桥工程行业的市场现状，为投资者进行投资作出路桥工程行业前景预判，挖掘路桥工程行业投资价值，同时提出路桥工程行业投资策略、营销策略等方面的建议。

第二节　公路工程概述

公路的字面含义是公用之路、公众交通之路，汽车、单车、人力车、马车等众多交通工具及行人都可以走。早期的公路没有限制，大多是简易公路，后来不同公路有不同限制。由于交通日益发达，限制性使用的公路越来越多，特别是一些公路专供汽车使用了（有的城市公路从禁止单车到禁止摩托车），而且发展出高速公路这种类型，专供汽车全程封闭式使用。民间也称作马路，如"马路天使"里的用法，不限于马匹专用。因为汽车和修路技术的发展，公路发展出不同级别。

公路分级有不同体系。中国人民交通出版社于 2014 年出版的《公路工程技术标准》，对公路按交通量分为五个技术等级。快慢角度分为高速公路、快速公路、普通公路。中国近年又有高等级公路等名称。中国按行政级别分为国道、省道、县道、乡道、村道。

一、公路的分类

（一）功能型五级

1. 根据公路的使用任务、功能和流量进行划分，主要按交通量划分。五级。

（1）高速公路

中国 1984 年修建第一条高速公路即沈大高速公路之前，旧的公路等级体系没有它，后来新出现的，居首。

高速公路是全部控制出入、专供汽车在分隔的车道上高速行驶的公路。主要用于连接政治、经济、文化上重要的城市和地区，是国家公路干线网中的骨架。（四车道的）一般年平均每昼夜汽车通过量 2.5 万辆以上。

（2）一级公路

一级公路为供汽车分向、分车道行驶，并部分控制出入、部分立体交叉的公路，主要连接重要政治、经济中心，通往重点工矿区，是国家的干线公路。四车道一级公路一般能适应按各种汽车折合成小客车的远景设计年限，年平均昼夜交通量为 15000～30000 辆；六车道一级公路一般能适应按各种汽车折合成小客车的远景设计年限，年平均昼夜交通量为 25000～55000 辆。

（3）二级公路

二级公路连接政治、经济中心或大工矿区等地的干线公路，或运输繁忙的城郊公路。一般能适应各种车辆行驶，二级公路一般能适应按各种车辆折合成中型载重汽车的远景设计年限，年平均昼夜交通量为 3000～7500 辆。

（4）三级公路

三级公路沟通县及县以上城镇的一般干线公路。通常能适应各种车辆行驶，三级公路一般能适应按各种车辆折合成中型载重汽车的远景设计年限，年平均昼夜交通量为 1000～4000 辆。

（5）四级公路

四级公路沟通县、乡、村等的支线公路。通常能适应各种车辆行驶，四级公路一般能适应按各种车辆折合成中型载重汽车的远景设计年限，年平均昼夜交通量为：双车道 1500 辆以下；单车道 200 辆以下。

2. 五级细分

根据我国现行的《公路工程技术标准》（JTGB01-2014），公路按使用任务、功能和适应的交通量分为高速公路、一级公路、二级公路、三级公路、四级公路五个等级：

（1）高速公路为专供汽车分向分车道行驶并应全部控制出入的多车道公路。

四车道高速公路应能适应将各种汽车折合成小客车的年平均日交通量25000～55000辆。六车道高速公路应能适应将各种汽车折合成小客车的年平均日交通量45000～80000辆。八车道高速公路应能适应将各种汽车折合成小客车的年平均日交通量60000～100000辆。

（2）一级公路为供汽车分向分车道行驶并可根据需要控制出入的多车道公路。四车道一级公路应能适应将各种汽车折合成小客车的年平均日交通量15000～30000辆。六车道一级公路应能适应将各种汽车折合成小客车的年平均日交通量25000～55000辆。

（3）二级公路为供汽车行驶的双车道公路。一般能适应每昼夜3000～7500辆中型载重汽车交通量。

（4）三级公路为主要供汽车行驶的双车道公路。一般能适应每昼夜1000～4000辆中型载重汽车交通量。

（5）四级公路为主要供汽车行驶的双车道或单车道公路。双车道四级公路能适应每昼夜中型载重汽车交通量1500辆以下。单车道四级公路能适应每昼夜中型载重汽车交通量200辆以下。

3. 高中低划分

高速和一级为高等级公路，二级居中，三四为低等级公路。

高速公路和一级公路为20年；二级公路为15年；三级公路为10年；四级公路一般为10年。

二、三、四级公路的通过量是将在公路上混合行驶的自行车、人力车、畜力车、轿车、拖拉机、汽车拖带挂车或半挂车等，都按一定系数换算成载货汽车数。中国和多数发展中国家的公路交通量多超过原定的通过能力，故必须采取相应的技术措施对公路进行改造，以适应车辆通过能力的需求。

公路等级的选用根据公路网的规划，按照公路的使用任务、功能和远景交通量综合确定；同一条公路，可根据交通量等情况分段采用不同的车道数或不同的公路等级。

（二）快慢分级

快慢用词的分级是高速、快速、普通三大档次。

1. 高速公路

高速公路是全部控制出入、专供汽车在分隔的车道上高速行驶的公路。

2. 快速公路

快速公路是介于普通公路与高速公路之间的汽车专用道路。台湾早就颁布过行政法规《高速公路及快速公路交通管制规则》，大陆官方文件也区分这二种公路，但还无专文规定快速公路。在大陆，应该说它包括某些一级公路，及落后地区的某些二级公路。大陆地方政府定名的有重庆内环快速公路（高速公路降级而来的以方便当地交通）。

3. 普通公路

普通公路是一般公路。

（三）行政级别型等级

公路按行政等级可分为：国家公路、省公路、县公路和乡公路（简称为国、省、县、乡道）以及专用公路五个等级。一般把国道和省道称为干线，县道和乡道称为支线。

1. 国道

国道是指具有全国性政治、经济意义的主要干线公路，包括重要的国际公路，国防公路，连接首都与各省、自治区、直辖市首府的公路，连接各大经济中心、港站枢纽、商品生产基地和战略要地的公路。国道中跨省的高速公路由交通部批准的专门机构负责修建、养护和管理。国道很多，是国家级干线公路。如 318 国道从上海市到拉萨市到日喀则市，通向珠峰，是川藏公路南线的主干。219 国道是新藏公路。

2. 省道

省道是指具有全省（自治区、直辖市）政治、经济意义，并由省（自治区、直辖市）公路主管部门负责修建、养护和管理的公路干线。

3. 县道

县道是指具有全县（县级市）政治、经济意义，连接县城和县内主要乡（镇）、主要商品生产和集散地的公路，以及不属于国道、省道的县际间公路。县道由县、市公路主管部门负责修建、养护和管理。

4. 乡道

乡道是指主要为乡（镇）村经济、文化、行政服务的公路，以及不属于县道以上公路的乡与乡之间及乡与外部联络的公路。乡道由人民政府负责修建、养护和管理。

5. 专用公路

专用公路是指专供或主要供厂矿、林区、农场、油田、旅游区、军事要地等与外部联系的公路。专用公路由专用单位负责修建、养护和管理。也可委托当地公路部门修建、养护和管理。

二、公路的组成

公路一般由路基、路面、桥梁、隧道工程和交通工程设施等几大部分组成。

（一）路基工程

路基是用土或石料修筑而成的线形结构物。它承受着本身的岩土自重和路面重力，以及由路面传递而来的行车荷载，是整个公路构造的重要组成部分。路基主要包括路基体、边坡、边沟及其他附属设施等几个部分。路基的形式主要有填方路基、挖方路堑及半填半挖路基。

（二）路面工程

路面是用各种筑路材料或混合料分层铺筑在公路路基上供汽车行驶的层状构造物，其作用是保证汽车在道路上能全天候、稳定、高速、舒适、安全和经济地运行。路面通常由路面体、路肩、路缘石及中央分隔带等组成，其中路面体在横向又可分为行车道、人行道及路缘带。

路面体按结构层次自上而下可分为面层、基层、垫层或联结层等。

面层所用材料主要有水泥混凝土、沥青混凝土、沥青碎（砾）混合料、沙砾或碎石掺土的混合料以及块石等。它要承受较大的行车荷载的垂直力、水平力和冲击力的作用，同时还要承受到降水、侵蚀及气温等外界因素的影响。

基层所用材料主要有各种结合料（如石灰、水泥、沥青等）稳定土或稳定碎（砾）石、贫水混凝土、天然沙砾、各种碎石或砾石、片石、块石或圆石，各种工业废渣（如煤渣、粉煤灰、矿渣、石灰石等）和土、砂、石所组成的混合料。基层主要承受由面层传来的车辆荷载的垂直力，并扩散到下面的垫层和土基中去。

垫层材料分为两类：一类是松散粒料，如砂、砾石、炉渣等组成的透水性垫层，另一类是用水泥或石灰稳定土等修筑的稳定类垫层。垫层介于土基和基层之间，它的功能是改善土基的湿度和温度状况，以保证面层和基层的强度、刚度和稳定性不受土基水温状况变化所造成的不良影响。

（三）桥隧工程与交通工程也是道路工程的重要组成部分

下面让我们再通过图片浏览的方式来了解以下桥隧工程与交通工程的一些内容吧：桥隧工程包括桥梁、涵洞、通道和隧道等。

交通工程设施是针对高等级公路行车速度快、通过能力大、交通事故少、服务水平高的特点而设置的，它包括安全设施、管理设施、服务设施、收费设施、供电设施、环保设施等内容。

三、公路的施工方法与特点

学习公路工程施工，在我们对公路的分类与组成了解之后，还应对公路工程施工中所用的各种不同施工方法及其适用的范围有一个初步了解，以便我们在施工过程中根据不同的工程采用相应的施工方法，制订相应的施工计划，提高生产效益；同时，我们对公路施工的基本程序、施工特点也应较熟练地掌握，从而使我们能有预见性的考虑到在施工过程中各个环节可能出现的问题，较顺畅的完成从投标→开工→施工→验收等公路工程施工工作。

（一）施工方法

1. 公路的施工方法

公路的施工方法有人工和简易机械化施工、水力机械化施工、爆破施工和机械化施工等几种。

2. 人工施工

人工施工使用手工工具和简易机械化，效益低，劳动强度大，进度慢，适用于一些路段机械无法进场，一些工程（如砌体工程）还无法开展机械化作业，以及某些辅助性工作。

3. 水力机械化施工

水力机械化施工运用水泵、水枪等水力机械，是机械化施工的一种，可用来挖掘比较松散的土层和进行软土地基加固的钻孔工作，需有充足水源和电源。

4. 爆破法施工

爆破法施工是开挖岩石路堑的基本方法，主要用来震松岩石、坚土、冻土，或采集石料。是公路施工特别是山区公路施工不可缺少的施工方法。

5. 机械化施工

机械化施工采用推土机、铲运机、平地机、挖掘机、压路机及松土机等施工机械，可以极大地提高劳动生产率，加快施工进度，提高工程质量，降低工程造价，保证施工安全，是加速公路建设，实现公路施工现代化的根本途径。

施工方法的选择，应根据工程性质、工程数量、施工期限以及可能获得的人力和机械设备等条件来考虑。在一批高等级公路的施工中，基本实现了机械化或半机械化施工作业，因此，必须十分注意提高机械施工技术与管理水平，充分发挥机械设备的作用，提高劳动生产率，使我国公路建设事业早日全面实现施工现代化。

（二）施工特点

公路是一种人工构造物，是通过设计和施工消耗大量的人工、材料和机械而完成的建筑产品。公路施工与一般工业生产和其他土建工程施工（如房屋建筑）不同，有着它本身的一些特点。公路工程是线形建筑物，施工面狭长，流动性大，临时工程多，施工易受到其他工程和外界的干扰，施工管理工作量大。

公路施工系野外作业，受水文、气候、地质、地形地貌等自然条件的影响很大。对于高等级公路工程的施工与一般公路工程的施工相比，还具有如下特点：

（1）填挖高度增加、深挖或高填地段多：一般都在 4m ~ 5m 以上，有的路段可能达到 10m 以上，因此对施工的稳定性、合理性要求较高；同时对填料的性质、含水量、压实度等指标的要求也相应提高，取土、弃土的矛盾较突出，借土或弃土的数量增大。

（2）工程地质情况复杂，特殊地质条件的路基较多：如滑坡体、泥石流及稻田、水库、软土地基等情况。

（3）在工程施工中就要求采取特殊的施工工艺。

（4）路线中的桥涵和通道等特殊工程多，给施工增加了困难。

（5）施工机械化程度高：各种新工艺、新材料、新技术得到广泛应用。

（6）征地、拆迁工作量大，占用耕地多，涉及面广，施工干扰多，施工中的横、纵向协调工作量大，而且困难。

（7）配套设施多，施工技术的要求全面。如：护栏、停车场、休息区、服务区、收费站及环保设施等。

公路施工因以上特点，决定了它的施工规律，只有研究并遵循这些规律，科学地组织高等级公路施工，才能圆满地完成施工任务。

四、公路建设的内容及特点

现代交通运输业是由铁路、公路、水运、航空、管道等多种运输方式所组成的综合运输体系，而且各种交通运输方式互为补充，其功能得到充分发挥。交通运输业是国民经济的组成部分，公路运输业在整个交通运输业中占有较大比重。

公路运输需通过公路来实现，公路的特殊性质和特有的基本属性，使公路在交通输业中占有重要地位，并起重要作用。

为了科学的组织公路工程的生产活动，降低工程成本，提高公路建设的经济效益，就必须了解公路建设的内容及特点，公路施工组织工作必须结合公路建设的特点进行。

（一）公路建设的内容

公路建设是从立项到竣工验收的全过程，是生产公路建设产品的活动，即为公路运输业提供公路工程中各种建筑物和构筑物的活动，是增加固定资产的活动。公路建设的内容一般可以分为以下三个方面：

1. 公路工程基本建设

随着交通运输量的不断增大，原有的公路不能满足社会的需要，要求运输业进一步发展，进行公路工程基本建设。公路运输业通过新建、扩建、重建、改建等来达到不断扩大公路运输能力的目的。公路工程基本建设属于固定资产的扩大再生产。

2. 公路工程大、中修与技术改造

公路建筑产品形体庞大，结构多样，需要多种不同性质的材料，运用多种不同的设备才能完成，在自然因素和行车荷载的反复作用下，使公路建筑产品各组成部分的寿命不同，尽管经过不断的保养，还是无法永久地使用下去，为了维护原有的功能，就需要对公路建筑产品的某些部位进行大的改造，甚至完全更新。公路工程大、中修与技术改造属于固定资产的简单再生产和部分扩大再生产。

3. 公路工程的小修、保养

公路工程构造物在长期使用过程中，受到行车和自然因素的作用不断磨蚀而损坏，只有通过定期和不定期的维修、保养，才能保证产品的正常使用。公路工程的小修、保养是属于固定资产的简单再生产。

（二）公路建设产品的特点

公路建设产品包括路线、桥涵、隧道等固定资产，特点为：

1. 产品的固定性

公路工程建设产品一旦建成后，就固定于一定的地点，永久的占用大量土地，不能移动，只能在固定点发挥它的功能。

2. 产品的多样性

公路建筑产品具有不同的使用目的、技术等级、技术标准和不同的自然条件、结构形式，并且所在地区的自然条件也不相同，导致主体功能不同，使公路的组成结构复杂，多种多样。

3. 产品形体庞大性

公路工程是线形构造物，由路线、桥涵、隧道、沿线设施等组成，其形体庞大，占用土地和空间多。

4. 产品部分结构的易损性

公路建设产品部分结构暴露于大自然下，并受到垂直荷载、水平荷载、动荷载、车后真空吸力等作用，使材料老化，出现损坏，需要不断的养护。

（三）公路施工的特点

1. 施工流动性大

公路是线形人工构筑物，点多线长，工程分布极为分散，既有集中工程，又有线形分布工程，其产品在建造过程中和建成后都无法移动，并且有严格的施工顺序，因而要组织各类工作人员和各种机械围绕这一固定产品，在同一工作面不同时间，或同一时间不同工作面上进行施工活动，因此需要科学地解决这种空间上的布置和时间上的安排两者之间的矛盾。此外，当一个工程竣工后，还要解决施工队伍向新的施工现场转移问题，因此在公路建设过程中施工流动性大。

2. 施工工期长

由于公路工程产品具有多样性，形体庞大性，固定性而又具有不可分割性，使施工周期长，在较长时间内大量占用和耗费人力、物力和财力，直到整个施工周期完结，才能出产品，因此要求我们进行科学合理的施工组织。

3. 施工协作性高

公路工程类型多，施工环节多，工序复杂，产品具有单件性，不仅要进行个别设计而且采用不同的施工方法，分别组织施工。为了保质保量按期完成施工任务，每项工程都需要建设单位、设计单位、施工单位、监理单位及材料、动力、运输等各个部门的通力协作，因此要有严密的计划和科学管理。

4. 受外界干扰及自然因素影响大，需要不断的养护

公路工程施工主要是在野外露天作业，路线通常要经过不同地区，地理环境、地质情况复杂，受外界干扰及自然因素影响大，如特殊地区及气候冷暖、地质条件、设计变更、物资供应等因素，而且公路的部分结构具有易损性，不进行正常的养护就不能维持正常的运输生产。

第三节　公路建设背景与现状

一、我国公路建设与发展的现状与措施

新时期，随着社会经济的发展，市民对于公路和交通运输系统的要求在普遍提高。但不可否认的是，因为公路建设工程庞大，在施工期间可能因为环境因素、地域因素、管理因素等出现一些问题，从而导致公路建设与管理遇到困难，因此，如何采取措施促进我国公路事业的进一步发展，是值得我们重视并深入研究的话题。

（一）我国公路建设与发展的现状

1. 我国公路的基础规划

我国在针对公路建设基础上研究形成"五纵七横"国道主要规划干线，其研究计划需用二至三十年的时间进行建设完善，从而保证二级以上公路为主要国道主干线；同时国家制订进一步的政策，扩大公路的建设以及融资渠道，吸引国内外资本加入公路的建设和改善，从而对我国公路事业的建设和改善起到重要的推动作用。

2. 我国公路近年来发展进度

（1）现今我国公路建设发展情况

随着社会的发展，我国公路建设得到了明显性的建设进展和完善。从 2005 年至 2012 年，我国全部公路里程已由 151.9 万达到 198.3 万，其公路里程总数位居世界第四位；其中公路一级、二级为汽车专用公路，由 4250 公里曾至道 1.75 万公路，增长 3.15 倍；我国100% 的县、98% 的行政乡、88% 的行政村进行通达公路。同时，我国先后建设了沈大、

京津唐、济青、广深、京石、石太、宜黄、西宝、沪宁、成渝等重要高速干线，形成了主要城市之间的惯连，促进了我国经济的发展。

（2）公路基础设施加快发展

2012年，我国公路建设总投资达到2117亿元，占公路建设总投资规模的1/6，达到历史上最高公路建设水平。全年公路建设新开工104个重点公路建设项目，其公路建设在总投资规模中超出5100亿元，而65%的投资用于高速公路建设。公路建设以及改善不但推动了我国经济的增长，也改善我国交通瘫痪的状态。

（3）公路已成为我国运输系统的核心

随着我国公路的不断改进，运输量以及运输能力都在持续上升，从2012年开始全国客运量为145亿人，客运中转量6950亿人，货运量为105亿吨，货运中转量7500亿吨，其中公路运输系统所占比例分别为90.5%、55.9%、78.1%、15%。由此可见我国近年来公路基础建设设施发展的速度，这增强了我国公路运输的综合能力，对提高交通系统起到了重要的推动作用。

（二）我国公路建设与后续发展的对策

1. 加强公路规划管理

一方面，对于公路的规划，公路有关部门应统一研究分析公路、交通中存在的问题，进行完善公路运输功能。另一方面，我国公路交通应进一步完善公路建设标准，使施工有章可循。同时，公路建设应加强经济方面的支持，多方面筹措资金，保证公路建设的资金链顺畅。

2. 加强公路建设施工管理

施工前应详细审核公路图纸，严格控制公路建设所用的原料，从而提高公路的安全性。对于公路建设在施工期间出现的问题，比如偷工减料，应严惩不贷，要求返工，严重时予以停工，避免因公路建设期间出现的质量问题导致严重后果。同时，加强养护力度，及时对损坏的公路进行维修或是重建，从而促进我国公路交通运输能力的提升。

3. 加强高速公路收费管理

高速公路是我国公路系统中的重要组成部分，完善高速公路收费系统是提高我国交通运输业管理水平的重要体现。目前而言，部分高速公路设置的收费系统还存在一些问题，影响了高速公路的使用功能，因此对于高速公路收费系统应进行改善，可以撤销不合理的公路收费点，或积极推广施行一路一票的收费管理体制，同时实施高速公路交通收费设备的科技化、智能化，进而增强相关管理部门的工作效率。

综上所述，随着我国公路建设事业的飞速发展，其为我国经济发展做出了重要的贡献。新时期，我们要不断更新公路建设管理理念、完善公路管理模式，力争取得更好的经济效益和社会效益。

二、农村公路建设现状与对策

中国是一个农业大国，随着我国国民经济的快速发展、综合国力的不断增强，发展农村经济已经成为人们关注的热点。农村公路是农村经济快速发展的重要基础。农村公路建设对于农村经济的发展有着极大的推动作用，对于增强我国综合国力有着极大的意义。农村公路建设是推动我国社会主义新农村的重要内容，能够有效增加农民收入。这几年来，我国农村公路建设得到了飞速的发展，但仍然存在着一些问题，因此，应当对农村公路建设进行认真分析和合理的规划，充分利用现有的资源进行农村公路建设，实现可持续发展。

（一）农村公路建设的现状

1. 农村公路建设规划方案较粗糙

在很长一段时间内，农村公路建设都没有进行过系统的规划工作。虽然在这几年交通管理部门对农村公路建设的重视和指导有所加强，但是由于农村公路建设项目的资金少、范围广等因素，导致资金的利用率不高、后期调整率高等问题。在现阶段农村公路建设工作中缺乏实际情况的观察和数据调查分析，在规划方面也缺乏与施工地周围公路网的协调性，可操作性和科学性都不能达到标准。这样盲目的对农村公路建设进行规划将导致公路建设施工无法顺利进行，对后期工程产生巨大影响。

2. 农村公路养护意识不强

目前农村公路的养护人员大多数是非固定工作人员，缺乏管理与养护的专业知识，综合能力和素质都相对偏低，加上养护器械的匮乏，导致农村公路养护工作的效率不高且质量差。与此同时，由于农村公路线路多且较为分散，这就导致管理不能到位，执法不能切实落实。在农村公路上往往能看到在公路上堆放建筑材料的现象，这样会严重影响农村经济的发展。

（二）农村公路建设存在的问题

1. 农村公路建设资金不足

当前我国农村公路的造价大概为 25 ~ 30 万元 / 公里，除去省补助的 10 万元 / 公里，地方上大概要筹集 20 万元 / 公里。目前我国农村公路建设的资金来源主要有省补助、交通费、财政、村集体经济、农民自愿集资和外出工作人员捐赠这六种方式。我国农村一般为欠发达地区，村集体经济相对薄弱，且地方集资和交通费的数目都十分有限，因此农村公路建设的资金短缺问题十分严重。即便在公路建设完成之后，由于缺乏对于公路的养护和行驶车辆超重等问题，导致路面很容易受到严重的损坏。

2. 农村公路建设管理责任不明

按照规定，农村公路建设项目的业主应该是镇政府，但由于有些镇自身经济状况有限，无法承担农村公路建设资金，便将农村公路建设项目转移到村委会，这样是违反规定的。此外，镇政府缺乏公路工程技术，因此主要靠交通部门对农村公路工程质量进行监管。由于农村公路范围广工期长，地方交通部门的人员又十分有限，这就造成了管理方面人员不足的情况。

3. 农村公路管理机制不健全

目前我国农村公路管理机制还不健全，道路养护政策不完善，导致农村公路很容易损坏严重，造成农村资产严重浪费。

4. 农村公路建设质量问题

我国大部分农村公路建设并未采取招标的方式确定设计方和施工方。设计方技术水平不高，个体户承包施工的现象十分普遍。施工方专业水平不高，且不熟悉施工程序和施工规章，导致施工过程中操作简单，并未按照规章制度进行施工。对于监管部门，由于其责任心不强，对现场施工并未监管到位，使施工人员随意施工，对农村公路建设工程的质量和施工过程中的安全问题产生了极大的影响。有些公路建设工程在验收过程中也并未严格进行检测、收集施工材料，这就导致建成的农村公路质量不达标，抗灾能力不强，并未进行安全防护措施等问题。

（三）对农村公路建设的对策建议

1. 明确农村公路建设的责任主体

对于农村公路建设推广实行考核制度，严格遵守目标管理责任书的要求。对于表现优秀的建设队伍给予一定的奖励措施并大力宣传他们先进做法。扩大管理部门的职责范围，要求他们切实对农村公路管理工作负责到位，对于超重超载的车辆进行严惩。

2. 拓展农村公路建设资金来源

农村公路建设的主要问题是资金问题，因此要想加快农村公路建设，就要让地方政府尽快完善农村公路筹集资金的相关政策，加大政府对于农村公路建设的关注度，充分调动各部门的公路建设积极性，将农村公路建设资金问题落实到位。

3. 加强监管力度以保障农村公路建设质量

采用招标的方式选取设计方和施工方，选择有资质有能力的单位对工程进行设计、监管和施工，加强施工方对合同的管理。在施工过程中，要求施工单位严格履行合同上的各项条款，要求施工规范化。严格保障农村公路建设的质量和安全问题。充分发挥和利用农民群众的监督管理作用，让群众对农村公路建设施工过程进行一定的质量和安全监督，以保障农村公路建设的发展。此外，要重视公路建设项目竣工后的测评工作，在验收过程中，要严格对工程质量进行质量检测。

三、国内外公路交通降噪措施

交通噪声控制是一个复杂的系统工程，必须综合多方面因素治理。目前控制公路交通噪声比较有效的措施主要有开发研制低噪声车辆、低噪声路面、合理选线和规划布局、绿化带、声屏障降噪、隔声门窗等。

（一）控制公路交通噪声的主要措施

1. 低噪声车辆

随着经济社会的发展和人民群众出行需要，城市交通的发展出现了交通拥堵、出行不便、环境污染等矛盾，为缓解这些矛盾，应大力发展公共交通，其中公共汽车是最常见的公共交通工具，我国现有的公共汽车的噪声是 88 ~ 91dB，远高于低噪声重型车 85dB 的指标。电动公共汽车的噪声比一般内燃机公共汽车噪声低 10 ~ 12dB，特别适合作为城市中启动和停车频繁的公共交通车辆。

2. 低噪声路面

汽车噪声主要由发动机噪声、排气噪声、进气噪声、冷却风扇噪声、车体振动噪声、轮胎噪声等组成。当车速大于 50km/h 时，轮胎噪声就成为主要的汽车噪声，当轮胎在路面滚动时，由于轮胎表面花纹与路面相互作用，空气体积流的往返运动形成一种单极子噪声源，同时还产生轮框振动噪声。修筑低噪声路面是防治交通噪声污染的有效途径。低噪声路面是指利用铺设在路面上孔隙率为 15% ~ 25% 的沥青混合料中的孔隙网来影响轮胎花纹和路面洞穴中的空气的压缩与喷排，从而减弱车辆噪声。此种路面可降低交通噪声 3 ~ 8dB。以深圳新洲路、莲花路和布龙路为例，通过对普通水泥路面的改造，噪声降低了 4 ~ 5dB。从实例可以看出使用新型低噪声路面既不影响城市景观又不需要改变城市现有构筑物，而且降噪效果显著，可以明显改善周边声环境。

3. 声屏障

声屏障就是在声源与接收点之间设置的障板，从而阻断声波的直接传播，以降低噪声。声屏障是目前应用较为广泛的公路降噪方式。一些发达国家从 20 世纪 60 年代末就开始了声屏障的研究和应用，近年来，我国一些城市和高速公路、铁路也相继建造了声屏障，而且发展速度很快。

（1）国外的声屏障发展

国外大多数公路沿线地区可利用的修建降噪设施的土地和空间大，因而声屏障结构形式类型多样。从结构上区分主要有砌块结构、板型结构、生物类型结构、轻型复合板结构和简易结构。比如美国、德国、加拿大多采用混凝土砌块或混凝土板结构，根据类型可分为直壁型、薄屏式、折壁型、表面倾斜型、土堤式、封闭型等。

Γ 型道路声屏障：国外许多高速公路声屏障的三维尺寸（长度、厚度、宽度）都已标准化，常用形式是直壁式，早期用砖石、砼等材料。为了减少现场作业，便于工厂化生产，标准化的金属结构声屏障得到广泛应用。面向道路的一侧通常做成吸声表面，声屏障被插入 H 形钢支架上。对于车流量大的交通干道，简单的直壁式声屏障尚不能起到保护干道附近声环境的作用，在这种情况下，将屏障的顶端按一定角度折向道路内侧，以改善屏障的降噪效果。模型试验结果表明，由此在一定范围内可获得较等高普通吸声屏障高 5dB 以上的噪声衰减量，从而能在一定程度上解决屏障高度与降噪性能的矛盾。

隧道式声屏障：城市交通干道两侧的高层建筑物，形成城市"峡谷"。研究表明，平行"峡谷"中由于声反射而使该区的声压级相对于单侧屏障有所升高。此时，采用一般的声屏障来控制交通噪声向窗户处的辐射是困难的。掩蔽式声屏障则是一个解决问题的典型例子，该声屏障又称隧道式声屏障，造价高，在日本、加拿大都已采用，为了采光，顶部常用透明材料或设置采光罩。

（2）国内的声屏障发展

国内声屏障的结构主要为砌块结构、金属复合板结构，其类型目前仅有直壁型、薄屏式、折壁型。这主要是因为公路用地资源紧张，能提供给声屏障建设的空间较小，市场供应类型较少，技术不成熟，如若厂家定制会大大提高建设成本，因而声屏障的结构类型比较单一。

4. 绿化带降噪

绿化带降噪是通过种植密度和宽度合理的常绿灌木或乔木形成一道植被墙，来改变噪声在声源与防护对象两者之间的空间自由传播，达到降低噪声的目的，是一种常用的交通降噪方式。根据有关研究资料表明，当绿化林带宽度大于10m时，可降低交通噪声 4～5dB。以沪嘉高速公路绿化降噪测试为例，实际测得平均降噪量在 2.9dB。该方法具有明显生态效益，既可以降低交通噪声，又可以通过绿色植物对有害气体的吸收作用，改善周围环境。

5. 隔声通风窗

隔声通风窗降噪原理是声波入射到玻璃界面上产生反射达到阻挡噪声进入房间。隔声窗一般采用双层和多层玻璃做成，其隔声量根据玻璃厚度的不同可达到27～30dB，可以有效降低户外噪声对于室内环境的影响。为了体现健康住宅的理念，现在很多建筑在设置隔声窗的同时，还增加了室内通风系统，按空气流动学及建筑穿堂风原理，通过一个或数个新风吸音过滤器及各个使用单位的机械通风器的不同组合，从而形成该系统，当某个空间需要新鲜空气时，启动机械通风器，立刻能带动空气的交换使这个空间形成空气的对流，当它与负离子新风器一起使用时，会使进入室内的空气质量大大提高。广州市环宝科技有限公司曾和广州怡地环保实业总公司合作，对淘金华庭 3 栋 32 层住宅楼采取隔声通风窗与室内无管道有组织通风系统相结合，隔声降噪量达 34.5dB，室内噪声达到 45dB 以下。

（二）其他噪声的防治

环境噪声的来源一般有交通噪声、工厂噪声、建筑施工噪声、社会生活噪声4种。在治理除交通噪声外的其他噪声方面，有许多方法值得借鉴。以国家体育场——鸟巢的内部结构为例，在鸟巢的内部设计上，很好地解决了消声的问题。9万多人同时观赛，如果场内没有良好的吸声材料和声学效果，现场的声音之嘈杂会使运动员和观众都很难听清场内的广播。鸟巢的下层膜采用吸声膜材，能起到声学吊顶的作用，配合钢结构构件上设置的一些吸声材料，以及场内使用的电声扩音系统，使鸟巢内部的语音清晰度指标指数达到了0.6，这个数字完全能保证坐在任何角落的观众都能清晰地收听到场内广播。由此可以给我们一个启发，是否可以在高架桥上安装一些消声材料，以降低交通噪声。虽然这个方案还有待论证，但也给降低交通噪声指出了一条新的研究方向。

四、公路建设与环境保护

（一）改建公路与环境保护

在今后相当长的一个时期内，改建公路仍将作为公路建设的一个重要组成部分，但是不必要的重复改造，不但造成了大量的资金浪费，也加大了不必要的土地浪费和自然环境的破坏，所以有必要从根源上进行探讨。

1. 公路建设必须着眼于高起点

过去由于资金短缺和对远景交通发展规划不足，公路等级和技术指标采用较低，不论是线型、纵面、横向宽度还是路面结构，都只能缓解短期之急。改革开放以来我国经济的迅猛发展，公路运输对道路的技术标准的要求也就越来越高，但公路建设的发展却滞后于经济的发展和运输业的要求，在旧路改造中还存在着短期效应的现象。对公路发展缺乏预见性，往往采用低限指标，以致刚改造的公路通车不久，很快就不能满足运输的需要，不得不进行新的改建。所以公路改建必须要着眼于高起点，线型上要满足发展要求，红线范围满足拓宽要求，无论在断面上一次改造，还是分期改造，都应将环境保护与植被恢复措施考虑周到，并付诸实施。同时改造过程中要尽可能绕避村镇，靠村不进村，以保证道路畅通，减少干扰及污染，真正起到便民、利民的效果。

2. 废弃公路的合理处置

旧路改建必然要废弃一部分原有旧路，在本着尽量利用原有线位、提高路线标准的前提下，适当开辟部分新路是必要的，而处理好废弃的旧路也是必要的。对于改造成高等级的公路，废弃旧路可视其价值的多少作为辅道，否则应因地制宜进行旧路还田或者绿化，使土地得到有效的利用。这项工作应在公路改建中完成，旧路路堤可作为新路的取土场，或者平整周围地表的土方来源。废旧油皮及其他不适宜于还田绿化的废弃物，运走集中处理，以便有效地保护环境，提高土地的利用率。

（二）公路环境保护

环境与环境保护定义。环境是指人类和生物生存的空间。《中华人民共和国环境保护法》对环境的定义是：环境是指影响人类生存和发展的各种天然的和经过人工改造的自然因素的总体，包括大气、水、土地、矿藏、森林、草原、野生动物、野生植物、水生生物、名胜古迹、风景游览区、温泉、疗养区、自然保护区、生活居住区等。按照环境的自然和社会属性分类，环境包括自然环境和社会环境。

环境保护是指人类有意识地保护自然资源并使其得到合理的利用，防止自然环境受到污染和破坏；对受到污染和破坏的环境必须做好综合治理，以创造出适合于人类生活、工作的环境。

1. 公路环境保护内容

对照上述定义，公路环境保护是基于生态可持续发展原则调节与控制"公路工程与路域环境"对立统一关系的发生与发展。公路环境保护由两项基本工作组成：一是分析因修建公路而对环境产生的各种影响及其影响的程度和范围，根据需要采取专门的环境保护措施，积极开展环境保护的有关工作；二是在公路的设计、施工及运营管理过程中，注意凸显公路各组成部分的环保功能，使公路在运输功能发挥的同时，对沿线环境的负影响最小。

2. 公路环境问题

环境问题是指环境中出现的不利于人类生存和发展的各种现象。公路建设必然影响环境，尤其是高速公路建设，其施工、营运期造成的环境问题会更严重。公路建设将造成如下环境问题：选线不当会破坏沿线生态环境；防护不当会造成水土流失，如坡面侵蚀与泥沙沉淀等；公路带状延伸会破坏路域自然风貌，造成环境损失；公路施工造成环境污染；公路通车营运期间，车辆对沿线造成污染。

3. 公路环保功能

一般情况下，一条公路如果严格按照现行公路工程设计标准及《公路环境保护设计规范》进行设计，按公路工程施工技术规范进行施工，就可以起到对路域自然环境的保护作用，并能够对社会环境进行调整和完善。

公路各组成部分的环保功能归纳如下：

（1）路基工程在施工及竣工后，结合造地还田与疏导排水，各部分相互协调配套，可使工程稳定坚固，外观顺适优美，能起到防止水土流失的作用。

（2）路面工程对路基起保护作用，同时也起着防尘、防水，保护公路沿线环境不被污染的作用。

（3）桥梁涵洞工程设计与施工中重视对公路路域景观环境的影响，可起到美化环境的作用。

（4）排水工程对公路工程的整体性和稳固性有特殊的作用，可以防止路基路面水及水中含有的油污、有害元素直接进入农田，避免耕地淹没、土壤污染。

（5）防护工程确保了路基稳定，减少了水土流失，直接起到了环境保护作用。该工程与环保的关系最为密切。

4. 公路环保措施

公路建设的不同阶段，环境问题的产生与环保工作的重点不同，所采取的措施必须具有针对性。

可行性研究及初步设计阶段：进行项目环境影响评价，为进行环境保护设计和采取环保措施提供依据；初步设计及施工图设计阶段：进行环境保护设计；招投标阶段：在合同书中纳入环境保护条款；施工阶段：进行环境保护设施的施工及监理；竣工和交付使用阶段：进行环境保护设施验收、环境后评价；营运期：进行环保设施维护及处理环境问题投诉。

第四节　我国公路项目管理背景与现状

一、项目管理的现状与发展

有项目，就有项目如何管理的问题，项目管理作为管理学中的一个重要学科领域，是在第二次世界大战即将结束之时产生，并在 20 世纪 50 年代后期逐渐成熟并发展起来的一种计划管理理论与管理方法相结合的一门新兴学科，是指把各种系统、资源和人员有效地结合在一起，采用规范化的管理流程，在规定的时间、预算和质量目标范围内完成项目。项目管理是一种弹性的管理方式，运作时将专家召集到团队，任务完成后再回到各自的职能部门。与传统的管理模式不同，项目不是通过等级命令体系来运作，而是通过所谓"平面化"的结构来实施。

（一）项目管理的发展历史

根据项目管理的发展历史，将项目管理划分为两个阶段，即 20 世纪 80 年代前为传统项目管理阶段，主要采用职能管理方法；80 年代后为现代项目管理阶段，主要采用过程管理方法。所谓过程，是指能够带来结果的系列活动，更明确地说，就是利用资源和方法将输入转化为输出的系列活动。一个大过程中可以包含若干个小过程，即过程网络。一个过程的输出可以是另一个过程的输入，即过程之间有相互影响和作用。系统地识别和管理这些过程，特别是过程之间的相互作用就是所谓的过程管理方法。

项目管理不断升温，现已成为全球管理的新热点。目前项目管理在发达国家已经逐步发展成为独立的学科体系，成为现代管理学的重要组成部分，并广泛应用于建筑、工程、电子、通讯、计算机、金融、投资、制造、咨询、服务以及国防等诸多行业，90 年代开始应用于医疗领域和医院管理领域，用财富杂志的话说，21 世纪是项目管理的世纪。

（二）我国项目管理现状

在中国，近年来项目管理也逐渐受到领导和社会各界的重视。大专院校纷纷设立项目管理院、系，招收项目管理专业研究生，举办项目管理研修班等。美国项目管理学会（Project Management Institute -PMI）的项目管理专业人员（Project Management Professional -PMP）资格考试，授予 PMP 资格，已进入中国，PMP 与 MBA、MPA 已经成为当今世界三大热门专业。

我国的项目管理已从工程建设领域扩展到 IT、金融等行业，并正在向各个领域渗透。但是，我们也要清醒地看到，和国际先进水平相比，我国项目管理的应用面还不够广，发展速度也相对缓慢。尽管许多项目名义上实施了项目管理，但存在着管理人员对项目管理的认识不足、理解不透，甚至有一些认识误区的现象，影响了项目的实施效果。对项目管理不尽如人意的地方。主要表现在以下几个方面。

1. 重形式轻实质

据调查，国内大多数工程公司、设计院，目前对项目管理基本上是形式上重视了，实质上忽视了。或者重视的程度或力度不够。

2. 项目管理体系不完善

它反映在工程公司抓项目管理，有的过程和内容还没有管，或管得粗浅，未成体系。如一个设计项目的成员中，不配备某个专业的负责人，项目经理和公司经理肯定会认为项目无法运作，但一个项目没有配备进度计划工程师，或没有配备费用控制工程师，项目经理或公司经理却可能认为可以运行。这说明项目管理实质上是被忽视了。

3. 项目管理技术落后

目前我国工程公司，设计院的状况是，创造项目产品过程的技术水平不低，经验丰富，公司为之投入也多。到目前为止，我们没有几家公司真正在项目管理过程中应用赢得值原理进行费用、进度综合控制的。有外国公司评论，目前中国还很难找到有能力独立管理现代大型工程项目的工程公司。

（三）促进我国项目管理进一步发展的若干思考

有文章说："项目管理将成为未来的浪潮。在下一个 10 年中，项目经理的队伍将迅速壮大，成为我们所创建的核心人物。"我国的企业应该充分认识项目管理的重要性，创建出具有中国特色的项目管理机制。为了进一步促进我国的项目管理事业的发展，我们认为有必要在如下方面不断改进和完善。

1. 全面推广项目管理的应用领域

在具体的实践中，不同行业的项目表现为不同的类型、规模和复杂程度，而且不同的项目对类似的过程也有不同的侧重。因此，常规的项目管理方法体系需结合各行业项目的特色不断充实与完善，如工程项目管理、国防项目管理、IT 项目管理、研发项目管理。

2. 强化政府在项目管理中的作用

目前我国的项目管理中尚有许多工作仍需政府相关管理部门组织进行。如尽快建立市场准入机制，完善和制订行业标准以及从业人员执业资格的评审和考核制度。

3. 完善项目管理知识体系

我们应在吸收国外相关知识经验的基础上，结合我国项目管理的具体发展情况，不断充实完善我国的项目管理知识体系。

4. 改进项目管理专业资质

改进项目管理专业资质认证标准，规范项目管理专业人员的培训和资质认定工作。

5. 项目实施过程中强调沟通与协作

曾有机构调查得出，90%的项目失败不是由于技术原因，而是沟通失败。畅通无阻的信息沟通是项目成功的关键因素。项目沟通包括与客户的沟通、与合作伙伴的沟通和企业内部沟通。与客户的沟通是项目沟通中的重点。

6. 项目要进行风险预测和管理

风险管理规划可采用定性与定量相结合的方法，根据可能出现的环境条件，对将来可能发生的风险做出预测，并制订相应的防范措施和解决方案。在市场经济下，特别是我国已经加入了 WTO，企业面临着许多风险，具有风险观念是非常必要的。

7. 创新思维

有一种观念认为任何工作都可以当作项目来做，此话听起来有些极端，其实反映的是一种思维方式。一项工作如果我们把它看成是"作业"，看重的是它的重复性，按现有的操作规程和管理办法处理就可以，一切都可"循规蹈矩"。如果我们强调的是这项工作的独特性和一次性，它就是项目。独特性是项目的风险所在，也是最容易出问题的地方，往往又没有现成的经验可资借鉴，需要因事因时因地创造性地开展工作，所以创新思维是项目思维的显著特点。把所有工作都当作项目来做，实质上是强调了做任何工作都要有创造意识和创新能力，要能够在现有水平上有所提高。

8. 瞄准全球化，与国际接轨

我国项目管理公司要参与国际竞争，就需从合同管理、工程管理、质量管理方面与国际惯例接轨，同时积极引进国际上先进的建设工程项目管理模式。中国正处于经济快速增长的关键时期，大型项目不断上马。很多正在进行的或已完成的重大工程，如西部大开发、西气东输、西电东送、南水北调、青藏铁路、北京 2008 奥运会工程建设、上海交通运输建设、京沪高速铁路、东北工业结构调整和技术改造等均蕴涵了巨大的项目管理市场商机。所有这些无不说明我国项目管理新时代的到来，未来几十年将是项目管理人才施展才华的年代。

二、公路工程项目管理的现状及趋势

（一）公路工程项目管理的现状

1. 没有建立完善的公路工程项目管理体系

我国的公路建设现在仍然属于发展中的阶段，因此公路建设工作所面临的非常关键的一个问题就是没有建立完善的公路工程项目管理体系。整个公路工程是公路工程项目管理的服务对象，要想保证公路工程项目的科学化管理，应该在整个工程管理系统当中全面地融入公路工程项目管理的思想，同时还要充分的重视公路工程项目管理之间存在的各种联系，对其相互之间的配合和协调予以重视，之所以如此，除了由于在整个工程管理体系中公路工程项目管理机制属于一个关键的组成部分之外，同时还由于整个公路建设项目的顺利进行在很大程度上受到了公路项目管理的直接影响。

2. 并未对公路工程项目管理进行认真的调研

我国在现阶段并没有对公路工程项目管理进行认真的调研，而且在具体的管理过程中没有对各种资源优势进行认真的分析，这样就很难保证各种资源之间实现最大限度的配合，从而浪费了大量的资源。在具体的公路项目管理中不仅要将监控介入到方案的设计进程中，同时还要全面的关注与设计单位的共同合作，从而最终使得公路设计的内容和质量得到有效的保证。公路设计成果具体的包括设计质量、设计内容以及设计数量等，因此必须要对项目方案质量予以充分关注。

3. 项目管理工作与市场背景相脱离

要建立完善的公路工程项目管理体系，就必须要紧紧地依赖于公路建设市场这个大背景。然而现在我国的公路工程项目管理并没有对市场经济下的公路建设市场予以应有的关注，并且严重地缺乏管理与科技之间存在的相互融合性。要想保证公路工程项目管理科学化的实现，就必须要有机地融合市场环境和项目管理这两者之间的关系。同时，必须要具备一定的技术规范和要求作为基础，才能够保证公路工程项目的顺利进行。必须要保证公路项目管理机制的科学有效性，才能够使管理系统的整体功能得以合理性、科学性以及有针对性地发挥出来。公路工程项目管理属于一种管理措施，其必须要能够科学地指导具体的公路工程建设。所以科学技术是第一生产力的观点是公路工程项目管理必须要遵循的重要原则，同时还要有效地组织各种生产要素，对其进行不断的分析、探讨和研究，最终促进我国公路工程建设水平的不断发展。

（二）我国公路工程项目管理存在的问题

1. 管理模式陈旧

管理模式是我国公路工程施工中有关管理者根据公路工程施工规范对工程施工作业人员开展监督、指导以及约束工作的前提保障，不仅关系到整个工程项目的施工质量和施工进度，还决定着施工人员的安全状况以及工程项目的施工成本。然而从当前公路工程发展的形势来看，管理模式的落后严重影响着我国公路工程未来的发展。与国外的公路工程行业相对比，我国的公路工程项目不仅管理理念和管理方法滞后，而且管理人员自身素质不高，还有待进一步的提高。

2. 监理工作不到位

加强我国公路工程项目施工的监理工作是整个项目的重要环节，这决定着公路工程能否得到长期使用。

就目前我国的水利建筑行业项目管理中，监理工作做得不到位是一个常见的问题。这主要由两方面的原因引起：

（1）管理者管理方法不当，自身素质需要进一步提升。

（2）监理工作未做到位，监理人员责任心不强，常常玩忽职守，严重影响了工程的施工质量，阻碍了我国公路工程的快速发展。

3. 缺乏制度保障

从我国公路工程行业当前整体的发展状况来看，它在发展过程中遇到的又一个瓶颈问题是制度的完善。也就是说在整个工程项目施工管理过程中，我国尚未形成一个完整的管理监督体制，管理的方法还不够科学，并且管理的方法很单一；另外未能对工程项目的施工进度进行科学有效地控制，加上安全管理方面的漏洞，使得事故频频发生。这就需要相关人员清楚地意识到这些问题，从而采取有效的措施，通过不断地完善相关的管理制度，解决好这些问题。

（三）如何做好我国公路工程项目施工管理工作

1. 将相关的准备工作做好

在开展公路工程项目管理活动之前，首先要以不同的设计深度为根据将相关的准备工作做好，其中主要包括对各种工程的概预算资料、定额资料、设计文件、经济调查以及自然条件等资料进行认真的搜集，并且还要对气候、设备、资金材料供应、自身的资源以及施工队伍等各种因素进行综合考虑，最终能够将施工组织计划认真合理的做好，并且还要对其进行严格的执行，从而能够有效地控制公路工程施工设计的每一项环节。

2. 将相关的技术储备工作做好

所谓的技术储备工作主要包括技术交底、施工规范、新工艺和新技术的培训、技术工长和工人、技术管理人员的培训等。保证整个公路工程的施工质量是公路工程技术管理人员的关键责任，技术管理人员必须要在第一时间将出现在现场的各种技术问题解决掉。同时还要具备完善的技术责任制度和技术管理机构，并且要将所有工作人员的责任制明确下来。施工单位还要对全体员工进行组织，尤其是要积极地组织技术管理人员对国家相关的管理规范进行认真的学习，重点学习施工以及工程验收的规范，要让每一位技术人员将每一道施工技术要求充分地掌握住，并且能够认真地开展公路工程的施工以及验收工作。

3.改革管理模式

管理模式的创新是我国公路工程项目施工管理工作中需要解决的一个关键性问题，这不仅关系到整个公路工程未来的发展方向，还决定了公路工程项目的施工质量的高低。这里总结了多年的从业经验，提出了以下几点改革管理模式的建议：

（1）要创新管理理念

加强管理理念的创新是社会发展的必然结果，也是推动水利建筑行业整体水平提高的重要手段；没有创新的管理理念，就不能形成一个比较创新的管理模式，因而相关的水利建筑企业要注重对员工创新意识的培养，鼓励员工在工作中多多创新，及时更新理念，提高创新能力。

（2）要加强对国内外现金管理方式的引进和学习

及时紧跟水利建筑业的总体发展趋势，把握好水利建筑行业管理方面的发展方向及其热点，及时引进国外比较先进的人才管理模式，并结合自身的工作经验以及企业的发展特点，加强管理方式的改革，探索出适合自身发展的管理模式。

4.加强质量监管

公路建筑工程的质量问题是本行业所要解决的大问题，也是整个建筑行业的核心问题，影响质量监管的因素有很多，不仅有管理制度、管理模式方面的因素，更与管理者自身的素质以及管理能力息息相关。在实际工作中，加强管理工作，提高质量监管能力是提高我国公路建筑行业整体水平的重要因素。

（1）要加强公路工程施工的成本控制

工程施工不仅要注重工程质量的监管，更重要的是要盈利，既要重质量，又不能忽视效益，两者要紧密结合在一起。因而，在进行工程监管时，采用科学的方法进行工程质量监管，是兼顾工程质量与效益的根本。管理者在对成本进行控制时，要采取动态的成本控制手段，实时检测工程的成本去向、工程的施工进度，用科学合理的方法进行施工成本控制。

（2）也要注重管理者自身管理素质的提高

管理人员是进行工程项目管理的主体，更是把握工程施工大局的重要载体，只有高素质的管理人员才能够在处理工程施工突发情况时有条不紊，并且能在工程监管方面方法得当，提高效率。因而，企业在派遣工程项目管理人员时要注意对管理者管理能力的考察。

5.完善管理制度

公路建筑工程的项目管理，不仅需要所有管理人员的全力配合，更需要一个比较完善的制度进行保障，只有这样，才能形成一个比较有利的约束和管理机制。公路工程项目管理，离不开管理制度的保障。企业在工程项目管理方面要加大人力物力的投入，从提高管理水平着手，结合实际工作情况，不断地完善企业内部的工程管理制度。管理制度的创新，是关系着公路建筑企业工程施工质量的关键因素，更是提高企业效益，增强企业市场竞争力、提升企业的总体水平的重要措施。公路建筑企业要建立一个比较有创新意识的团队，加强对管理制度的研究，并结合本企业的实际情况，完善企业的管理制度；此外还要及时引进国外先进的企业管理制度，建立一个制度保障平台，从工作环境、工作效率、员工工作业绩考核模式、奖惩措施以及生产责任制等方面优化管理体系，建立起一个比较完善的管理制度。

第二章　公路工程施工技术

第一节　公路工程施工概述

一、施工与公路施工特点

（一）道路的施工工序及方法

1.路床施工

（1）测量放线及前期土工试验

工程施工时全段每隔20～25m设置一组中心桩，曲线段需做好起、中、终点的桩点控制，曲线中间点按5～10m间隔做好加密桩；每100m设置一临时水准点，按顺序编号；各流水作业段每20m设一组边桩，并按设计道路断面放出围边坡角线。施工过程中发现桩点错位或丢失应及时校正或补桩。

在取土源进行土工试验，为土方及路床施工提供各项试验数据。

（2）试验路段

路基开工前，在监理工程师旁站下结合路段选择有代表性、长度不小于100m的路段作为试验路段，进行压实试验；并将试验结果报告监理工程师批准。试验时，记录设备的类型、最佳人机组合方式、碾压遍数、碾压速度及每层材料的松铺厚度和含水量等。并根据试验数据制订施工措施以指导路基施工。施工中如发现土质与设计文件不符而路床不能施工时，施工单位应及时与甲方及设计单位联系，以制订相应的处理措施。

（3）路床修筑及平整

路床下各管道沟槽回填至路床高程下15㎝位置后，统一进行路床施工，以便路床具有较好的整体性。路床施工以机械为主，人工为辅（施工前应先清除路床范围内农田腐殖土、杂草、垃圾、树根、建筑物基础等），对原建筑物旧基坑、树坑、沟道等采用回填砂石或9%

灰土处理，并按市政工程施工技术规程的要求，分层回填至路床以下。路床整形施工采用平地机刮平，经8～10吨光轮压路机初压后，挂线或用水准仪逐个断面进行核测路床中线高程及路拱成型情况，并及时检查处理层厚度、路床平整度，直至每个断面的纵、横坡符合设计要求。

（4）压实

整平的填土层，使用自行振动压路机进行碾压。碾压速度在3～4km/h。含水量保持在最佳含水量。路床以15吨压路机碾压无明显轨迹经测试密实度达到95%重型击实标准时，经监理工程师验收方可进行下道工序二、垫层施工。

2.道路的施工工序

路基工作完成部分段路基土方工程后，路面工作即可对检验合格的路段进行垫层的施工，分层堆料，平地机拌和摊铺，压路机碾压，洒水车洒水养护的一条龙作业进行。施工中必须严格控制颗粒的级配和均匀性、摊铺料的厚度、平整度和压实度，并及时做好养生工作。

（1）准备工作

土基用18～21T三轮压路机或等效的碾压设备检验（压3～4遍）。在碾压过程中，如发现土过干、表层松散，应适当洒水，如土过湿，发现簧现象，应采用挖开晾晒、换土、掺石灰或料粒等措施进行处理，直到下承土基表面平整，坚实，具有规定的路拱，没有任何松散的材料和软弱地点。

（2）施工放样

在土路基上恢复中线。直线段每15～20m设在一桩，平曲线段每10～15m设一桩，并在两侧肩边缘外0.3～0.5m设指示桩。

进行水平测量，在两侧指示桩上用明显标记标出底基层边缘的设计高。

（3）备料

选择级配符合设计要求的材料，均匀层按松铺厚度堆放在路床上。

（4）摊铺

用平地机将混合料按松铺厚度均匀地摊铺在预定的宽度上，表面应力求平整，并具有规定的路拱。设一个三人小组跟在平地机后面，及时消除粗细集料离析现象。对于粗集料窝和粗集料带，应添加细集料，并拌和均匀；对于细集料窝，应添加粗集料，并拌和均匀。

（5）定型和碾压

用轮胎压路机在已初平的路段上快速碾压一遍，以暴露潜在的不平整，再用平地机进行整平和整形。整形后，当混合料的含水量等于或略大于最佳含水量时，立即用振动压路机进行碾压。直线段，由两侧路肩开始向路中心碾压；在有超高的路段上，由内侧路肩向外侧路肩进行碾压。碾压时，后轮应重叠1/2轮宽；后轮必须超过两段的缝外。后轮压完路面全宽时，即为一遍。碾压一直进行到要求的密实度为止，一般需碾压6～8

遍，应使表面无明显轨迹。压路机的碾压速度，头两遍以采用 1.5 ~ 1.7km/h 为宜，以后用 2.0 ~ 2.5km/h。路面的两侧，应多压 2 ~ 3 遍。

（二）公路施工特点

1. 造价高、投资大

公路工程建设项目投资一般是非常巨大的，其建设工程合同的价额基本上是几千万、上亿甚至几百亿，这是一般的建筑工程项目所不可比拟的。如作为中国第九个五年计划期间的重点工程项目，沈阳至北京高速公路全长 658km，总投资近二百亿元人民币；而贯穿祖国南北的交通大动脉—京珠（北京—珠海）高速公路更是长达 2400km，整个工程总投资近千亿元。

2. 点多、线长、面广

公路工程建设规模一般都比较大，从建设里程上来讲从几十公里到上百公里甚至上千公里的都有，涉及的施工区域可能不止一个省、市，尤其是国道干线的建设，一般都要跨越几个省市以上，施工范围是相当广的。因此，工程的建设是不可能只由一家施工企业单独来完成的，需要多家合作，分点、分段建设完成。

3. 质量要求高，形成时间长

每条公路都是特有的、唯一的，一经建成，在短时间内将不会进行重复性的投资建设；同时，建设一条公路将会耗费大量的人力、物力和财力等，因此，在公路工程的建设时间，就要对建设产品提出较强的质量要求，要求建设、设计、施工、监理等单位密切配合，材料、动力、运输等各部门的通力协作，以及地方各级政府部门和施工沿线各相关单位的大力支持，科学合理地利用资源，尽可能创造高质量的公路建筑产品。

4. 户外作业环境复杂不可控因素多

公路工程本身的特点要求施工建设是采用全野外的作业方式，加上施工的路线一般都较长，施工几公里、几十公里甚至上百公里的公路工程，所以无论是其面临的气候、地质水文条件，还是社会经济环境，乃至风土人情都将是有差异的。其中的任何一项因素的变化都会影响公路工程建设的顺利进展。另外，对不同的施工项目，环境等影响因素又有所不同，不可控因素的增多也使得项目管理在施工中变得尤为重要。

（三）城市公路施工的特点

（1）充分做好准备工作，包括施工管理和组织计划工作；施工中实行流水作业，严格施工管理，健全岗位责任制、加强质量保证体系工作，每道工序都要严格把关，前一道工序未经验收不得进行下道工序。

（2）公路施工耗费筑路材料多，每千米达数千吨，单方造价中材料款一般占 50% 以上。我国幅员辽阔，各地可供修筑公路的材料很多。所以要认真做好调查研究，充分利用当地材料和工业废渣，以求修建经济而适用的公路。

（3）城市公路施工从直观上看无论是新建、改造或扩建都会不同程度地存在着三多一少的特点。

（4）城市交通拥挤、车辆及行人多，所以尽可能不断路施工，多采用半幅通车、半幅施工的方案。必要时封锁交通断路施工，务必做好交通疏导工作，协商安排车辆绕道行驶的路线和落实交通管理措施。为了减少扰民和保证车辆正常行驶，也可在夜间组织连续作业，快速施工。

（5）施工障碍多。无论是沿线房屋拆迁，还是地上立体交叉的各种架空线杆或是地下纵横交错的各种管网和设施或古墓文物，这些影响施工的障碍物的解决都具有很大的工作量，也极其繁杂，必须引起高度重视，务必进行妥善规划、细致实施。

（6）施工涉及面广。公路施工除了面对众多的沿线居民外，还涉及：规划、公安、公交、供电、通信、供水、供热、燃气、消防、环保、环卫、路灯、绿化和街道及有关企、事业等单位，所以必须加强协作、配合工作，以取得各单位各部门的支持和谅解，使施工得以顺利进行，避免出现大量耗费人力、物力和时间的"扯皮"现象。

（7）施工用地少。城市土地极其珍贵，施工平面布置必须"窄打窄用"，乃至"见缝插针"，有条件要在郊外建造搅拌站等基地或采用商品混凝土方案。

二、公路工程施工图

公路工程是一种带状构筑物，它具有高差大、曲线多且占地狭长的特点，因此公路工程施工图的表现方法与其他工程图有所不同。公路工程施工图是由公路平面图、公路纵断面图、横断面图及构造详图组成。公路平面图是在测绘的地形图的基础上绘制形成的平面图；公路纵断面图是沿路线中心线展开绘制的立面图；横断面图是沿线中心线垂直方向绘制的剖面图；而构造详图则是表现路面结构构成及其他构件、细部构造的图样。用这些图样来表现公路的平面位置、线型状况、沿线地形和地物情况、高程变化、附属构筑物位置及类型，地质情况、纵横坡度、路面结构和各细部构造、各部分的尺寸及高程等。

（一）公路施工平面图

公路平面图是应用正投影的方法，先根据标高投影（等高线）或地形地物图例绘制出地形图，然后将公路设计平面的结果绘制在地形图上。公路施工平面图是用来表现公路的方向、平面线型、两侧地形地物情况、路线的横向布置、路线定位等内容的主要施工图。

1. 地形部分的图示内容

（1）图样比例的选择

根据地形地物情况的不同，地形图可采用不同的比例。一般常用比例为1：500，也可采用1：1000的比例。比例选择应以能清晰表达图样为准。

（2）方位确定

为了表明该地形区域的方位及公路路线的走向，地形图样中需要标示方位。方位确定的方法有坐标网或指北针两种，如采用坐标网定位，则应在图样中绘出坐标网并注明坐标。如采用指北针，应在图样适当位置按标准画出指北针。

（3）地形地物情况

地形情况一般采用等高线或地形点表示。城市公路一般比较平坦，多采用大量的地形点来表示地形高程。公路有时采用等高线表示，地物情况一般采用标准规定的图例表示。

（4）水准点位置及编号应在图中注明，以便路线控制高程。

2. 路线部分的图示内容

（1）公路规划红线是公路的用地界限，常用双点画线表示。公路规划红线范围内为公路用地，一切不符合设计要求的建筑物、构筑物、各种管线等均需拆除。

（2）公路中心线用细点画线表示。公路中机动车道、非机动车道、人行道、分隔带等均可按比例绘制在图样中。

（3）里程桩号反映了公路各段长度及总长，一般在公路中心线上从起点到终点，沿前进方向注写里程桩号；也可向垂直公路中心线方向引一细直线，再在图样边上注写里程桩号。如 K1+760，即距路线起点为 1760m。如里程桩号直接注写在公路中心线上，则"+"号位置即为桩的位置。

（4）路线定位采用坐标网或指北针结合地面固定参照物定位的方法。

（5）公路中曲线的几何要素的表示及控制点位置的图示。

3. 公路平面图的阅读

根据公路平面图的图示内容，可按以下程序阅读：

（1）首先了解地形地物情况：根据平面图图例及地形点高程，了解该图样反映的地形地物状况、地面各控制点高程、构筑物的位置、公路周围建筑的情况及性质、已知水准点的位置及编号、坐标网参数或地形点方位等。

（2）阅读公路设计情况：依次阅读公路中心线、规划红线、机动车道、非机动车道、人行道、分隔带、交叉口及公路中曲线设置情况等。

（3）公路方位及走向，路线控制点坐标、里程桩号等。

（4）根据公路用地范围了解原有建筑物及构筑物的拆除范围以及拟拆除部分的性质、数量，所占农田性质及数量等。

（5）结合路线纵断面图掌握公路的填挖工程量。

（6）查出图中所标注水准点位置及编号，根据其编号到有关部门查出该水准点的绝对高程，以备施工中控制公路高程。

（二）公路纵断面图

通过沿公路中心线用假想的铅垂面进行剖切，展开后进行正投影所得到的图样称为公路纵断面图。由于公路中心线是由直线和曲线组合而成的，因此垂直剖切面也就由平面和曲面组成。

公路路线纵断面图主要反映了公路沿纵向的设计高程变化、地质情况、填挖情况、原地面标高、桩号等多项图示内容及数据。所以公路纵断面图中包括图样和资料表两大部分。

1. 图样部分的图示内容

（1）图样中水平方向表示路线长度，垂直方向表示高程。为了清晰反映垂直方向的高差，规定垂直方向的比例按水平方向比例放大10倍，如水平方向为1∶1000，则垂直方向为1∶100。图上所画出的图线坡度较实际坡度大，看起来明显。

（2）图样中不规则的细折线表示沿公路设计中心线处的原地面线，是根据一系列中心桩的地面高程连接形成的，可与设计高程结合反映公路的填挖状态。

（3）路面设计高程线：图上比较规则的直线与曲线组成的粗实线为路面设计高程线，它反映了公路路面中心的高程。

（4）竖曲线：当设计路面纵向坡度变更处的两相邻坡度之差的绝对值超过一定数值时，为了有利于车辆行驶，应在坡度变更处设置圆形竖曲线。

（5）路线中的构筑物：路线上的桥梁、涵洞、立交桥、通道等构筑物，在路线纵断面图的相应桩号位置以相关图例绘出，注明桩号及构筑物的名称和编号等。

（6）标注出公路交叉口位置及相交公路的名称、桩号。

（7）沿线设置的水准点，按其所在里程注在设计高程线的上方，并注明编号、高程及相对路线的位置。

2. 资料部分的图示内容

公路纵断面图的资料表设置在图样下方并与图样对应，格式有多种，有简有繁，视具体公路路线情况而定。

（1）地质情况：公路路段土质变化情况，注明各段土质名称。

（2）坡度与坡长：斜线上方注明坡度，斜线下方注明坡长，使用单位为米。

（3）设计高程：注明各里程桩的路面中心设计高程，单位为米。

（4）原地面标高：根据测量结果填写各里程桩处路面中心的原地面高程，单位为米。

（5）填挖情况：即反映设计标高与原地面标高的高差。

（6）里程桩号：按比例标注里程桩号，一般设公里桩号、百米桩号（或50m桩号）、构筑物位置桩号及路线控制点桩号等。

3. 公路纵断面图的阅读

公路路线纵断面图应根据图样部分和资料部分结合阅读，并与公路平面图对照，得出图样所表示的确切内容。

（1）根据图样的横、竖比例读懂公路沿线的高程变化，并对照资料表了解确切高程。

（2）竖曲线的起止点均对应里程桩号，图样中竖曲线的符号长、短与竖曲线的长、短对应，且读懂图样中注明的各项曲线几何要素，如切线长、曲线半径、外矢距、转角等。

（3）公路路线中的构筑物图例、编号、所在位置的桩号是公路纵断面示意构筑物的基本方法，了解这些，可查出相应构筑物的图纸。

（4）找出沿线设置已知水准点，根据编号、位置查出已知高程，以备施工使用。

（5）根据里程桩号、路面设计高程和原地面高程，读懂公路路线的填挖情况。

（6）根据资料表中坡度、坡长、平曲线示意图及相关数据，读懂路线线型的空间变化。

（三）公路横断面图

公路横断面图是沿公路中心线垂直方向的断面图。图样中表示了机动车道、人行道、非机动车道、分隔带等部分的横向构造组成。公路横断面的设计结果用标准横断面设计图表示。

1. 图样中要表示出车行道、人行道及分隔带等各组成部分的构造和相互关系

一般采用 1：100 或 1：200 的比例尺，在图上绘出红线宽度、车行道、人行道、绿地、照明、新建或改建的地下管道等各组成位置、宽度、横坡度等。

（1）用细点划线段表示公路中心线，车行道、人行道用粗实线表示，并注明构造分层情况，标明排水横坡度，图示出红线位置。

（2）用图例示意绿地、树木、灯杆等。

（3）用中实线图示出分隔带设置情况。

（4）注明各部分的尺寸，尺寸单位为厘米。

（5）与公路相关的地下设施用图例示出，并注以文字及必要的说明。

2. 公路路面结构图及路拱详图

路面结构形式分为两大类：柔性路面和刚性路面。每一大类中又可分为快车公路面结构、慢车公路面结构、人行公路面结构。

（1）由于沥青类路面是多层结构层组成的，在同车道的结构层沿宽度一般无变化。因此选择车道边缘处，即侧石位置一定宽度范围作为路面结构图图示的范围，这样既可图示出路面结构情况又可将侧石位置的细部构造及尺寸反映清楚，也可只反映路面结构分层情况。

（2）路面结构图图样中，每层结构应用图例表示清楚，如灰土、沥青混凝土、侧石等。

（3）分层注明每层结构的厚度、性质、标准等，并将必要的尺寸注全。

路拱采用什么曲线形式，应在图中予以说明，如抛物线型的路拱，则应以大样的形式标出其纵、横坐标以及每段的横坡度和平均横坡度，以供施工放样使用。

（四）平面交叉口平面图

公路交叉口位置的路面高程设计称为交叉口竖向设计。通过合理地设计交叉口的标高，以有利于行车和排水。一般采用等高线设计方法，通过交叉口平面图表示出来。每根等高线的高差为 5cm，公路纵坡由路口中心向东，向西下坡，故交叉口形成向东向西的双面坡。为了便于施工放线，平行公路中心线画方路网，方格尺寸通常为 5m×5m。每个方格的四角按设计等高线用内插法插入高程。

第二节　公路路基施工

一、路基施工概述

（一）公路路基的含义

路基是公路的重要组成部分，是按照路线位置和一定技术要求修筑的带状构造物，承受由路面传来的荷载，应有足够的强度、稳定性和耐久性。它可以将工程设计蓝图与原地质地貌直接结合，它既是路线的主体，又是路面的基础，是公路施工工程建设的重要组成部分。路基质量的好坏，直接关系着整个公路的质量，直接影响日后汽车在公路上的行驶。

（二）路基施工要求

（1）具有合理的断面形式和尺寸。

（2）具有足够的强度。

（3）具有足够的整体稳定性。

（4）具有足够的水温稳定性。

（三）路基施工作用

路基承受着本身的岩土自重和路面重力，以及由路面传递而来的行车荷载，是整个公路构造的重要组成部分，是铁路轨道或公路路面的基础。

为使路线平顺，在自然地面低于路基设计标高处要填筑成路堤，在自然地面高于路基设计标高处要开挖成路堑。路基必须具有足够的强度和稳定性，即在其本身静力作用下地基不应发生过大沉陷；在车辆动力作用下不应发生过大的弹性和塑性变形；路基边坡应能长期稳定而不坍滑。为此，须在必要处修筑一些排水沟、护坡、挡土结构等路基附属构筑物。

路基是一种线形结构物，具有路线长、与大自然接触面广的特点，其稳定性，在很大程度上由当地自然条件所决定。合理选择线位，可以避开地质不良地段和工程艰巨路段，保证路基稳定，减少工程数量，节约工程投资。

路基工程的特点是：工艺较简单，工程数量大，耗费劳力多，涉及面较广，耗资亦较多。路基施工改变了沿线原有自然状态，挖、填、借、弃土石方涉及当地生态平衡、水土保持和农田水利。土石方相对集中或条件比较复杂的路段，路基工程往往是施工期限的关键之一。

为了保证线路质量并防止灾害，必须研究路基强度和稳定性的基本规律，针对路基设计、施工和养护等各个环节制订科学的技术标准、技术规范和工艺要求。此外，为此目的既需要土力学、岩体力学和工程地质学等有关的学科理论，又必须有从事铁路工程与公路工程的实践工作中所总结得到的专业技术和专业理论，包括路基设计、路基挡土结构、路基土石方施工、路基养护等。

（四）影响路基施工质量的因素

公路路基具有路线长、与大自然接触面广等特点，大自然直接影响了其公路路基的稳定性。因此深入调查公路沿线的自然条件，具体的掌握有关自然因素的自然规律及其对路基稳定性的影响，从而因地制宜地采用相应的技术措施，以达到正确进行路基施工和养护的目的。自然因素和人为因素是影响路基施工质量的关键。自然因素主要包括了地形、气候、水文与地质、植物覆盖等。人为因素主要包括了荷载作用、路基结构、施工方法、养护措施等。公路沿线的人为设施如水库、排灌渠道、水田以及人为活动等也对路基是否稳定有着很大的影响。路基在设计施工前，施工人员应掌握公路沿线的湿度及其变化规律，采取相应的调节水温情况的措施，以保证路基具有足够的强度和稳定性。

（五）路基施工工艺

路基的总体施工工艺可大致概括为"三个施工阶段""四个作业区段"和"八道工艺流程"。

（1）三个施工阶段是准备阶段、施工阶段、整修验收阶段。

（2）四个作业区段是填筑区段、平整区段、碾压区段、检验区段。施工中需逐层进行流水作业。

（3）八道工艺流程是施工准备、基底处理、分层填筑、摊铺平整、洒水晾晒、碾压夯实、检验签证、路基整修。

路基填筑应严格按照施工工艺进行施工，各区段和流程内只允许进行该段流程的作业，不许几种作业交叉施工。

二、路基施工技术分析

（一）路基施工准备阶段

1.试验准备

用作路基填方的材料，应按招标文件及监理工程师的要求进行各项试验检测，先测出其填料的最大干容重、最佳含水量、液限、塑限、塑性指数及 CBR 值等，试验方法按《公路土工试验规程》进行，并作有机质含量试验及易溶盐含量试验，经监理工程师认可，方可作为路基填筑材料。

2. 测量放样

根据设计院所给定的导线点、水准点，项目经理部应安排测量工程师复测加密，经监理工程师确认无误后，利用其进行路线中桩、边桩的测量放样。路基直线段每 20m 一点，曲线段每 10m 一点。路基清表前必须首先检测原地面标高，测绘路基横断面，报送监理工程师审核批复。

（二）清理与掘除

1. 场地清理

通过现场测量放线，路基范围以内的有机物残渣及地面表层的草皮、农作物的根系和地表腐殖土采用推土机或装载机等清除，集中堆放在业主指定的区域范围内，待以后业主统一调配使用，清除深度一般为 10 ~ 30cm。拆迁残留物砖石与其他砌体结构采用推土机配合人工进行拆除，运往指定区域堆放。

2. 拆除与挖掘

路基工程开工后，路基用地范围以内原有结构物的地下部分、所有的树墩、树根和其他有机物都必须彻底掘除，运至指定地点处理。

3. 原地面坑（洞）穴处理

若原地面存在坑（洞）穴时，采用监理工程师批准的碎石回填、压实，经监理工程师检测合格后方可进行下道工序。

（三）路基开挖

1. 挖土方

（1）施工程序

路基土方开挖前，应按照设计图纸的要求及有关规定进行施工放线、测量放样，准确无误后，报监理工程师审查同意后作为路基施工质量控制的依据。然后进行场地清理和清表工作，开挖深度较浅时可以一次开挖成型，开挖深度较深时应分层开挖并做好边坡的修理和防护。

（2）主要施工方法

路基土方开挖，须按设计采取自上而下的方法开挖施工。对于高边坡开挖施工，应按图纸设置开挖平台和放坡，每个台阶从上向下同时做好防护工作。

表层腐质土用推土机清除，然后用自卸汽车运到指定地点，以备复耕或绿化使用；深层土用挖掘机配合推土机开挖，用自卸汽车运输，利用土运到指定填土段，弃土运至指定地点，按一定高度、坡度堆放。开挖施工中遇有不同的土层时，按土层分层进行开挖。边沟开挖根据路段具体情况用挖掘机配合人工开挖。

路堑开挖前应先施工截水沟，做好堑顶截排水。路堑的开挖方法根据路堑的深度、纵向长短及现场施工条件，有横向挖掘法、纵向挖掘法和混合式挖掘法等几种基本方法。横向挖掘法适用于挖掘浅且短的路堑的单层横向全宽挖掘法和挖掘深且短的路堑的多层横向全宽挖掘法；纵向挖掘法又可以具体分为分层纵挖法、通道纵挖法和分段纵挖法；混合式挖掘法是多层横向全宽挖掘法和通道纵挖法的综合使用。

2. 挖石方

（1）基本要求

石方开挖应根据岩石条件、开挖尺寸、工程量和施工技术要求，通过方案比较拟定合理的开挖方式。其基本要求是：保证开挖质量和施工安全；符合施工工期和开挖强度的要求；有利于岩体完整和边坡稳定；可以充分发挥施工机械的生产能力；辅助工程量少。

（2）开挖方式

石方开挖根据岩石类别、风化程度和节理发育程度等确定开挖方式。主要开挖方式有：机械开挖、钻爆开挖和静态破碎法开挖等。机械开挖不需要水、电等辅助设施，简化了场地布置，加快了施工进度，但这种方法不适于破碎坚硬的岩石。钻爆开挖是目前应用较为广泛的开挖施工方法，常用的爆破方法有光面爆破、预裂爆破、微差爆破、定向爆破、硐室爆破等。静态破碎法是将膨胀剂放入炮孔内，利用产生的膨胀力，缓慢的作用于孔壁，经过 4 ~ 24 小时后达到 300 ~ 500MPa 的压力，从而将岩石破碎。对于软石和强风化岩石，采用推土机、挖掘机配合人工直接开挖；次坚石等采用小型松动爆破开挖；坚石等则采用光面爆破、预裂爆破开挖；对于附近存在建筑物或结构物的岩石应采用静态破碎法开挖。

3. 路基填土压实

公路路基的强度和稳定性很大程度取决于路基填料的性质及其压实的程度。从现有条件出发，改进填料和压实条件是保证路基质量最有效和经济的方法。路基填料应有条件的选用，对路基填料的最小强度和最大粒径给了量化的标准。当路基填料达不到规定的最小强度时，应采取掺加粗粒料，或换填或用石灰等稳定材料处理，对其他等级公路铺筑高级路面时，也要采用高速公路和一级公路的规定值。目前路基施工，一般采用的是大吨位的压路机，碾压效果有了明显的改善。对于提高路基土的压实度起到了很好的作用。规范规定高速公路和一级公路路面底面以下 80 ~ 150cm 部分的上路堤其压实度必须 ≥95%，对其他等级公路当铺筑高级路面时，其压实度亦应按高速公路和一级公路的标准采用。此外，还增加了对路堤基底的压实度不宜小于 93% 的规定。随着我国高速公路的飞速发展，路基施工技术也取得了相当大的进步，对于特殊路基的处理技术也日渐成熟和完善。

4. 路基路面排水

水是影响路基强度和稳定性的另一重要因素，许多路基病害是由水的侵蚀造成的。另外，从保护环境、不损害当地农田水利设施考虑，也必须做好路基排水，形成排水系统，并与地区排水规划相协调。在路基施工中，应重视施工排水，防止因各种原因造成的水患，给路基、路面施工造成不必要的损失。地面排水，通常采用的地面排水设施是边沟、截水沟、跌水、急流槽以及地表的排水管。对于高速公路和一级公路上的排水沟渠，一般都要求铺砌防护。普遍采用浆砌片石加固、而水泥混凝土预制板块也开始广泛应用。高速公路和一级公路通过水网地段的路基，过去逢沟设涵的做法在一些地方有了改进，对路线两侧的灌溉沟渠重启系统布置，免去了穿越路线的排灌涵洞，从而提高了路基的工程质量。路面排水的任务是迅速排除路面范围内的降水，减少水从路面渗入，使之不冲刷路基边坡。路拱横坡应≥2%。雨水排出路面有两种方式。第一种是集中排水，在硬路肩外侧设置水泥混凝土预制块或现浇沥青混凝土的拦水带，以其与硬路肩路面构成三角形的集水槽流水，每隔20～50m间距设一泄水口与路堤边坡急流槽衔接将雨水排到坡脚排水沟中。设超高路段的排水通过设在中央带的圆形开口排水沟或雨水井进行排除。第二种是分散排水，多用于地势平坦，路线纵坡小于0.3%的长路段，除了硬化路肩和加固路基边坡外，在经过地下水位较高的绿洲地带，也要防止边坡上部的植草向上生长挡住横向排水出路造成路表积水，改进的方法是硬化路肩，设置路肩排水沟，增大沟坡排水。路基地下排水仍多用暗沟、盲沟、渗沟、渗井等，其特点是以渗透力式排水，当水流量较大，多采用带渗水管的渗沟。

5. 路基防护

路基的修筑改变了地层的天然平衡状态，以及路基暴露在空间，不断受各种错综复杂的自然因素侵蚀，因此需要进行各种类型的防护。坡面防护，坡面防护的目的是防止地表水流的冲刷、坡面岩土的风化剥落以及与环境的协调。近年来，随着对环境保护的重视，高等级公路的边坡，多采用种草防护，边坡较高时采用砌石框格种草防护。冲刷防护，防护沿河路基边坡免受冲刷仍多采用直接防护。传统的砌石、抛石、铁丝石笼、挡土墙等有所改进，用高强土工格栅代替铁丝做石笼，用聚酯或聚氨酯类土工织物混凝土护坡模袋做成的护面板防护受水冲浪击的边坡，能适应土体的不均匀沉降。支挡防护，挡土墙用于支挡防护目前仍占主要地位。石砌的重力式挡土墙多用于石料丰富、墙高较低、地基较好的场合；钢筋混凝土结构的悬臂式挡土墙、扶壁式挡土墙和板柱挡土墙其受力比较合理，墙身圬工体积小，也已广泛应用于公路路基的防护。垛式挡土墙易于调整墙的高度，并采用预制构件拼装，是一种特殊形式的挡土墙。

6. 不良地基处理

随着高速公路和一级公路建设的迅速发展，针对不良地基，在防止路堤失稳定、沉降观测控制、不良地基处理技术等方面取得了显著成果。对处理的不良地基用沉降速率作为铺筑路面时间的沉降控制方法，使得在不良地基上一次建成高级路面的关键技术问题得到了解决。

三、路基冬季施工

（一）冬季可进行和严禁进行的路基施工项目

在进行冬季路基施工组织编制之前，必须得确定路基工程可在冬季进行的施工项目，因为有的项目严禁在低温情况下进行。

1. 路基工程可冬期进行的项目

（1）岩石地段的路堑或半挖半填地段的开挖作业。

（2）含水量高的流动土质、流沙地段的路堑开挖。

（3）软基地带冻结到一定深度后，可趁冬期挖去原地面的软土、淤泥层换填合格的其他填料。

（4）沿流水地段利用冬季水位低，开挖基坑修建防护工程，施工前提是加强保温措施，注意养护。

2. 路基工程不宜冬期进行的项目

（1）高速公路、一级公路的土路基和地质不良的二级路以下公路路堤。

（2）路基边坡尤其是土质边坡的修整。

（3）原始地面的清表工作、填方路段台阶的挖掘。

（4）地势低洼处在气温回升将被水淹的填土路基。

（二）编制冬季路基施工组织

进行冬季施工的工程项目，在入冬前应组织专人编制冬季施工方案。冬季施工方案应包括施工程序，施工方法，现场布置，设备、材料、能源、工具的供应计划，安全防火措施，测温制度和质量检查制度等。

（三）冬期路基施工安全管理

施工现场安全最重要，我们应当始终把安全放在第一位。路基冬期施工应遵守安全法规和规程，组建冬季施工安全领导小组，建立安全消防保证体系，并结合如下内容进行安全管理：

1. 冬期施工安全教育

（1）对全体职工定期进行技术安全教育，结合工程任务在冬期施工前做好安全技术交底，配备好安全防护用品。

（2）对工人进行安全操作规程的教育，尤其是对没有从事过冬季施工的人员要加大加强安全教育的力度。

（3）特殊工种（包括：电气、架子、起重、锅炉、机械、车辆等工种）须经有关部门专业培训，考核发证后方可操作。

2. 施工机械设备冬季防寒、防冻措施

（1）在进入冬季前对所有施工机械设备进行全面的维修和保养，做好油水管理工作，结合机械设备的换季保养，及时更换相应品牌的防冻液，防冻液必须符合当地的防冻要求。

（2）各种运输车辆使用的燃油要根据环境、气温选择相应的型号，冷车起步时，要先低速运行一段路程后再逐步提高车速。

（3）冬季运输车辆启动发动机前，严禁用明火对既有燃油系统进行预热，以防止发生火灾。

（4）冰雪天行车，汽车要设置防滑链，司机在出车前检查确认车辆的制动装置是否达到良好状态，不能满足要求时不得出车，风、大雪、大雾等不良气候时停止运行。

（5）严格执行定机定人制度，施工班组机械保管人员要坚守岗位，看管好设备，并作好相应记录。

（四）路基土石方作业技术

1. 路基冬期施工采取以下措施组织施工：

（1）对路基冬期施工前应进行一些准备工作，对冬期施工项目按次排队，编制实施性的施工组织计划。

（2）冬期施工项目在冰冻前应进行现场放样，保护好控制桩并树立明显的标志，防止被冰雪淹埋。

（3）冰冻前应挖好坡地上填方的台阶，清除石方挖方的表面覆盖层、裸露岩体。

（4）维修保养冬期施工需用的车辆、机具设备，充分备足冬期施工期间的工程材料。

（5）准备施工队伍的生活设施、取暖照明设备、燃料和其他越冬所需的物质。

（6）冬期施工的路堤填料，应选用未冻结的砂类土，碎、卵石土，开挖石方的石块石渣等良好的土。

2. 冬期填筑路堤

（1）冬期填筑路堤，应横断面全宽平填，每层松厚应按正常施工减少 20%～25%，且最大松铺厚度不得超过 30cm。压实度不得低于正常施工时的要求。

（2）冬季施工的路基填料，选用未冻结的砂类土，碎、卵石土，开挖石方的石块石渣等透水性良好的土，禁用含水量过大的黏性土。

（3）应随挖、随运、随填、随压实，不得中断施工，保证开挖、运填周转时间小于土的冻结时间。

（4）对取土场、路堤的外露土层用松土或草袋覆盖。

（5）挖填方交界处，填土低于1m的路堤不在冬季填筑，涵洞的基坑及洞顶的填土，选用砂、沙砾等透水材料分层压实，填到洞顶1m以上，方可随路堤一齐填筑。桥头路堤、锥坡填心都选用沙砾等透水材料分层夯填密实。

（6）取土坑远离填方坡脚，如条件限制需在路堤附近取土时，取土坑内侧到填方坡脚的距离不得小于正常施工护坡道的1.5倍。

（7）冬季施工填筑的路堤，每层每侧都超填30～50cm的宽度，待正常施工时修整边坡，削去多余部分并拍打密实或加固。

（8）停工后继续施工前，应将表面冰雪及冻结的土层清除。

3. 冬期路堑开挖

（1）路堑开挖应连续作业，分层开挖，中间停顿时间较长时，应在表面覆盖保温层，避免重复被冻。

（2）开挖冻土根据冻土深度、机械设备情况，采用人工破碎或冲击机械、正铲挖掘机等。冻土层较厚时用爆破法破碎。

（3）挖方边坡不应一次挖到设计线，应预留30cm厚台阶，待到正常施工季节再削去预留台阶，整修到设计边坡。

（4）路堑挖至路床面以上1m时，挖好临时排水沟后，应停止开挖并在上面覆以松土，待到温度回升正常施工时，再挖去多余部分。

（5）冬期开挖路堑必须从上向下开挖，严禁从下向上掏空挖。

（6）每日开工时选挖向阳处，气温回升后再挖背阴处。如开挖时遇地下水源，应及时挖沟排水。

（7）冬季施工开挖路堑的弃土应远离路堑边坡堆放。弃土堆高度不大于3m，弃土堆坡脚到路堑边坡顶的距离不小于3m，深路堑或松软地带保持5m以上，弃土堆摊开整平，严禁将弃土堆于路堑边坡顶上。

4. 冬季砌体施工

冬季进行砌体施工，由于气温的影响，使得施工方必须在材料和施工工艺上采用与常温施工不一样的技术。

材料要求：

（1）砌块应干净，无冰霜附着；砂中不得含有冰块或冻结团块。遇水浸泡后受冻的砌块不能使用。

（2）冬期施工的砌筑砂浆必须保持正温，砂浆与石材表面的温度差不宜超过20℃。石灰膏不宜受冻，如有冻结，应经融化并重新拌和后方可使用，但因受冻而脱水者不得使用。

（3）冬期砌筑砌体，只准使用砂浆或水泥石灰砂浆，不准使用无水泥配制的砂浆。砂浆宜采用普通硅酸盐水泥拌制，砂浆应随拌随用，搅拌时间应比常温时增加0.5～1倍，砌石砂浆的稠度要求 40 ~ 60mm。

冬期施工前后气温突然降低时，正在施工的砌体工程应采取下列措施：

（1）拌和砂浆的材料加热，水温不得超过 80℃，砂子不得超过 40℃，使砂浆温度不低于 20℃。

（2）拌制砂浆的速度与砌筑进度密切配合，随拌随用。

（3）砌完部分用保温材料覆盖表面，气温低于 5℃时不能洒水养护。

为加速砂浆硬化，缩短保温时间，可在水泥砂浆中掺加氯化钙等早强剂，其掺量通过试验确定。

（五）冬季路基施工环保措施

与常温施工一样，冬季施工应当推行规范化、标准化施工，做到环保施工、文明施工，保持优良信誉，树立企业形象。

（1）避免噪声干扰和环境污染，各种材料、机械设备存放整齐，施工现场清洁整齐，井然有序。

（2）冬季施工中产生的废料，要选择合适的地点深埋或采取其他有效的措施进行处理，尽量减少对周围环境的影响和破坏。施工废水、生活污水不得污染水源、耕地、农田、灌溉渠道。清洗集料、机具或含有油污的操作用水，采用过滤的方法或沉淀池处理，使生态环境受损降到最低程度。

（3）对影响群众正常生产生活的地方，修建必要的临时设施。危险地段设置足够的照明、护栏、围栏、警告牌等设施，以确保公众的安全与方便。

综上所述，冬季施工时因地制宜地确定经济合理的施工方案和制定切实可行的技术措施，不仅能保证施工质量，还能充分利用冬期这段时间达到节约工期、扩大经济效益的目的，这是我们施工中值得把握的重要环节。

第三节　公路路面施工

路面工程包含路面基层（底基层）施工技术，沥青路面施工技术，水泥混凝土路面施工技术，路面防、排水施工技术，特殊沥青混凝土路面施工技术，路面试验检测技术等。

一、路面基层施工技术

（一）粒料基层（底基层）

粒料基层（底基层）包括嵌锁型和级配型两种。嵌锁型包括泥结碎石、泥灰结碎石、填隙碎石等，其中填隙碎石可用于各等级公路的底基层和二级以下公路的路基。级配型包括级配碎石、级配砾石、符合级配的天然沙砾、部分砾石经轧制参配而成的级配砾、碎石等，其中级配碎石可用于各级公路的基层和底基层；级配砾石、级配碎砾石以及符合级配、塑性指数等技术要求的天然沙砾，可适用于轻交通的二级和二级以下公路的基层以及各级公路的底基层。

1. 对原材料的技术要求

（1）填隙碎石的单层铺筑厚度宜为 10 ~ 12cm，最大粒径宜为厚度的 0.5 ~ 0.7 倍。用作基层时，最大粒径不应超过 53mm；用作底基层时，最大粒径不应超过 63mm。填隙料可用石屑或最大粒径小于 10mm 的沙砾料或粗砂，主骨料和填隙料的颗粒组成可参照有关规范的规定。

（2）级配碎石宜用几种粒径不同的碎石和石屑掺配拌制而成，其粒料的级配组成应符合相应的试验规程的要求，且级配应接近圆，应符合相滑曲线。用于底基层的为筛粉碎石的级配应满足试验规程的要求。级配碎石用做基层时，其压实度不应小于 98%；用做底基层时，其压实度不应小于 96%。

（3）级配砾石或天然沙砾用做基层或底基层，其颗粒组成应符合相应的试验规程的要求，且级配宜接近圆滑曲线。

2. 填隙碎石施工

（1）备料

根据基层的宽度、厚度及松铺系数，计算粗碎石用量。填隙料用量约为粗碎石用量的 30 ~ 40%。

（2）运输粗碎石

由远到近将粗碎石按规范计算的距离卸置于下承层上。卸料距离应严格掌握。

（3）摊铺

用平地机或其他合适的机具将粗碎石均匀地摊铺在预定的宽度上，表面应力求平整，并有规定的路拱。应同时摊铺路肩用料。

3. 撒铺填隙料和碾压

（1）干法施工

干法施工的主要内容为初压、撒铺填隙料、碾压、再次撒布填隙料、再次碾压、填隙等，其中碾压为用振动压路机慢速碾压，将全部填隙料振入粗碎石间的孔隙中；再次碾压是用振动压路机按前述进行碾压；再次碾压后，表面必须能看得见粗碎石。如填隙碎石层上为薄沥青面层，应使粗碎石的棱角外露 3 ~ 5mm；当需分层填筑时，应将已压成的填隙碎石层表面粗碎石外露约 5 ~ 10mm，然后在上摊铺第二层粗碎石；填隙碎石表面孔隙全部填满后，用 12 ~ 15t 三轮压路机再碾压 1 ~ 2 遍。在碾压过程中，不应有任何蠕动现象。在碾压之前，宜在表面先洒少量水。

（2）湿法施工

湿法施工开始工序与干法施工要求相同。粗石层表面孔隙全部填满后，立即用洒水车洒水，直到饱和，但应注意避免多余水浸泡下承层。然后用 12 ～ 15t 三轮压路机跟在洒水车后进行碾压。再之后是干燥，即碾压完成的路段应让水分蒸发一段时间。最后当需分层铺筑时，应待结构层变干后，将已压成的填隙碎石层表面的填隙料扫除一些，使表面粗碎石外露 5 ～ 10mm，然后在上摊铺第二层粗碎石。

（二）无机结合料稳定基层施工

1. 无机结合料稳定类基层分类及适用范围

（1）水泥稳定土

适用范围：各级公路的基层和底基层，但水泥稳定细粒土不能用做二级和二级以上公路高级路面的基层。

（2）石灰稳定土

适用范围：各级公路的底基层，以及二级和二级以下公路的基层，但石灰土不得用做二级公路的基层和二级以下公路高级路面的基层。

（3）石灰工业废渣稳定土

适用范围：各级公路的基层和底基层，但二灰、二灰土和二灰砂不应做二级和二级以上公路高级路面的基层。

2. 对原材料的技术要求

（1）水泥：初凝时间 3h 以上和终凝时间较长（宜在 6h 以上）的水泥。

（2）石灰：应符合Ⅲ级以上消石灰或生石灰的技术指标。应检验石灰的有效钙和氧化镁含量。

（3）粉煤灰：粉煤灰中 SiO_2、Al_2O_3 和 Fe_2O_3 的总含量应大于 70%，烧失量不宜大于 20%。

（4）集料：集料应符合压碎值及级配要求。

（5）水泥稳定类材料的压实度（按重型击实标准）及 7d（在非冰冻区 25℃、冰冻区 20℃条件下湿养 6d、浸水 1d）龄期的无侧限抗压强度应满足 1B412013—3 的要求。

（6）水泥剂量应通过配合比设计试验确定。当水泥稳定中、粗粒土做基层时，应控制水泥剂量不超过 6%。

（7）采用水泥稳定碎石土、砾石土或含泥量大的砂、沙砾时，宜掺入一定剂量石灰进行综合稳定。当水泥用量占结合料总量的 30% 以上时，应按水泥稳定类进行设计，否则按石灰稳定类设计。

（8）水泥稳定粒径均匀且不含或细料很少的沙砾、碎石以及不含土的砂时，宜在集料中添加 20% ～ 40% 的粉煤灰或添加剂量为 10% ～ 12% 的石灰土进行综合稳定。

二、沥青路面施工技术

（一）施工前期准备工作

1. 沥青透层

施工前应对基层再次进行全面检查，严格把关，以防质量隐患。采用沥青洒布车自动洒布，洒布沥青用量 0.8 ~ 1kg/㎡，洒布后立即撒布 3 ~ 8mm 集料，其用量为 1m³/1000 ㎡，并用 6 ~ 8 吨钢轮压路机碾压 1 ~ 2 遍。具体施工时先做试验路，待施工工艺熟练，沥青用量确定并经监理工程师同意后正式施工。

洒布车的行驶速度及喷嘴的高低、角度均由试验确定，并报监理工程师审批。施工时要防止沥青对构造物的污染，施工时应注意保护侧平石、人行道板以免影响公路的美观，封层施工后尽量减少车辆通行。

2. 试验段

沥青路面正式施工前，选定一段合适的地段做试验路，试验路的施工分试拌和试铺两个阶段，试验的内容主要有以下几个方面：

（1）根据沥青路面各种施工机械相匹配的原则，确定合理的施工机械、机械数量及组合方式。

（2）通过试铺确定摊铺机的摊铺温度、摊铺速度、摊铺宽度、自动找平方式等操作工艺；确定压路机的压实顺序、碾压温度、碾压速度及碾压遍数等压实工艺；确定松铺系数、接缝方法等。

（3）验证沥青混合料配合比设计结果，提出生产用的矿料配合比和沥青用量。

（4）建立用钻孔法及核子密度仪法测定密实度的对比关系。确定各种内型沥青混凝土压实标准密度。

（5）确定施工产量及作业段的长度，制订施工计划。

（6）全面检查材料及施工质量。

（7）确定施工组织及管理体系、人员、噪声联络及指挥方式。

在试验路段的铺筑过程中，认真做好记录分析，主动接受监理工程师或工程质量监督部门监督、检查试验段的施工质量，确定有关成果。铺筑结束后，及时就各项试验内容提出试验总结报告，报监理工程师审批，作为施工依据。

（二）运输与摊铺

1. 运输

运输车辆的安排要保证沥青拌和场一个小时产量的运量，同时要保证摊铺机前始终有车辆在排队等候卸料。

运送沥青混合料车辆的车厢底板面及侧板必须清洁，不得沾有有机物质，为防混合料粘在车厢底板可涂刷一薄层油水（柴油与水为 1 ：3）混合液。

为了保持沥青混合料的温度，以及防止灰尘污染混合料，运料车上均要覆盖篷布，并采用大型自卸车运输，运送到现场的沥青混合料温度不低于 135℃。不符合温度要求或已经结成团块、已遭雨淋湿的混合料应废弃。

2. 摊铺

在进行沥青路面摊铺前有必要对路面基层再次进行检查，把质量隐患消灭在下道工序之前。通常检查的内容有基层表面沥青封层有无损坏、平整度、横坡、宽度、高程等是否符合要求，同时，在沥青混合料接触的构造物表面涂上粘层沥青。摊铺前，工程技术人员首先进行施工放样，设置找平基准线，直线段每 10m 设一桩，平曲线段每 5m 设一桩，把挂线专用桩打在两侧路面边缘外 0.3～0.5m 的地方，挂线的高度即为摊铺松铺高度。分别制作上、下面层的标准垫块（设计厚度 + 松铺厚度），通过试验段铺筑的成功经验，确定摊铺速度、振动振捣频率、松铺系数、碾压速度、碾压遍数、路面最低碾压温度等数据。

为了提高路面平整度，摊铺速度与材料进场速度要相匹配，保证摊铺机在一个作业段内连续不断地摊铺。在施工过程中要合理地安排沥青混凝土进场计划，以防沥青混合料降温过多，造成损失。下面层摊铺采用拉钢丝走基准线的方法来控制高程、平整度和横坡，上面层采用浮动基准梁进行摊铺，确保摊铺厚度和平整度。

摊铺前，摊铺机要提前 30 分钟就位，并将熨平板预热到 120℃后，再进行摊铺，沥青混合料的摊铺温度不低于 130℃，通常采用两台摊铺机组成梯队联合摊铺，两台摊铺机前后的距离一般为 10～30m，前后两台摊铺机轨道重叠 50～100mm。当采用一台摊铺机全幅摊铺时，需进行试铺，必须确保混合料的离析程度不致影响沥青路面的质量，经监理工程师同意后方可采用。

摊铺过程不得随意变换速度或中途停顿，摊铺后的混合料，不得用人工反复修整，但出现下列情况时除外：

（1）横断面不符合要求，构造物接头部分缺料。

（2）摊铺带边缘局部缺料，表面明显不平整。

（3）局部混合料明显离析，摊铺机后有明显的拖痕。

摊铺好的沥青混合料应紧跟着碾压，如因故不能及时碾压或遇雨时，要立即停止摊铺，并做好沥青混合料的保温工作。下面层路面摊铺完成后尽快安排上面层的摊铺，如间隔时间较长，下面层表面受到污染时，摊铺上面层前应对下面层表面进行清扫，并视情况适量洒布透层沥青。

3. 碾压

碾压作业在混合料处于能获得最大密实度的温度下进行，开始碾压温度一般不低于 120℃，碾压终了温度钢轮压路机不低于 70℃，轮胎压路机不低于 80℃，振动压路机不低于 65℃。压实工作按铺筑试验路面确定的压实设备的组合和程序进行。

碾压的一般程序为初压、复压、终压三个阶段。由于该工程使用的摊铺机具有双夯锤振捣装置和机械振动装置，并可根据混合料类型和摊铺厚度调整振动频率，使摊铺后路面的预压实度达到80%以上。为此，我们采取的压实方法是用压路机紧跟着摊铺机静碾1遍、振碾2遍后用重型轮胎压路机碾压4～6遍，然后用振动压路机振碾1遍，静碾1～2遍，并以消除轨迹为度。压实由外侧向路中心进行，相邻碾压带均应重叠一定的轮宽，压路机行走的路线来回都应是直线，每次由两端折回的位置呈梯形随摊铺机向前推进，使折回处不在同一横断面上。轮胎压路机的轮胎气压注意保持一致（不少于0.5MPa），以防止轮胎软硬不一而影响平整度。路面温度降到70℃以下时，不能再碾压。碾压速度保持慢而均匀，一般初压速度为1.5～2km/h，复压速度振动压路机为4～5km/h，轮胎压路机为3.5～4.5km/h，终压速度为2～3km/h，在摊铺机连续摊铺时压路机不得随意停顿。

在沿着路缘石或压路机压不到的其他地方，采用小型压实机把混合料充分压实。已经完成碾压的路面，不得修补表皮。

沥青路面的碾压方法不是一成不变的，因为压实质量与压实温度有直接的关系，而摊铺后混合料温度是在不断变化的，特别是摊铺后4～15分钟内，温度损失最大，因此必须掌握好有效压实时间，适时碾压，并根据摊铺厚度、自然条件及时调整碾压方法，确保压实质量。

4. 接缝

横向接缝处理的好坏，直接影响到沥青路面平整度和行车舒适性。铺筑时应尽量把横向接缝设在构造物的连接处，如无法避免时，在施工结束时，摊铺机在接近端部前约1米处将熨平板稍稍抬起驶离现场，用人工将端部混合料铲齐后再予碾压，然后用三米直尺检查平整度，趁尚未冷却时垂直切除端部厚层不足的部分，使下次施工时成直角连接。重新摊铺前，应用三米直尺仔细检查端部平整度，当不符合要求时应予清除。符合要求后，在垂直面上涂上粘层沥青，摊铺时调整好预留高度，摊铺后及时进行碾压，碾压先用钢轮压路机进行横向碾压，碾压带的外侧应放置供压路机行驶的垫木，碾压时，压路机位于已压实的混合料层上，碾压新铺层的宽度为15cm。然后每压一遍向新铺混合料移动15～20cm，直至全部压在新铺层上为止，再改为纵向碾压。接缝处施工后，再用三米直尺检查平整度，当有不符合要求之处应趁混合料尚未冷却时立即处理，以保证横向接缝处的路面平整度。另外应注意相邻两幅或上下层的横向接缝均要错位1米以上。

5. 质量控制

在摊铺过程中，时刻注意外观的检验，发现情况及时处理，确保表面平整密实，边线整齐，无泛油、松散、裂缝、啃边和粗细集料集中等现象，表面无明显轨迹，横缝紧密、平顺，面层与路缘石及其他构筑物衔接平顺，无积水现象。

三、水泥混凝土路面施工技术

（一）施工放样

施工前根据设计要求利用水稳层施工时设置的临时桩点进行测量放样，确定板块位置和做好板块划分，并进行定位控制，在车行道各转角点位置设控制桩，以便随时检查复测。

（二）支模

根据混凝土板纵横高程进行支模，模板采用相对应的高钢模板，由于是在水泥稳定碎石层上支模，为便于操作，先用电锤在水泥稳定碎石层上钻孔，孔眼直径与深度略小于支撑钢筋及支撑深度，支模前根据设计纵横缝传力杆拉力杆设置要求对钢模进行钻孔、编号，并严格按编号顺序支模，孔眼位置略大于设计传力杆、拉力杆直径，安装时将钢模垫至设计标高，钢模与水泥稳定砂石层间隙用细石混凝土填灌。以免漏浆，模板支好后进行标高复测，并检查是否牢固，水泥混凝土浇筑前刷脱模剂。

（三）混凝土搅拌、运输

混凝土采用现场集中搅拌混凝土，由我公司提前按照设计要求进行试验配合比设计，要求搅拌时严格按试验室提供的配合比准确下料。混凝土采用混凝土运输车运送。

（四）钢筋制作安放

钢筋统一在场外按设计要求加工制作后运至现场，水泥混凝土浇筑前安放。

（1）自由板边缘钢筋安放。自由板边缘钢筋安放，离板边缘不少于5cm，用预制混凝土垫块垫托，垫块厚度为4cm，垫块间距不大于80cm，两根钢筋安放间距不少于10cm。在浇筑混凝土过程中，钢筋中间保持平直，不变形挠曲，并防止移位。

（2）角隅钢筋安放。在混凝土浇筑振实至与设计厚度差5cm时安放，距胀缝和板边缘各为10cm，平铺就位后继续浇筑、振捣上部混凝土。

（3）检查井、雨水口防裂钢筋安放同自由板边缘钢筋安放方法。

（五）混凝土摊铺、振捣

钢筋安放就位后即进行混凝土摊铺，摊铺前刷脱模剂，摊铺时保护钢筋不产生移动或错位。即混凝土铺筑到厚度一半后，先采用平板式振动器振捣一遍，等初步整平后再用平板式振动器再振捣一遍。振捣时，振捣器沿纵向一行一行地由路边向路中移动，每次移动平板时前后位置的搭头重叠面为20cm左右（约为1/3平板宽度），不漏振。振动器在每一位置的振动时间一般为15s ~ 25s，不得过久，以振至混凝土混合料泛浆，不明显下降、不冒气泡、表面均匀为度。凡振不到的地方如模板边缘、进水口附近等，均改用插入式振动器振捣，振动时将振动棒垂直上下缓慢抽动，每次移动间距不大于作用半径的 1.5 倍。插入式振动器与模板的间距一般为 10cm 左右。插入式振动器不在传力杆上振捣，以免损坏邻板边缘混凝土。经平板振动器整平后的混凝土表面，基本平整，无明显的凹凸痕迹。然后用振动夯样板振实整平。振动夯样板在振捣时其两端搁在两侧纵向模板上，或搁在已浇好的两侧水泥板上，作为控制路面标高的依据。自一端向另一端依次振动两遍。

（六）抹面与压纹

混凝土板振捣后用抹光机对混凝土面进行抹光后用人工对混凝土面进行催光，最后一次要求细致，消灭砂眼，使混凝土板面符合平整度要求，催光后用排笔沿横坡方向轻轻拉毛，以扫平痕迹，后用压纹机进行混凝土面压纹，为保证压痕深度均匀，控制好压纹作业时间，压纹时根据压纹机的尺寸，用角铁做靠尺，规格掌握人可以在其上面操作而靠尺不下陷，沾污路面为原则。施工中要经常对靠尺的直顺度进行检查，发现偏差时及时更换。

（七）拆模

拆模时小心谨慎，勿用大锤敲打以免碰伤边角，拆模时间掌握在混凝土终凝后 36 ~ 48 小时以内，以避免过早拆模损坏混凝土边角。

（八）胀缝

胀缝板采用 2cm 厚沥青木板，两侧刷沥青各 1 ~ 2mm，埋入路面，板高与路面高度一致。在填灌沥青玛碲脂前，将其上部刻除 4 ~ 5cm 后再灌沥青玛蹄脂。

（九）切缝

缩缝采用混凝土切割机切割，深度为 5cm，割片厚度采用 3mm，切割在拆模后进行，拆模时将已做缩缝位置记号标在水泥混凝土块上，如横向缩缝（不设传力杆）位置正位于检查井及雨水口位置，重新调整缩缝位置，原则上控制在距井位 1.2m 以上。切割前要求画线，画线时与已切割线对齐，以保证同一桩号位置的横缝直顺美观，切割时均匀用力做到深度一致。

（十）灌缝

胀缝、缩缝均灌注沥青胶泥，灌注前将缝内灰尘、杂物等清洗干净，待缝内完全干燥后再灌注。

（十一）养护

待公路混凝土终凝后进行覆盖草袋、洒水养护，养护期间不堆放重物，行人及车辆不在混凝土路面上通行。

四、路面防、排水施工技术

（一）边沟施工

边沟是最常见的一种排水设施形式之一，其中常见的一种边沟形式为暗埋式边沟。暗埋式边沟的盖板分为两种形式，一种为全部带雨水箅口的明盖板，另一种盖板为部分带雨水箅口的暗盖板。其中对于全部带雨水箅口的明盖板进行施工时要采用码放，不用勾缝，这样做目的在于后期的养护清淤，盖板应根据相应规范配置适量的钢筋，为了后期的整体美观，施工时应注意控制盖板的质量和外观。对于部分带雨水箅口的暗盖板，施工时要求比较严格，如必须将沟底彻底清理干净，为了防止暗埋式边沟的堵塞，在施工时应将盖板包裹反虑土工布。这种边沟形式安装后要进行勾缝处理，最终为全封闭式的盖板，不允许有任何泥沙等杂物进入边沟，在后期是不用进行定期清淤的一种边沟形式。当然对于边沟的美观和质量，施工时应严格控制盖板的质量和美观，同时应避免车辆等载荷的加入不会导致盖板的断裂而提高边沟的使用寿命。总的来说，边沟是一种设置在挖方路基的路肩外侧或低路堤路基的坡脚外侧，用以汇集和排除路基范围内和流向路基的小量地面水的沟槽，是一种常见的路基表面排水设施之一。

公路路基边沟是常见的，如挖方地段设置的土质梯形边沟和填方路段设置的土质梯形边沟或矮路堤段处设置的土质三角形边沟等。同样如果施工场地较狭窄，不便于机械化施工时也可采用石砌边沟常为矩形状。对于石砌的路堑地段边沟常做成矩形状，特殊情况如多雨雪积砂路段宜做成流线型，便于排泄。对于具体形状的边沟形式有各自的施工尺寸，如三角形边沟内侧边坡可用 1：2～1：3，外侧边坡通常与挖方边坡一致；梯形边沟内侧边坡一般为 1：1～1：1.5，外侧边坡与路堑边坡相同，有碎落台时外侧边坡与内侧相同。边沟的深度和宽度一般不应小于 0.4m，干旱地区和分水点可采用 0.3m，高速公路和一级公路的边沟断面应大些，其深度和底宽可采用 0.8～1.0m。为了及时将边沟中的水排至路基范围之外，应按规范规定的并结合具体的实际情况进行合理的布置排水沟，及时进行排泄。为了控制边沟的水量保持合理的水平，边沟的功能一般只限于排除正常的积水，并不将边沟作为其他设施，如用于沟渠。对于边坡的沟底纵坡与路线纵坡相同，并不宜小于 0.2%，以免水流阻滞淤塞边沟。当沟底纵坡大于 3% 时，应对边坡进行加固；当纵坡超过 6% 时，水流速度大而冲刷严重，可采用跌水或急流槽的形式缓冲水流。

（二）排水沟施工

排水沟也是较为常见和必要地排水设施之一，主要作用为将汇集与边沟中的水流从路基排至路基范围以外的低洼地带，以免水对路基造成损害。排水沟的线型要平顺，多采用直线型，便于排水，不能避免进行转弯时可设置半径不小于十米的圆弧形，对排水沟的长度有一定的要求，一般应不超过 500m，太长不便于将水及时迅速地排出，根据实际情况选择适宜的长度。排水沟的另一功能可减少涵洞的数量，如可以用排水沟合并沟渠。为了顺利地将排水沟中的水排入沟渠并不影响原水道的工作，如使原水道产生冲刷或淤积等，常将排水沟与沟渠的交角设置为不大于 45° 的锐角。

（三）截水沟施工

截水沟是路堑边坡地段常见的一种路面排水设施，其主要作用是拦截来自山体的雨水等地面水，减少流入路基的流水，以免对路基造成损害。截水沟的断面形状多为梯形状，根据当地实际的水流量来确定截水沟的深度，一般为 0.5m 左右，截水沟底宽也不应小于 0.5m。排水沟的坡度根据具体的土体性质进行确定，一般为 1 ∶ 1 ~ 1 ∶ 1.5。截水沟的位置常设置在边坡坡顶以上，与水流方向垂直，目的在于截断上方流向路基的水流，防止水流过大，导致侵蚀挖方边坡和路堤坡脚，同时减缓边沟和排水沟的泄水负担。截水沟距离路堑边坡坡顶的距离因具体土体性质不同而不同，以不影响路堑边坡稳定为原则，一般取 5m 左右。

除了路堑边坡顶部常设置截水沟外，山坡路堤上也常设置截水沟，其位置应设置在大概 2 米左右处，在截水沟与路堤之间应修筑横向坡度为 2% 并向截水沟倾斜的护坡道，以使积水流向截水沟。为了使截水沟充分发挥防止流水侵害路基和边坡的作用，应对截水沟的质量进行严格控制，保证其防渗和美观的功能。当然对于一些特殊地质段，如松软土质或透水性强的岩石路段，对截水沟的沟底或出水口的部位应严格控制质量，采取加固措施防止渗漏和冲刷沟壁或沟底，确保水流不至于渗入基底和边坡。根据具体情况，若当地的地形较为复杂，不便于将截水沟引入自然沟或边沟时，就应综合各方因素全面考虑，如加设急流槽或涵洞等，将流水引入路基不受影响的范围。

（四）跌水与急流槽施工

在很多地形地质比较陡峭的地方常常设置跌水与急流槽，其主要目的是减缓水流的速度和削减水的能量。急流槽设置在比较陡峭的坡度上，由于落差较大，短时间内能够迅速降低水的流速和能量。常见的跌水和急流槽均是采用浆砌圬工砌筑的，其坡度一般与地面的坡度相协调。跌水和急流槽的台阶是比较重要的结构，水的流速和能量主要通过对台阶的冲击，致使能量转换从而达到减缓的目的，而台阶的阶数因坡度而定，每阶的高度也应根据具体地形地质而定。因此，在通常情况下，地形险峻的山岭地区和重丘地，排水沟渠的纵坡就会相对较陡，水流湍急，因而冲刷力大，为了减小流速，在施工中一般采用跌水或急流槽。

第四节　高速公路绿化景观施工

高速公路绿化工程是体现高速公路服务质量、服务水平的一个重要指标，其对提升高速公路在人们心中的地位，乃至相关区域的吸引力和经济增长都发挥着巨大作用。在这种发展形势下，对高速公路绿化工程展开系统的研究则显得十分必要和迫切。

高速公路绿化工程包括自然绿化工程和人为绿化工程。其中自然绿化工程指天然形成的地形、地貌和地物，如大海、平原、山区、草原、森林等绿化工程。人文绿化工程是指人类为满足物质和精神生活的需求，要重视生态建设的理念，要回复自然，与周边原有生态相融合。

一、高速公路绿化工程作用

高速公路绿化工程作为公路建设的一个重要组成部分对于提高交通安全性和舒适性，缓解公路施工给沿线地区带来的不良影响，保护自然环境和改善生态环境等都具有极其重要的意义。

高速公路绿化工程对公路起到保护作用，树木或草坪通过树冠、根系、植被覆盖等可以固着土壤、涵养水源、阻止或减少地表径流、降低雨水冲刷路基的危害，在高填方路段，这种作用更加明显。绿化后的环境将比露天地区气温低5℃-6℃，而且湿度较大，且变化缓慢，可以造成特殊的"小气候"，这样可以调节路面温度与湿度，对防止路面老化起到一定的作用。

高速公路绿化工程改善交通条件，为高速行车提供保障。通过视线诱导来指示驾驶员道路前进的方向。尤其是在竖曲线顶部和弯道等路线走向不明了地段，可以使路线走向变得十分明显，有利于驾驶员的安全行车。在车辆驶入光线很差的隧道中时，由于人的眼睛不能立即适应明暗的变化，往往会产生短暂的视觉障碍，因此，在隧道两侧种植一些树木，利用树荫来调节隧道内外的明暗强度，对行车安全十分有利。

高速公路绿化工程美化路容、改善环境，使旅途变得更加舒适。当公路沿线有四季常青的树木以及点缀其间的各种花草人工造景时，可以产生与自然交融、气势壮观的感觉，给人们以优美、舒适的享受，有益于人们的身心健康。

二、铺设表土

（一）一般规定

表土应为符合要求的种植土；铺设表土平整，厚度、排水应符合设计要求

（二）施工准备

（1）施工前应调查土源和土质，土质应为符合要求的种植土；土质条件差可采取相应的消毒、施肥和客土等措施改良土质，以满足种植要求；铺设表土平整，厚度、排水应符合设计要求。

（2）施工前应调查边坡坡度和铺筑厚度，了解设计种植物种。

（三）施工要点

（1）施工单位应确定挖取的表土以及恢复该地区的安排，采集地在用地界外应经有关机构批准。

（2）地表面的准备

①覆盖表土范围的地表面，应进行深翻，将土块打碎使成为均匀的种植土，不能打碎的土块，大于25mm的砾石、树根、树桩和其他垃圾应清除并运到监理工程师同意的地点废弃。

②通过翻松、加填或挖除以保持地表面的平整。

（3）铺设

①准备工作完成后，应即铺设表土，当表土过分潮湿或不利于铺设时，不应进行铺设，除非另有规定。表土铺设完成后，其表面标高应比路缘石、集水井、人行道、车行道或其他类似结构低25mm。

②表土铺设达到要求厚度后，其完成的工程应符合图纸所要求的线形、坡度、边坡。

③铺设后，施工单位应用机具将表土滚压，并形成至少深50mm的纵向沟槽，全部铺设面积应具有均匀间隔的沟槽，其方向宜垂直于天然水流，以利于排水，但图纸另有要求者除外。

（四）质量要求

表土质量应为松散的、具有透水作用并含有有机物质的土壤，能助长植物生长，不应含有盐、碱土，且无有害物质以及大于25mm的石块、棍棒、垃圾等。

三、铺植草皮

（一）一般规定

（1）草皮应为符合设计要求的品种，整体图案美观。

（2）草皮应无枯黄、无明显病虫害、无连续空白。

（二）施工准备

（1）施工前应全面了解铺植草皮品种。

（2）施工前做好机铺植草皮机具和材料的准备工作。

（3）施工前应做好液压喷草的技术交底工作。

（三）施工要点

1. 选择草皮

应选择适合于当地气候条件、易于生长，同时具有耐旱、耐涝、容易生长、蔓面大、根部发达、茎低矮强壮和多年生长的特性的草种。

2. 场地准备

（1）施工单位应按绿化工程布置的图纸标出种植地段、种植位置及品种的轮廓，并进行放样。

（2）种植场地应修整到设计的线形和坡度，并具有舒顺的外形，清除场地中所有大土块、石块、硬土及其他杂物和不适于种植的材料，并处理好的表土和底土应分开。

（3）在铺植时，先在场地内铺设 30mm 厚的符合要求的表土。

3. 草皮验收

（1）施工单位应在铺植工作前提供有关草皮供应来源的全部资料。

（2）草皮应符合设计要求，并符合现行关于植物病害及虫传染检疫的法规的要求，需提供必要的全部检疫证明。

4. 草皮铺植

在铺植地表的准备工作完成以后，即可铺植草皮，铺草皮时，除平铺外，在边坡较高较陡之处也可铺植，即自坡脚处向上钉铺，用小尖木桩或竹签将草皮钉固于边坡上，铺植的形式，按图纸要求。

5. 草皮养护

铺植后应进行喷灌浇水养护，并对草皮进行拍打，养护初期应让草皮保持湿润状态，根据天气情况控制浇水量，结合浇水进行病虫害的防治和生长期追肥，使其顺利进入生长旺盛期。在草皮成坪、苗木生长正常后（大约三个月后）逐渐减少浇水次数，锻炼植物的适应能力，但在一年内尤其在旱季要视天气情况对其进行定期护理，逐步进入自然生长状态。

（四）质量要求

（1）绿地草坪应符合设计要求，整体图案美观。

（2）草坪应无杂草、无枯黄、无明显病虫害，无连续 $0.5m^2$ 以上空白面积。

（3）草坪应整洁，表面应平整，微地形整理应符合设计要求，不应有明显集水区。

（4）草坪成活率应 ≥95%。

（5）如果有绿化喷灌设施应能正常运转。

四、液压喷草

（一）一般规定

坡面绿化符合设计要求，草灌成活，分布均匀，整体效果美观。

（二）施工准备

（1）施工前应全面了解铺植草皮品种。

（2）施工前应做好液压喷草机具和材料的准备。

（3）施工前应做好液压喷草的技术交底工作。

（三）施工要点

1. 坡面检验及修整

对于一般坡面应进行常规处理——刷除多余土方、平整竖向冲沟、耙松光滑坡面表土，对于坡率大于 1：1 的陡坡应对坡面进行特殊处理——沿等高线开挖凹槽、植沟或蜂窝状浅坑。

2. 搅拌混合

采用设计要求的混生互补的草（灌）种与肥料、黏合剂、保水剂、内覆纤维材料、色素及水等按规定比例放入混料罐内，通过搅拌器将混合液搅拌至全悬浮状。

3. 机械喷播

采用的机具进行喷播植生，在喷播施工过程中，喷枪应左右各偏45°～60°范围以全扇面或半扇面沿喷播路线依次按最佳着地点（在射液抛物线最高点后 1～3m 范围内）要求实施喷播，并注意左右扇面搭接，喷播施工时应注意风向，应避免逆风喷播，大风、大雨应停止喷播施工。

4. 铺设无纺布

完成喷播植生施工后，应及时铺设外层覆盖材料—无纺布，采用单层 14g/m² 规格或双层 10g/m² 规格的无纺布，无纺布铺设后，应采用 U 型钉或竹签及时固定，在风口处还应在其上下压土（石）、中部拉绳加固。无纺布的覆盖待苗出齐后（幼苗植株长到 5～6cm 或 2～3 片叶时）揭除。

5. 养护管理

植物喷播完毕后，应在草种发芽、成坪期和苗木恢复生根期进行养护工作，在这个时期每天保持基质层湿润，根据天气情况控制浇水量，结合浇水进行病虫害的防治和生长期追肥，使其顺利进入生长旺盛期，在草苗成坪、苗木生长正常后（大约三个月后）逐渐减少浇水次数，锻炼植物的适应能力。但在一年内尤其在旱季要视天气情况对其进行定期护理，逐步进入自然生长状态。

6.补充栽种乔、灌木

为达到高速公路上边坡草、灌相结合，恢复边坡生态，若确有客观原因喷播后草、灌木成活率及生长情况不符合设计要求时，应在适当的季节，根据附近自然植被生长情况和播种草、灌木生长情况，按设计要求在施工坡面补喷草种或挖坑栽种灌木并进行养护，确保边坡植被恢复的长期景观效果。

（四）质量要求

（1）选择适合当地气候条件、易于生长的草（灌）种，混合草（灌）种应试验其萌芽情况，其纯度和萌发率均应达到90%以上。

（2）各种草（灌）种、肥料、黏合剂、保水剂要严格按设计要求参配。

（3）坡面应无杂草、无枯黄、无明显病虫害，草灌成活率应≥95%，

五、客土喷草

（一）一般规定

坡面绿化符合设计要求，草灌成活，分布均匀，整体效果美观。

（二）施工准备

（1）施工前应全面了解客土喷草品种。

（2）施工前应做好客土喷草机具和材料的准备。

（3）施工前应做好客土喷草的技术交底工作。

（三）施工要点

1. 坡面检验及修整

在岩质（硬土）坡面基材客土植生，应清理边坡上的杂物，并对坡面作简易休整，边坡特别凸起的地方应削掉，如果是稳定的有景观效果的孤石，可以保留，特别凹陷的地方应用石块填补，使坡面大致平顺，另外坡顶和可视断面也应一并修整，以保持整个边坡线条明畅。

2. 打设锚杆

采用设计规定的锚杆用风钻打孔，孔偏差不大于5cm，锚杆采用m30水泥砂浆固定。

3. 铺设镀锌铁丝网

铺设镀锌铁丝网由上而下进行，铁丝网采用设计规定的镀锌铁丝网，网与网之间采用平行对接方法，不重复搭接，坡顶延伸至与原生态植被相接，开沟并用锚钉固定后回填土，搭接处按设计规定用铁丝绑扎固定。

4. 粉碎种植土

符合要求的种植土干燥后运至加工处理场内,采用粉碎机粉碎至粉细土状,并进行筛分以保证最大粒径小于 10mm。

5. 搅拌混合

种植基材加工时应严格执行设计文件提供的基材配方,将粉碎好的种植土、泥炭土、纤维、复合肥、土壤保水剂、固土剂、腐殖酸、硅酸盐类强力接合剂等原料,用搅拌机搅拌均匀备用,加工处理好的基材,应在使用过程中加强保管、避免雨淋,防止受潮。

6. 机械喷播客土

完成边坡挂铁丝网施工并经质量检测合格后,严格按设计要求,采用专用机械喷射种植基材,可依据不同坡面采用干喷技术或湿喷技术,基材喷射施工可分块实施,在喷射施工时,在坡面上每 100m² 用钢筋头设置指示桩标示喷射厚度,确保种植基材的厚度和均匀性。

7. 液压喷播植草(灌)

采用的机具进行喷播植生,在喷播施工过程中,喷枪应左右各偏 45° ~ 60° 范围以全扇面或半扇面沿喷播路线依次按最佳着地点(在射液抛物线最高点后 1 ~ 3m 范围内)要求实施喷播,并注意左右扇面搭接,喷播施工时应注意风向,应避免逆风喷播,大风、大雨应停止喷播施工。

8. 铺设无纺布

完成喷播植生施工后,应及时铺设外层覆盖材料——无纺布,采用单层 14g/m² 规格或双层 10g/m² 规格的无纺布,无纺布铺设后,应采用 U 型钉或竹签及时固定,在风口处还应在其上下压土(石)、中部拉绳加固,无纺布的覆盖待苗出齐后(幼苗植株长到 5 ~ 6cm 或 2 ~ 3 片叶时)揭除。

9. 养护管理

植物喷播完毕后,应在草种发芽、成坪期和苗木恢复生根期进行养护工作,在这个时期每天保持基质层湿润,根据天气情况控制浇水量,结合浇水进行病虫害的防治和生长期追肥,使其顺利进入生长旺盛期。在草苗成坪、苗木生长正常后(大约三个月后)逐渐减少浇水次数,锻炼植物的适应能力,但在一年内尤其在旱季要视天气情况对其进行定期护理,逐步进入自然生长状态。

10. 补充栽种乔、灌木

为达到高速公路上边坡草、灌相结合,恢复边坡生态,若确有客观原因喷播后草、灌木成活率及生长情况不符合设计要求时,应在适当的季节,根据附近自然植被生长情况和播种草、灌木生长情况,按设计要求在施工坡面补喷草种或挖坑栽种灌木并进行养护,确保边坡植被恢复的长期景观效果。

（四）质量要求

（1）选择适合当地气候条件、易于生长的草（灌）种，混合草（灌）种应试验其萌芽情况，其纯度和萌发率均应达到90%以上。

（2）对草种、肥料、锚杆、铁丝网等原材料应加强质量控制，经常进行日常检验。

（3）各种草（灌）种、肥料、黏合剂、保水剂要严格按设计要求参配。

（4）严格按施工工艺要求进行施工，保证锚杆数量、铁丝网的规格、基材的厚度、后期的养护管理。

（5）完成的坡面应无杂草、无枯黄、无明显病虫害。

六、乔木、灌木和攀缘植物

（一）一般规定

（1）种植植物品种宜选用适宜当地气候和地质条件的本土植物为主。

（2）所有植物应考虑公路沿线地区特点，选择适合于当地气候条件易于生长的、并有丰满干枝体系和苗壮的根系。植物应无缺损树节、擦破树皮、受风冻伤害或其他损伤，植物外观应显示出正常健康状态，能承受上部及根部适当的修剪，所有植物应在苗圃采集。

（3）乔木应具有挺直的树干，良好发育的枝杈，根据其自然习性对称生长。

（4）运到现场的乔木高度应符合图纸要求，其胸径（树高出地面1.3m处）应不小于30mm。

（5）不允许采用代替品种，除非证实在承包期内的正常种植季节采集不到规定的植物。只有经监理工程师同意后，才允许种植代替品种。

（6）各类植物应在公路所经当地的最适宜的季节进行种植，除非图纸上另有标明或监理工程师指示，土壤条件不适合种植时不应种植。

（二）施工准备

（1）施工前应全面了解乔木、灌木和攀缘植物品种。

（2）施工前应做好乔木、灌木和攀缘植物的机具和材料的准备。

（3）施工前应做好乔木、灌木和攀缘植物的技术交底工作。

（三）施工要点

1. 植物运送

（1）在运出植物前，应由园艺人员按起苗、调运等技术要求负责将植物挖出、包扎、打捆，以备运输；任何时候，植物根系应保持潮湿、防冻、防止过热。落叶树在裸根情况下运输时，应将根部包涂黏土浆，使根的全部带有泥土，然后包装在稻草袋内。所有常青树及灌木的根部，均应连同掘出的土球用草袋包装。运到工地及种植前，这些土球应结实，草包应完好，树冠应仔细捆扎以防止枝杈折断。

（2）植物以单株、成捆、大包或容器内装有一株或多株植物运到工地时，均应分别系有清楚的标签，标明植物名称、尺寸、树龄或其他详细资料，这对鉴别植物是否符合规定是必要的。当不能对各单株植物分别标明时，标签内应说明成捆、成包以及容器内的各种规格植物的数量。

2. 储存和保护

（1）运到工地后一天内种不完的植物，应存放在阴凉潮湿处，以防日晒风吹，或暂进行假植。

（2）裸根树种应将包打开，放在沟内，根部暂盖壅土，并保持湿润。

（3）带有土球及草袋包装的植物，应用土、稻草或其他适当材料加以保护，并保持土、稻草等潮湿，以防根系干燥。

3. 种植准备

（1）施工单位应按绿化工程布置的图纸标出种植地段、种植位置及苗木品种和规格，并进行放样，在种植之前这些布置应得到监理单位的检查认可。尚应做到：种植穴、槽定点放线应符合设计图纸要求，位置应准确，标记明显；种植穴定点时应标明中心点位置。种植槽应标明边线；定点标志应标明树种名称（或代号）、规格；行道树定点遇有障碍物影响株距时，应与设计单位取得联系，进行适当调整。

（2）种植地段应修整到符合监理单位指示的线形和坡度，并具有舒顺的外形。在种植中所有大土块、石块、硬土及其他杂物和不适于种植的材料，均应由施工单位自工地移走。处理好的表土和底土应分开，并得到监理单位认可。

（3）在种植时，先在坑底松填约 150mm 厚的表土。

4. 刨坑

（1）刨坑刨槽的规格要求：刨坑刨槽位置要准确，坑径应根据根系、土球大小及土质情况而定，刨坑刨槽要直上直下成桶形，不得上大下小或上小下大，以免造成窝根或填土不实；坑径一般可比植物的根系或土球直径大 0.2 ~ 0.3m，具体应符合规范和设计要求；如遇土质过黏、过硬或含有有害物质如石灰、沥青等，则应适当加大坑径。

（2）刨坑的操作

刨坑时应以所定位置为中心，按规定坑径划一圆圈作为刨坑的范围。

挖坑时应把表土与底土分别置放，不同的土质亦应分开堆放。堆放位置以不影响栽植为宜。刨坑到规定深度后在坑底垫底土。

挖坑的坑壁要随挖随修使其成直上直下形状，不要成锅底形。

刨坑时如发现地下管道、电缆等地下设施应停止操作，并及时向监理单位报告，请示处理办法。

在斜坡处挖坑应先做成一平台，平台大小应以坑径最低规格为依据，做成后在平台上再挖坑。

在土层干燥地区应于种植前浸穴。

挖穴、槽后，应施入腐熟的有机肥作为基肥。

5. 栽植

（1）修剪工作对高大乔木应在散苗前后进行，即在栽植前进行，高度3m以下无明显主尖的乔木和灌木为了保证栽后高矮一致、整齐美观，可在栽植后修剪，疏剪的剪口应与树干平齐不留枯橛以免影响愈合；短截时注意留外芽，剪口距芽位置要合适，一般离芽10mm左右，剪口应稍斜成马蹄形；修剪20mm以上的大枝剪口应涂防腐剂，可促进愈合和防止病虫雨水侵害。

（2）散苗、散露根苗应掌握随掘随运随散苗、随栽植，尽量缩短根部暴露时间以利成活。散苗时要轻拿轻放，行道树散苗要顺路的方向放树苗，不得横放路上影响交通；散带土球树木，要注意保护土球完整，搬运土球时不得只搬树干，尽量少滚动土球。

（3）栽植前对露根苗的根系要进行修剪，将断根、劈裂根、感染病虫害根、过长的根剪去，剪口要平滑，带土球苗和灌木应将围拢树冠的草绳剪断。

（4）栽植前应检查坑的大小，深度是否与根系、土球规格标准要求的坑径一致，不符时应修整。

（5）栽树时不得歪斜，要保持树木上下垂直，有树弯时应掌握树尖与根部在一垂直线上，行道树的树弯应在顺路的方向，与路平行。

（6）应由有经验工人，按照正常做法，进行种植和回填土，植物应垂直地栽好，比在苗圃的种植深度加深20～30mm。种植前的乔木和灌木应经监理单位检查认可。

（7）对裸根植物，先将表土放在坑底，其松散厚度约150mm，随即撒布适量（视表土性质而定）有机肥，在肥料上覆盖50～100mm回填土层，使根系不接触肥料。随后将裸根植物放在树坑中央，以自然形态散开根系，所有折断或损坏的根系，应予截去，促使根部生长良好。

在树坑四周及其上回填土后捣固并适当压紧，当回填到根系一半深度时，将植物稍提起，随即再按每层厚150mm回填土并压实。植物四周应由土围成与树坑大小相同的浅盆形凹穴（浅土盆）的蓄水池，深约150mm。

（8）栽行道、行列树应横平竖直，栽植时可每隔10或20株按规定位置准确的栽上一株作为前后植树对齐的依据，然后再分别栽植。

（9）根部带有土球的植物，应和上述（7）一样进行处理，并将表土及肥料放在穴内。随即将乔木或灌木垂直栽在坑底放稳，栽种深度应比苗圃时深25mm。回填土随即填在植物土球周围并捣实。土球上部的麻（草）袋应割开并移去，将土球上部的土松开并摊平，然后将其余回填土填下，还应做好浅土盆的蓄水池。

（10）栽植较大规格的常绿树和高大乔木时应在栽植同时埋上支柱，支柱应埋深在0.3m以下，支柱要捆牢，并注意不要使支柱与树干直接接触以免磨伤树皮。立支柱方向应在下风口。

（11）在种植后应按图纸要求，对乔木或灌木浇水，并要浇透，半月之内，再浇透水2～3次。其后每周一般浇水一次，视气候情况而定，直到植物成活为止。

（12）对于在中央分隔带栽植起防眩作用的树木，其高度和株距应符合图纸要求，如图纸无规定，则树高宜1.6m，株距宜2.0m。

（四）质量要求

（1）新种植的乔木、灌木、攀缘植物，应在一个年生长周期满后方可验收。

（2）地被植物应在当年成活。

（3）花坛种植的一、二年生花卉及观叶植物，应在种植15d后进行验收；春季种植的宿根花卉、球根花卉，应在当年发芽出土后进行验收。秋季种植的应在第二年春季发芽出土后验收。

（4）种植应按设计图纸要求核对苗木品种、规格及种植位置。

（5）规则式种植应保持对称平衡，行道树或行列种植树木应在一条线上，相邻植株规格应合理搭配，高度、干径、树形近似，种植的树木应保持直立，不得倾斜，应注意观赏面的合理朝向。

（6）种植绿篱的株行距应均匀。树形丰满的一面应向外，按苗木高度、树干大小搭配均匀。在苗圃修剪成型的绿篱，种植时应按造型拼栽，深浅一致。

（7）种植材料的覆盖物、包装物等应及时进行清理，不得随意乱弃，避免造成环境污染。种植带土球树木时，不易腐烂的包装物应拆除。

（8）珍贵树种应采取树冠喷雾、树干保湿和树根喷布生根激素等措施。

（9）种植时，根系应舒展，填土应分层踏实，种植深度应与原种植线一致。

（10）种植胸径50mm以上的乔木，应设支柱固定。支柱应牢固，绑扎树木处应夹垫物，绑扎后的树干应保持直立。

（11）攀缘植物种植后，应根据植物生长需要，进行绑扎或牵引。

（12）绿化工程质量验收应符合下列规定：花卉种植地应无杂草、无枯黄，各种花卉生长茂盛；草坪无杂草、无枯黄；绿地整洁，表面平整；种植的植物材料的整形修剪应符合设计要求。

（13）不同部位绿化工程质量验收标准应按相关规范执行。

第五节 立交桥施工技术

一、立交桥概述

立交桥全称为"立体交叉桥"，是指在两条以上的交叉道路交汇处建立的上下分层、多方向互不相扰的现代化桥梁，包括立体交叉工程中的下沉式隧道（因为隧道主体上方即会形成桥型结构）。由于建设成本较高，通常只在高速公路互通、城市干道或快速路之间的交汇处建设，主要作用是使各个方向的车辆不受路口上的红绿灯管制而快速通过。

（一）桥梁特征

立交桥是一种现代化桥梁工程，以多层道路在三维空间上形成立体交叉为基本特征。它是人类交通现代化和生活地区城镇化的必然产物、城市公共基础设施之一，是当代社会高效运输体系中不可或缺的重要一环。

1. 狭义立交

狭义立交桥是指多条道路在交汇口处以高架桥形式实现平面分离和立体交叉且能实现半全互通的桥梁工程，对象仅限于汽车和公路，不包括单纯的公路铁路跨线桥或支路天桥（常见于高快速路的收费站出入口附近）等。

2. 广义立交

广义立交桥是指为了解决多条陆地运输线路（包括水上水下的桥隧路面）上多方向车辆，在交汇处的冲突问题而建设的呈多层结构和立体交叉的桥隧工程，对象可泛指所有陆地车辆运输工具及其所在的线路主体结构设施。

（二）功能作用

（1）减少或消除原平面上不同方向或类型的车辆冲突，可缓解拥堵、节约行车时间，以及增强行车安全等。

（2）有些结构类型的立交桥能在一定限度上分流主路方向甚至支路方向上的交通量。

（3）有些结构的立交桥可以增设掉头匝道，给车辆提供较安全的掉头环境且不影响主线车辆快速行驶。

（4）可以减少或消除机动车与非机动车、行人等的混行几率，提高道路整体安全系数。

（5）结合美学设计可作为当地的城镇名片，提升城市高大上形象，还有在桥墩等地方设广告摊位等潜在价值。

（三）缺点危害

占用土地破坏环境，减少绿化种植空间，增加当地建筑安全维护成本，影响城市景观，遮挡低层住宅居民的阳光和视野，干扰车主针对两旁街道情况的视线，增加废气和噪声污染，增大交通事故的救援难度等。

二、施工测量

（一）测量依据

（1）根据业主提供的平面控制点与水准点为基准进行复测和引测。根据业主提供的有关测量资料、设计图纸、复测资料进行计算和测量放样。

（2）以该工程执行的施工规范中的有关规定作为精度标准。

（二）平面控制测量

（1）对施工现场及控制点进行实地踏勘，结合该工程平面布置图，建立施工测量平面控制网。在考虑通视条件、稳固状态、放样方便等各种因素，要求达到每 200m 设一个控制点。控制点在高架桥中心线两侧间隔分布，以建立通视情况良好的导线控制网。放样时每点至少有两个控制点做后视，以便校核。

（2）定期对导线控制网进行闭合校验，保证各点位于同一系统。随着施工的进展，每个月至少复测一次，以求控制网达到精度要求。

（三）平面轴线测量

（1）按图纸中结构不同的施工部位，分别制订不同的测量方法，以满足精度要求和施工进度要求。

（2）桩基础施工时所需要的轴线，采用极坐标法进行放样，用全站仪直接放出桥墩中心点。然后将仪器架至桥墩中心点，后视控制点，定出切线，再转 90 度定出法线桩。如果一次无法投测到位，可以在附近适当位置临时转点，但转点次数尽量控制一次。

（3）桩施工结束，采取同样方法确定承台位置。

（4）承台浇注完毕后，所需要的轴线采取后方交会，定出偏移轴线，测站为承台上的任意点，根据该点坐标值计算出到中心点角度和距离，以极坐标法定出其他轴线。

（5）箱梁施工阶段轴线放样

①箱梁底腹板轴线控制

在墩身施工完，而支架尚未搭设之时，对墩身顶进行中心点投测，并做好标志，为下道工序做好准备。

在底模铺设和支架预压完毕，而墩顶尚未掩盖之时，以上述放样好的中心点为测站，以另一桥墩中心点后视，后视尽可能远，定出箱梁底模上的侧模边线。

侧模的投测方法可采用支距法或坐标法。

投测完毕之后，用钢卷尺校验底模两侧相对应的点之间的距离。该距离为理论的计算长度。

②箱梁翼缘轴线的控制

此部分要控制的是桥面结构最外端的侧模轴线。由于箱梁翼缘与水平面存在一个角度，且全部朝向中心线倾斜。所以仍然采用桥墩中心点对其进行控制。

③箱梁桥面轴线控制

桥面轴线的放样主要包括桥梁纵向轴线及部分横桥向轴线，尽量利用周围建筑物顶向桥面进行放样。若无法从周围建筑物顶向桥面放样，则采用自地面基准点，使用全站仪向桥面引入转站。

以桥面上的转站为测站，后视地面控制点，进行桥面轴线的放样，定护栏的线形。

（四）高程控制测量

1. 施工高程控制网的建立

（1）根据业主提供的等级水准点，用精密水准仪进行引测，布置在施工区域附近。为保证施工期间高程点的稳定性，点位设置在受施工环境影响小，且不易遭破坏的地方。

（2）考虑季节的变化和环境的影响，定期对水准点进行复测。

2. 箱梁以下部分的测量

（1）箱梁以下部分主要包括承台高程控制、墩身高程控制等。

（2）各部分的标高均直接采用高程控制网中的点位引测到施工部位，并按规定误差范围进行精度控制。

3. 箱梁以上部位的高程测量

（1）箱梁以上部分主要包括箱梁底板高程控制、翼缘高程控制、桥面高程控制等。

（2）箱梁底板部分的高程放样直接使用控制网中的点位，引测至梁两端的墩身上。使用模线连接两端标高，从而为底模的高程建立控制线。

（3）翼缘部分存在一个倾斜的底面，该部分采用控制网中的点，引测至桥跨两上端面翼缘的下方。由于翼缘底是倾斜的，所以建立高低两个控制标高。将两端标高点联系起来，便形成了翼缘底模的高程控制线。

（4）桥面系施工阶段，箱梁混凝土面已经达到设计强度。所以只要将高程从地面高程控制点引至桥面进行施工控制。

（五）测量技术保证措施

（1）经纬仪工作状态应满足竖盘垂直、水平度盘水平；目镜上下转动时，视准轴形成的视准面必须是一个竖直平面。

（2）水准仪工作状态应满足水准管轴平行于视准轴。

（3）用钢尺工作应进行钢尺鉴定误差、温度测定误差的修正，并消除定线误差、钢尺倾斜误差、拉力不均匀误差、钢尺对准误差、读数误差等，采取多次往返测量。

（4）所有测量计算值均应立表，并应有计算人、复核人签字。

（5）使用全站仪应进行加常数、乘常数、温差修改值的修正。

（6）在仪器操作上，测站与后视方向应用控制网点，避免转站而造成积累误差。所有仪器操作均要进行换手复测。

（7）在定点测量时应避免垂直角大于45°。

（8）对易产生位移的控制点，使用前应进行校核。

（9）每个月必须对控制点进行校核一次，避免因季节变化而引起的误差。雨后，也要及时对地面的控制点进行校核。

（10）严格控制操作规程进行现场的测量定位和放样。

三、立交桥施工技术

（一）钻孔打桩施工

1. 施工准备

施工前期应先平整好施工场地，做好准备工作，以便让钻机安装和就位更加方便；施工技术人员在泥浆池及沉淀池布设时需要根据设计图纸进行，并综合考虑各种因素的影响，为工程最终顺利进行提供必要条件。

2. 护筒制作及埋设

在进行护筒制作时，要合理确定护筒的制作材料厚度等，焊接应达到牢固且不漏水，并在护筒顶留出浆口的位置。进行护筒挖孔埋设时，要保证开挖的直径大于护筒直径，坑底夯平后，再进行护筒埋设，四周的回填土要分层对称夯实。

3. 泥浆循环

根据工程的实际情况选择合适的钻进方式，采用反循环钻进成孔，在钻机附近设置泥浆池，泥浆经过滤、沉淀后用泥浆泵将泥浆抽回桩孔内，保证泥浆循环。

4. 钻孔

钻孔前需控制好设计泥浆指标，钻孔的泥浆必须由良好的黏土和水拌合而成。泥浆比重应达到 1.02 ~ 1.06，黏度为 16 ~ 20 Pa.s，新制泥浆含砂率不得超过 4%，泥浆 pH 酸碱度控制在 8 ~ 10。当发现坍孔现象时，应加大泥浆比重。

5. 清孔

钻孔达到设计要求后需对终孔进行检查，即完成清孔作业，清孔使沉淀层减薄，提高了孔底的承载力，保证了灌注混凝土的质量，成孔后按每钻进 4 ~ 6m 进行检孔作业，通过易缩孔土层要及时更换钻头。

6. 钢筋笼制作及吊装

钢筋笼制作时，根据设计图纸采用卡板成型或箍筋成型。钢筋笼加工好后，使用吊车进行吊装入孔，当钢筋笼分为二节加工，需要两次进行吊装安设作业。钢筋接头焊接时为了使上下钢筋笼轴线在同一垂线上可采用搭接双面焊，达到钢筋笼下端整齐，然后用加强箍筋全部封住，使混凝土导管或吸泥管能顺利升降，防止与钢筋笼卡挂。

7. 搭设灌筑支架

灌筑支架为移动支架时，首先把灌筑架拼装好，作业时需移至孔位，以悬挂串筒、漏斗及导管。导管内壁平顺光滑，试用前进行水密承压试验，不得漏水。然后把导管分成若干段起吊入孔，用卡盘固定于护筒筒口，防止接头漏水，导管入孔对准钢筋笼中心，以防卡在钢筋笼上。

（二）系梁施工

在进行系梁基坑开挖时，主要以挖掘机开挖为主、人工进行配合，在开挖至基坑地面30cm时，可全部采用人工进行修整，以防超挖；对于开挖较深的基坑时，要编写专项基坑开挖方案，保证基坑开挖顺利进行，机械作业人员要注意对桩头及预留钢筋的保护。桩头清除时一般要保留 5cm 的深入系梁或承台，桩身伸入系梁的钢筋按设计规范要求应达到 18cm，在进行钢筋笼制作时要充分预留。

钢筋制作应严格按图纸及技术规范进行；每块模板应不小于 $2m^2$，模板接缝可用海绵条进行填塞，卡扣连接、钢管支撑，要保证模板的整体性和密封性，确保混凝土的外观质量符合设计规范要求。系梁拆除侧模后，不但要进行养护，而且还要对混凝土外观质量进行认真检查，自检合格并征得监理工程师同意后，可进行两侧对称回填，并进行夯实作业，以利墩台身施工。

（三）墩台身施工

为了减少接缝，保证墩台的外观质量，柱式墩身模板采用两半圆组合模板；制作柱模时，为了减少两节之间的错台，可采取在上下两节模板接头处加设法兰的方法，使外加型钢具有足够的强度和刚度；安装模板时应保证竖缝在一条直线上，以增加美观。

混凝土桥台台身可采用肋板式台身，肋板式台身采用组合钢板，严格按规范施工，混凝土由可采用拌和站集中拌和，输送车运送至工地，泵送（或吊车）入模的方法进行作业。混凝土灌筑时采用自制多节串筒，以防止混凝土发生离析。

（四）盖梁施工

为确保混凝土外观质量和盖梁线型尺寸，根据设计标准，可自行进行模板设计，制作过程应充分考虑与实际工程的相应配套模板；为避免发生接缝处漏浆，模板接缝可采用错台搭接的方法。在墩身预留孔洞采用托架法施工，有效避免了支架下沉引起盖梁变形的问题。钢筋骨架是盖梁的主要承重部分，为保证工程质量，确保各部分尺寸无误，钢筋骨架可现场绑扎、焊接成型、整体吊装，各类钢筋的焊接采用符合规范要求的焊接设备和焊条，以保证强度。

四、立交桥施工组织管理中存在问题

（一）信息传递中存在偏差

在立交桥项目实施过程中。项目经理部需要进行纵向和横向的信息传递和沟通，如项目经理向技术科发出进度、质量要求指令，技术科向合同预算科抄送技术方案等。纵向沟通（上、下级沟通）因个人的理解偏差、过程延误等而形成信息漏斗，造成信息在流通过程中失真。如技术科向劳务分包队伍进行技术交底时常常与初衷存在偏差；而横向沟通也因部门之间专业水平、组织性壁垒的存在等而缺乏信息通道。

（二）执行效率存在的问题

按照亚当斯的公平理论，当一个人做出了成绩并取得了报酬以后，他不仅关心自己所得报酬的绝对量，而且关心自己所得报酬的相对量。因此，他要进行种种比较来确定自己所获报酬是否合理，比较的结果将直接影响今后工作的积极性，进而影响工作效率。

（三）团队建设与协作问题

形成合适的团队机制，建立项目管理班子的成员之间进行沟通和解决冲突的渠道，创立良好的人际关系和工作氛围，可以提高项目管理班子的成员和项目管理的工作效率。团队建设得好，可以形成整体力量的汇聚和放大效应，否则，就容易出现"一盘散沙"，甚至造成力量相互抵消的"窝里斗"局面。应努力将个人目标同组织目标、个人目标同个人目标统一起来，实现组织最大限度的协同。

五、解决措施

（一）根据工程实情，实施"分步落实原则"

立交桥工程项目中的财务管理包括立交桥项目的筹资管理、投资管理等。这些专题管理并不完全停留在项目范畴内，它们的实施要依赖立交桥公司、政府部门等诸多相关部门的配合，如果一开始就准备在项目实施中进行全面的项目管理（包括诸多专题管理），会存在相当大的难度，因为就立交桥公司本身的内部运作还不足以支撑这样的全面项目管理，而且大部分人员也不可能在一开始就能全部领会这么多的内容。要让项目管理真正进入实际业务运作中，应该结合实情逐步落实项目管理理论中的各项内容。比较合适的步骤是：第一阶段，先进行一般意义上的项目管理，对立交桥项目进行技术上的和经济上的分析，评价其可行性问题。并对合同进行深入的研究，做到可以清楚地定义项目管理的目标、范围及工作成果等；第二阶段，全面实施质量管理，对工程施工进行监督，重点把握工程质量关，同时对工程项目进行成本控制、进度控制、健康安全与环境管理；第三阶段全面实施变化管理，完善信息资料的整理，做好项目的竣工与评价工作。

（二）施工安全管理的措施

立交桥的施工安全管理，是一项很细致的工作，由于立交桥施工线路长，交叉作业面多，且基本位于城市中心，一般需要占用一至两个车道，属于边通车边施工，交通组织非常复杂，所以安全管理难度极大。坚决做好现场的安全管理工作，是保证施工生产顺利进行的重要前提，没有施工安全，进度、质量、效益根本无从谈起，所以抓好安全工作是现场管理的重中之重。根据经验，笔者提出如下建议：

（1）在实际工作中，必须建立健全安全管理机构，建立安全管理制度，完善安全岗位职责，设立安全奖惩制度，将有关的安全措施落实到实处，决不可以人浮于事。对安全管理扎实的工区进行一定的奖励，对安全工作不扎实的工区给予处罚，形成一种人人讲安全的良好氛围。

（2）加强安全监督检查。对施工现场的安全管理除了靠制度约束以外，安全监督检查也是重要的防范手段。除了旬检、月检、季检及年度大检查外，还应经常进行专业检查，如防火、防爆、防盗、用电安全、高空作业、交通安全、机械设备的检查等，同时不定期地进行安全隐患排查，也是对安全进行监督的重要手段。

（3）积极与当地交警部门协调，配合交警部门进行车辆人员的疏通管理。

（三）改进资料管理的措施

一个立交桥项目的管理，除了技术、材料、机械设备、人员、施工、安全的管理以外，还有个不容忽视的问题就是资料的管理。对此，这里提出如下建议与对策：

（1）建立完善的档案管理制度。设立专门的档案室和资料管理员，同时确保资料室的清洁卫生及防火、防潮、防盗等安全防护措施，没有相应的手续和凭证，不可以随意借走、复印或传阅，严格按要求进行资料的归档，根据档案管理制度确保对文件资料的有效管理。

（2）注意资料的收集和整理。施工中发生的各类材料，如水泥、钢筋、外加剂、防水材料等的合格证、质保书、检验报告，施工过程中的各种设计变更、测量记录、试验报告、隐蔽工程验收单、有关技术参数测定验收单、工作联系函、工程签证，工程完工后的竣工图、验收报告等等，均要求在整个项目施工过程中逐一收集归类存档。

第三章 高速公路桥梁施工技术

第一节 桥梁地基施工

一、桥梁地基施工技术

（一）桩基施工中存在的技术问题

（1）桩基施工中护壁混凝土强度等级应与桩基混凝土的强度等级一样，且护壁应高出地面至少30厘米，另外应对护壁进行仔细检查有无漏水和渗水。

（2）桩基混凝土配合比，应在施工前选择取料场对原材料进行检测合格后，分人工挖孔桩和钻孔桩进行配合比设计，一般情况下，钻孔桩水下混凝土的坍落度比人工挖孔桩混凝土坍落度要大，但无论何种混凝土都应满足施工工艺的具体要求，如混凝土坍落度、初凝时间、终凝时间等，其中最重要的是混凝土粘聚性和保水性一定要好。

（3）混凝土灌注前应仔细对孔底进行检查，检查孔底有无积水和沉渣。一般情况下，沉渣较容易清除，但由于地下水位比较高时，积水就难清尽，鉴于此一般有两种处理方法：

①地下水量较少时，可在第一盘混凝土灌注前使用海绵、毛毡等物品尽量将孔底积水吸干净，一旦吸干净就可以立即进行混凝土灌注；且第一盘混凝土的水泥用量应适大加大，灌注高度应严格进行控制，也利混凝土充分振捣。

②地下水量较大采用海绵、毛毡无法吸干净时，可以考虑按钻孔桩进行水下混凝土灌注。

（4）钻孔桩水下混凝土灌注应仔细对每盘混凝土下料量和导管拔管高度进行严格的计算。否则极易出现导管拔出混凝土以造成断桩，另外，应将混凝土灌注超过桩顶设计标高至少0.8m，也保证将桩头凿出浮浆后桩顶的混凝土质量。

（5）人工挖桩混凝土灌注首先应将孔积水，特别是串筒润湿而流下的积水吸干净，避免孔底混凝土由于积水而使混凝土局部水灰比增大而出现混凝土强度偏低，严重时会造成混凝土离析。另外灌注过程中，应严格控制混凝土振捣高度，保证混凝土振捣充分避免漏振和过振，最后随着桩基混凝土的不断上升，桩基表面由于混凝土振捣而产生的浮浆不断增加，这时应用捉桶将表面的浮浆捉出倒掉，特别是接近桩顶更是如此，也避免由于混凝土配合比失真而造成桩顶出现低强度区。

（二）常用的桥梁地基处理方法

常用的地基处理方法有：换填垫层法、强夯法、砂石桩法、振冲法、水泥土搅拌法、高压喷射注浆法、预压法、夯实水泥土桩法、水泥粉煤灰碎石桩法、石灰桩法、灰土挤密桩法和土挤密桩法、柱锤冲扩桩法等。

（1）换填垫层法适用于浅层软弱地基及不均匀地基的处理。其主要作用是提高地基承载力，减少沉降量，加速软弱土层的排水固结，防止冻胀和消除膨胀土的胀缩。

（2）强夯法适用于处理碎石土、砂土、低饱和度的粉土与黏性土、湿陷性黄土、杂填土和素填土等地基。强夯置换法适用于高饱和度的粉土，软 - 流塑的黏性土等地基上对变形控制不严的工程，在设计前必须通过现场试验确定其适用性和处理效果。强夯法和强夯置换法主要用来提高土的强度，减少压缩性，改善土体抵抗振动液化能力和消除土的湿陷性。对饱和黏性土宜结合堆载预压法和垂直排水法使用。

（3）砂石桩法适用于挤密松散砂土、粉土、黏性土、素填土、杂填土等地基，提高地基的承载力和降低压缩性，也可用于处理可液化地基。对饱和黏土地基上变形控制不严的工程也可采用砂石桩置换处理，使砂石桩与软黏土构成复合地基，加速软土的排水固结，提高地基承载力。

（4）振冲法分加填料和不加填料两种。加填料的通常称为振冲碎石桩法。振冲法适用于处理砂土、粉土、粉质黏土、素填土和杂填土等地基。对于处理不排水抗剪强度不小于20kPa的黏性土和饱和黄土地基，应在施工前通过现场试验确定其适用性。不加填料振冲加密适用于处理黏粒含量不大于10%的中、粗砂地基。振冲碎石桩主要用来提高地基承载力，减少地基沉降量，还可用来提高土坡的抗滑稳定性或提高土体的抗剪强度。

（5）水泥土搅拌法分为浆液深层搅拌法（简称湿法）和粉体喷搅法（简称干法）。水泥土搅拌法适用于处理正常固结的淤泥与淤泥质土、黏性土、粉土、饱和黄土、素填土以及无流动地下水的饱和松散砂土等地基。不宜用于处理泥炭土、塑性指数大于25的黏土、地下水具有腐蚀性以及有机质含量较高的地基。若需采用时必须通过试验确定其适用性。当地基的天然含水量小于30%（黄土含水量小于25%）、大于70%或地下水的pH值小于4时不宜采用此法。连续搭接的水泥搅拌桩可作为基坑的止水帷幕，受其搅拌能力的限制，该法在地基承载力大于140kPa的黏性土和粉土地基中的应用有一定难度。

（6）高压喷射注浆法适用于处理淤泥、淤泥质土、黏性土、粉土、砂土、人工填土和碎石土地基。当地基中含有较多的大粒径块石、大量植物根茎或较高的有机质时，应根据现场试验结果确定其适用性。对地下水流速度过大、喷射浆液无法在注浆套管周围凝固等情况不宜采用。高压旋喷桩的处理深度较大，除地基加固外，也可作为深基坑或大坝的止水帷幕，目前最大处理深度已超过 30m。

（7）预压法适用于处理淤泥、淤泥质土、冲填土等饱和黏性土地基。按预压方法分为堆载预压法及真空预压法。堆载预压分塑料排水带或砂井地基堆载预压和天然地基堆载预压。当软土层厚度小于 4m 时，可采用天然地基堆载预压法处理，当软土层厚度超过 4m 时，应采用塑料排水带、砂井等竖向排水预压法处理。对真空预压工程，必须在地基内设置排水竖井。预压法主要用来解决地基的沉降及稳定问题。

（8）夯实水泥土桩法适用于处理地下水位以上的粉土、素填土、杂填土、黏性土等地基。该法施工周期短、造价低、施工文明、造价容易控制，目前在北京、河北等地的旧城区危改小区工程中得到不少成功的应用。

（9）水泥粉煤灰碎石桩（CFG 桩）法适用于处理黏性土、粉土、砂土和已自重固结的素填土等地基。对淤泥质土应根据地区经验或现场试验确定其适用性。基础和桩顶之间需设置一定厚度的褥垫层，保证桩、土共同承担荷载形成复合地基。该法适用于条基、独立基础、箱基、筏基，可用来提高地基承载力和减少变形。对可液化地基，可采用碎石桩和水泥粉煤灰碎石桩多桩型复合地基，达到消除地基土的液化和提高承载力的目的。

（10）石灰桩法适用于处理饱和黏性土、淤泥、淤泥质土、杂填土和素填土等地基。用于地下水位以上的土层时，可采取减少生石灰用量和增加掺合料含水量的办法提高桩身强度。该法不适用于地下水下的砂类土。

（11）土挤密桩法和灰土挤密桩法适用于处理地下水位以上的湿陷性黄土、素填土和杂填土等地基，可处理的深度为 5 ~ 15m。当用来消除地基土的湿陷性时，宜采用土挤密桩法；当用来提高地基土的承载力或增强其水稳定性时，宜采用灰土挤密桩法；当地基土的含水量大于 24%、饱和度大于 65% 时，不宜采用这种方法。灰土挤密桩法和土挤密桩法在消除土的湿陷性和减少渗透性方面效果基本相同，土挤密桩法地基的承载力和水稳定性不及灰土挤密桩法。

在选择地基处理方法时，应综合考虑场地工程地质和水文地质条件、桥梁对地基要求、建筑结构类型和基础形式、周围环境条件、材料供应情况、施工条件等因素，经过技术经济指标比较分析后择优采用。

二、岩溶地基桥梁桩基施工技术

（一）施工中常见问题

1. 易造成塌孔

在具体施工时，如遇到岩溶的连通性比较强或者出现覆盖层流塑性时，可出现孔内的浆液突然流失的现象，这种情况下，一般来不及补浆，这就造成了孔内的液面高度的降低，致使出现压力差，导致塌孔的出现。

2.地下水位易造成大量涌水

桩基施工方法选择的主要考虑因素中，包括地下水位高低的影响，这种情况在岩溶比较发达的地区尤其常见。在施工工程中，如遇到地下水属于承压水时，桩基底会出现大量涌水的情况，对安全生产造成威胁，需特别注意。

3.极易发生钻孔弯管、夹管或假收锤现象

在桩基钻孔或者挖孔的工程中，如果出现岩溶发育程度高的情况，很容易出现钻孔夹管、弯管或者假收锤的情况，埋下安全隐患。

由于钻孔或者挖孔的过程，会造成原有岩层的失衡状态，出现地面变形、涌土、涌水、地层塌陷等不良情况，在工程施工中造成事故，应特别引起注意。

（二）岩溶桩基施工技术

1.桩基探测

在桩基探测时，需仔细查看每根桩的地址钻探情况及资料，确保在了解岩溶发育情况、岩溶覆盖情况以及溶洞填充和岩面的倾斜情况的状态下，才可以进行施工；对地质资料不详细或者有缺失的桩孔，进行详细的地质钻探，保证不出现遗漏情况。

2.工艺编制

施工工艺的编制方面，由项目技术负责人负责编制。在具体编制时，需根据地址核查结果合理编制钻孔施工工艺。项目技术负责人需编制出每根桩的溶洞处理方案，并进行安全技术交底，其中需要将溶洞标高、大小以及溶洞填充和岩面的倾斜情况等，并编制相对应的处理措施与操作要领。

3.材料准备

准备包括片石、黏土、钢护筒、碎石等的溶洞处理材料。为了防止漏浆、塌孔，需准备好泥浆泵；为了防止钻孔因各种因素作用产生倾斜的情况，应将钻机横向支撑及纵向支撑都相应的加长，需超出预计的塌孔范围。

4.试桩

在施工前，需要进行试桩试验。可以在桥位外地溶洞处进行相关试验，试验后取得的经验数据可以指导后续的施工。

（三）施工工艺

1.护筒埋设

一般的桩位，采用2.0m的护筒即可，若是河沟边护筒，则需要穿过河沟床，具体护筒埋设时，护筒的外缘可以采用黏土回填密实；若碰到地质情况较差的区域，在开孔时添加片块或者泥块，这种做法可以使得护筒刃角得到冲击加固。

2.成孔

采用冲程小的钻头钻孔、钻进深度超过钻头全高加冲程后，才可以进行正常的冲击。

若遇到岩溶地区时，考虑到地质情况的复杂性，针对不同的低层需采用不同的钻孔冲击方法。比如：遇到卵石层时，钻孔时的冲程可较大，起到破碎卵石的作用；若遇到淤泥或者砂层时，在以小冲程进行冲击时，需往孔里挤进片石或者黏土，达到加固孔壁的效果；若遇到溶洞的情况，由于会造成不整齐的桩孔出现，可以采取地冲程打密、抛填黏土块、抛填片石的方法加以纠正，并反复循环多次，以确保冲孔的质量；若遇到大型、特大型半充填或者空溶洞时，一般采用套筒隔离上部松软地层的办法对冲孔进行处理，以免造成孔壁坍塌的情况出现。

3.清孔

采用正循环泥浆渐进法清孔，程序如下：

（1）当钻到设计标高后，用取渣桶清渣，至取不出为止。

（2）将直径为75mm钢射浆管插入孔底，射入拌好的泥浆，泥浆性能指标为，比重1.3，黏度18～20 Pa.s，含砂量小于4%，胶体率大于97%，pH酸碱度大于8，射入的泥浆带着残留的钻渣，经护筒口返回泥浆池，待沉淀后再泵入孔底。

（3）如果还有较大块径的钻渣浮不上来，则再投入少量黏土，用钻头小冲程冲砸2～3小时。

（4）再插入射浆管实施正循环泥浆清孔，至孔底残渣厚度达到设计及验收标准。

（5）采用侧锤法检查沉渣沉淀厚度达标后，再观察1～2h，用钢管测量孔底标高，测出沉渣的厚度，符合要求后，安装钢筋笼。

4.安装钢筋笼

钢筋笼主筋接头采用机械连接，钢筋笼的材料、加工、接头和安装符合要求，砂浆垫块按竖向每隔2m设一道，每一道沿圆周布置6个。

5.灌注水下混凝土

水下混凝土的灌注时机是在漏斗、导管安装完毕后进行的。首批混凝土的灌注作用是将管内的水压出，将导管埋入混凝土，其深度不小于2.0m；水下混凝土开始灌注以后，为了避免塌孔或者断桩的情况出现，灌注中间不得间断，需要连续灌注，提升后导管埋深不得小于2m。

在灌注过程中，为了防止钢筋笼上浮，当混凝土面灌注到快要接近钢筋笼底端时，需要将灌注速度加以控制；如遇到岩溶低层时，混凝土灌注速度要适当地放慢，避免因灌注速度快，造成压力突增的情况出现，造成孔壁坍塌，导致混凝土的流失或者断桩现象出现。

在灌注桩顶时，应适当的超灌一定距离：灌注高程应比设计高程超灌0.5～1.0m。超灌的部分可以在承台施工前予以凿除，这种做法可以保证整个桩身混凝土达到设计要求的质量。

6. 质量检测

对所有桩身的混凝土质量进行无损检测工作是非常必要的。在检测时，需要按设计要求在钢筋笼安装时预埋声测管，成桩后进行超声波检测。

检测后，如果发现有的桩基存在质量问题，需要钻取桩身进行混凝土鉴定检验工作。

（四）在实际中的施工技术处理

1. 如何处理砂层或软弱地层

通过钢护筒的保护功效，这样做的目的是防止溶洞发生漏浆的情况和水位急速升降的情况，这样的情况很有可能会导致砂层溜坍情况。钢护筒的下沉工程的施工能够极大地提高工作效率。现代化的手段和技术是保证钻孔工作质量和安全最有力的工具，只有通过现代化的技术，才能不断地推动我国钻孔事业和岩石开发事业的发展。

2. 如果溶洞中不存在地下水，那么要如何处理钻孔

当进行钻孔的施工时，经过溶洞附近，那么就能够根据孔里的泥浆的多少来断定这个溶洞中是不是有地下河流。一旦孔中发现了水位下降的情况，通过反复地增加泥浆就可以稳定孔里的泥浆量和水位，那么就可以断定这个溶洞里不可能存在地下水。如果孔洞内的泥浆不能够填满整个孔洞，同时泥浆不断地变化，那么就可以断定，此处溶洞内存在地下水。在施工中，若是溶洞之内不存在地下水，那么需要使用石头进行填充。如果有地下水，要迅速补给水，根据溶洞的规模，进行实际比例回填黏土和片石，采用小冲轻砸，使得黏土和碎石片都被推挤到溶洞里面，反复几次，反复地进行填补。经过反复的填补，片石就会向桩孔周围的溶洞区内涌入，这样的情况一直持续到孔洞的外面填满了片石为止，这样的过程会一直反复地出现。一旦遇到比较大一点的溶洞，在填埋碎石的时候就能够适当地掺进一些碎石土，从而增强溶洞区内孔洞周围存在的片石的紧实程度和密集程度，与此同时，还能把控好泥浆的稀稠比重。这样就能够使得片石孔壁周围形成以泥浆为原料的保护膜，对孔洞的四面墙壁进行保护，这样也能有利于对混凝土进行水下的施工和灌注。

3. 有地下水流溶洞的施工处理

如果在施工中遇到存在地下水的溶洞时，施工应该更加的谨慎小心。如果是施工的溶洞相对体积小，同时地下水的水流不是很急，施工后孔洞内的水位和水流也比较稳定的时候，仍然可以采取抛填片石进行施工，并且，填充的时候可以加入适量的碎石土和絮状物或者是加入一些水泥，这样做的目的也是为了加强溶洞内孔洞周围泥土和片石的紧密程度，这样可以缓解地下水的水流速度或者将地下水隔断。

施工中，一旦遇到体积大、地下水十分丰富的溶洞的时候或者遇到地下水的速度很快、流速很急的溶洞的时候，这样溶洞去孔洞内的水位就很难稳定和控制，这时候需要采用下沉内层钢护筒的方法进行施工。如果水流流经溶洞顶部的时候，使用钢丝或者其他材料捆绑保护内护筒，使用吊机将内护筒的位置转移到孔内底部。这个过程中值得注意的是，在

将内护筒沉到底部的时候，要利用孔洞检测器，对孔洞的大小和其他数据来进行检查和掌握，这样能够确保顺利地将护筒沉入洞底。实际上内护筒的长度是有要求的，通常施工中应该比前钻确定的溶洞高度值高出 3 米。

4.其他施工技术问题的处理

在实际的施工中，出现溶洞地质的时候，桩基的施工有可能遇到很多问题，除了环境问题，还有很多是施工技术上的问题：

（1）在施工中当穿透岩溶顶板的时候，是很有可能遇到很大的困难的。

（2）针对在溶沟、溶槽内实施工程的过程，钻头很容易被卡住。钻头很容易在施工中掉落到溶洞内，同时孔洞的建设，很容易沿溶沟、溶槽的基岩面发生倾斜。

（3)溶洞内孔洞周围的保护壁不易形成，这样的情况下混凝土流失的可能性救护很大，就很有可能会发生断桩的现象。

当发生上述情况的时候，可以采取下列相应的措施：

（1）在进行岩溶上底层的施工时，可以使用钻孔钻，但是这样施工中如果经过岩石的表面时候，就需要换用冲钻法。

（2）在施工的对象是溶洞、溶槽、溶沟的时候，施工中钻孔的实施就要使用在抛片石、碎石夹黏土的同时还要进行冲击，以此保证作业的强度均匀，这样可以有效地防止孔斜和卡钻。

（3）一旦水下施工的混凝土流失或者出现桩基状况的时候，应该实施以下措施：增强混凝土的生产力和运送能力，使用混凝土集中化搅拌，这样做能够保证施工中，水泥能够高度融合和连续；除此之外要增加一开始的混凝土的储存量，避免因混凝土不足而出现断桩的情况。

成桩质量检测：施工完成后，要对成品桩进行相应的检测，大多情况下，对相同的木桩会使用动测法或声检法来检测，对于可能有质量缺陷的桩基则会采用抽芯检测的方法，进行反复检验。由于熔岩的地质情况十分的复杂，即使在检测中对桩基已经进行了初步的检验，也应该对炭溶地区的嵌岩桩再次进行检验，这样能够更好地保证桩基的质量。

三、软土地基施工技术

（一）软地基施工概述

软土地基指的是土质黏性和稳定性较差，难以直接承受路面施工压力的地基类型。该地基有强度低一级压缩量较高的软土层，涂层土壤的有机质含量较高，且一般含有较高的水分和空气，土壤中的颗粒缝隙较大，具有土壤灵敏性强、土壤透水性差、土壤压缩性能高的特点。也就是说，软土土层结构的内部稳定性能较差，对于上层里面施工的力学压力承受性能低，软土地基土层往往是由海水、河流、湖泊等长期侵蚀而形成。

（二）改善桥梁软土地基的几种方法

要对软土地基的性能进行改善，主要的几个方面包括：

1. 改善土地的压缩特性

一般如果桥梁的地基土质呈现的是高压缩的状态的话就会出现比较大的沉降量，这时就需要采取相应的措施来提高地基的压缩模量，从而满足桥梁的相关技术标准。

2. 提高土质的剪切性能

在实际施工的时候，经常会出现桥梁的结构不稳定或者是在对地基进行开挖的时候，边坡出现不稳定以及承载力下降的情况。这样就会使得在靠近地基的地方就会出现突起和各种地基的剪切性能下降的情况，所以为了避免由此产生的危害，从而防止这类事件的发生就需要对土地的剪切性能进行提升和保障，从而间接地提升土地的承载能力，这是软土地基最缺失的性能。

3. 改善土地的动力特性

动力特性指的是在出现地震，或者是其他的原因导致的振动时，桥梁出现了一定的砂土和粉石液化的情况。而液化现象的发生是在桥梁施工的时候必须要坚决防止的事情。所以要对软土地基的动力特性进行一定的提升，从而提高其抗震的性能。

4. 降低地基的透水特性

如果地基的透水性能比较好的话就会使得桥梁出现渗漏、流沙以及管漏的情况，要避免这些情况的发生，就需要对地基的透水性能进行一定的降低，将其减少到最低的情况，从而保证施工的安全性和透水性不叫高。采用的技术可以是减少水的压力等。

5. 改善软土地基的特性

一般的地基地质主要的类型有湿陷型的黄土、压缩性以及膨胀性的软土等，因此在对这些地基的性能进行改善的时候就需要采取针对性的措施来进行，使得其坚固性、稳定性、透水性等都达到规定的技术标准。

（三）软土层地基在实际施工中的施工方式

1. 软土层地基换填法

软土层地基换填法主要应用于公路桥梁施工中浅软土层地基的处理，其主要施工步骤为将软土层地基下部较浅的软土层挖去，再将较坚硬、较稳定的填充材料铺设在挖空区域内。一般的填充材料为石块、沙土等材料，最后进行机械压实处理。整体施工过程必须依据施工规范进行，确保内部充填材料的稳定性和紧密性。

2. 软土层地基垫层法

在公路桥梁施工过程中，使用沙石材料将路堤底部铺满，这样能有效地提升路面地基的整体承重能力，减小里面出现沉降几率。并能有效提升软土层的实际排水能力，还能有利于路基整体刚性的调整，避免路面出现开裂和沉降的情况。一般使用的垫层材料为沙石和碎石材料以及素土材料等，一般铺设厚度为 0.5cm ~ 1.2cm 之间最好，能有效地起到加固软土层地基的效果，并加强地基的排水能力。

3. 软土层地基挤密压实法

（1）石灰填塞压实法

一般的，国外公路桥梁施工中使用较广的是石灰填塞压实法，相关技术于 20 世纪 70 年代与我国广泛使用并取得较好的实际施工效果。其主要原理是利用石灰等材料的强吸水性能，石灰吸水后发生膨胀反应，加上路面的挤压处理能有效地增加软土层地基的实际强度，以提升公路地基的承重能力，上述方法主要使用与软土层含水量较高的公路桥梁施工环境，其软土层一般由黄土、素填土以及杂填土构成，使用石灰填塞方法有效地减少软土层水分和缩短实际工期。

（2）强夯土软土地基处理法

主要施工步骤为将软土层地基进行反复压实和捶打，使用压路机和夯实机械对软土层地基进行压实处理，此方法能有效地减小软土层地基内部材料缝隙以及提升路面材料的整体坚实度。此方法的优势在于实际施工成本较低，但不适用于黏性和含水量较大的软土层施工中。实际的夯实效果和实际施工的软土层内部土质性质有较大关系。另外，在夯实过程中要考虑到软如层的水分渗透能力，需要预先设计相应的排水装置。

4. 软土层排水固结法

此方法一般步骤为加设竖向软土层排水装置，借以改善软土层地基的实际排水能力。另外使用相关设备对软土层地基进行加压、电渗、抽气以及抽水处理，能有效地提升软土层地基的内部稳定性能，有效地防止施工和使用中出现路面下沉现象发生。

5. 软土层化学加固方法

（1）搅拌桩法，即使利用水泥作为固化材料，再利用相关的混凝土搅拌设备将混凝土和软土充分结合，将两者组合形成坚固的基层柱体。化学反应结束后能有效地起到加固软土层的效果，起到加固和符合地基的作用。

（2）灌胶胶结法。使用电化学原理中的气压、液压法将混凝土等固化浆液打压入软土层缝隙中，能有效改善软土层的力学承受性能。

第二节 桥梁基础工程施工

一、桥梁基础工程施工技术

桥梁的基础承担着桥墩、桥跨结构（桥身）的全部重量以及桥上的可变倚载。桥梁基础往往修建于江河的流水之中，遭受水流的冲刷。所以桥梁基础一般比房屋基础的规模大，需要考虑的问题多，施工条件也困难。

（一）明挖基础

桥梁基础通常可分为浅基础和深基础两大类。浅基础往往采用敞坑开挖的方式施工，因而也称为明挖基础。为了提高地基承载力，一般将基础分层设置，逐层扩大，因此也称为扩大基础。开挖基坑是明挖扩大基础施工中的一项主要工作。可以采用人工开挖、机械开挖、土与石围堰开挖。当地下水位较高时，需采取排水设施。

1. 坑壁加固的基坑

当基坑较深、土方数量较大，或基坑放坡开挖受场地限制，或基坑地质松软、含水量较大、坡度不易保持时，可采用基坑开挖后护壁加固的方法施工。加固方法可采用挡板支撑护壁和混凝土围圈护壁等。

2. 坑壁不加固的基坑

可采用垂直开挖和放坡开挖两种方法施工。允许垂直开挖的坑壁条件为：土质湿度正常，结构均匀，基坑深度不超过 2m。达到设计高程后，应立即砌筑基础。基础砌筑后，基坑应及时回填，并分层夯实。

3. 井点降水法

在基坑周围，打入带有过滤管头的井点管，在地面与集水总管连接起来，通到抽水系统。用真空泵将地下水吸入水箱，再用水泵排出，使基坑底下的地下水位暂时降低。桥梁墩台一般位于河流、湖泊或海峡中，如基础底面离河底不深，可在开挖基坑的周围，先筑一道挡水的围堰，将围堰内的水排开，再开挖基坑、修筑基础。

4. 汇水井排水

在基坑内基础范围外挖汇水井（集水坑）和边沟（排水沟），使流进坑内的水沿边沟流入汇水井。然后用水泵抽水，将水面降至坑底以下。汇水井排水法设备简单，费用低。但当地基为粉砂、细砂等透水性较小的土层时，有可能导致涌砂现象的发生，从而使地基破坏、坑壁下陷和坍塌。这时宜改为井点法降水或水下施工。

（二）桩基础

桥梁的桩基础是桥梁基础中常用的形式。当地基上面土层较软且较厚时，如采用刚性扩大基础，地基的强度和稳定性往往不能满足要求。这时采用桩基础是比较好的方案。水流稍深的江河道上的桥梁也多用桩基础。桩基础由若干根桩与承台两部分组成。每根桩的全部或部分沉入地基中，桩在平面排列上可成为一排或几排，所有桩的顶部由承台联成一个整体，在承台上再修筑墩台，如下图所示。桩基础的作用是将墩台传来的外力由其经过上部软土层传到较深的地层中去。承台将外力传递给各桩起到箍住桩顶使各桩共同作的作用。各桩所承受的荷载由桩身与周围土之间的摩阻力及桩底地层的抵抗力来支承。因此桩基础一般具有承载力高、稳定性好、沉降小、沉降均匀等特点。在深水河道中，桩基础可以减少水下工程，简化施工工艺，加快施工进度等优点。桩基础有钢筋混凝土预制桩和钢筋混凝土现浇灌注桩两种，因为钢筋混凝土桩的承载能力大，耐久性好。具体根据施工技术上有：

1. 孔灌注桩

钻孔桩的直径一般为 0.8m ~ 1.0m。桩身混凝土标号不低于 c15，水下部分不低于 c20。桩内的钢筋笼的丰筋直径不小于 14mm，并不少于 8 根。即使按照内力计算不需要配筋时，也应在桩顶 3m ~ 5m 内设置构造钢筋。这种桩的特点是承载力大，施工设备简单，操作方便。

2. 入桩

入桩是将预制好的钢筋混凝土桩，通过打桩机打入地基内。预制桩一般边长为 30cm ~ 40cm 的方桩，桩身混凝土标号不低于 c25。桩内纵钢筋要求通常布置，且要加密柱两端的箍筋或螺旋筋的间距。这种桩适宜于各种土层条件，且不受地下水位的影响，桩可以标准化生产。

3. 柱基础

直径较大的空心圆形桩称为管柱，用管柱修建的桩基础，又称管柱基础。管柱基础一般适用于深水、无覆盖层、厚覆盖层、岩面起伏等桥址条件。管柱可以穿越各种土质覆盖层或溶洞，支承较密实的土上或新鲜岩面上。一般采用预应力混凝土管柱或钢管柱。1957年建成的中国武汉长江大桥首次采用直径 1.55m 的管柱基础。管柱通过覆盖层下沉到基本岩层，再在管柱内用大型钻机钻岩达到必要的深度，然后放置钢筋骨架，灌注水下混凝土，使管柱在岩壁中锚固。20 世纪 60 年代初，中国南京长江大桥采用了直径 3.6m 的预应力混凝土大型管柱基础。管柱基础能达到气压沉箱所不能达到的水下施工深度，可避免在水下和高气压下作业，有利于人健康，而且不受洪水季节影响，可常年施工。因此管柱基础应用广泛。管柱直径也不断增大，如中国南昌赣江大桥采用的管柱直径达 5.8m。

（三）沉井基础

沉井是桥梁工程中广泛采用的一种无底无盖，形如井筒的基础结构物。沉井在施工时作为基础开挖的围堰，依靠自身重量，克服井壁摸阻力逐渐下沉，直至到达设计位置，经过混凝土封底，并填充井孔后成为墩台的基础

（1）就地下沉井，先平整场地，并要求地面及岛面有一定承载力，填砂筑岛。钢板桩围堰筑岛多用于水深流急、底层较硬的河流。

（2）浮式沉井，当人工筑岛有困难时，则常采用浮式沉井。它是把沉井做成空体结构或采用其他措施，使其能在水中漂浮，可以在岸边做成后，滑入水中，拖运到设计墩位。沉井就位后在悬浮状态下，逐步用混凝土或水灌入空体中，使其徐徐下沉，直达河底。当沉井较高时，需分段制造，在悬浮状态下逐步提高，直至沉入河底。

（3）压气沉箱工法，是向沉箱底节密闭工作室，压送与地下水压力相当的压缩空气，阻止地下水渗入作业室，从而开挖作业在干涸状态下进行。该工法从原理上讲是防止地下水涌入，实现人工无水挖掘的最有效的方法。但其有一个致命的弱点，就是随着开挖深度的加深，箱内气压增大，作业人员易患所谓的沉箱病。近十几年来相继出现一些新的沉箱技术，无人沉箱工法被认为是大深度基础施工中最有前途的工法。

（4）按施工中是否有人进箱作业，沉箱下沉可分为有人挖掘工法和无人挖掘工法。有人挖掘工法，是作业人员进入沉箱作业室人工或机械挖土，沉箱下沉。在挖掘深度不深，对应作业气压不大，该工法确实是一种较好的施工方法。

二、桥梁扩大基础工程施工方法

（一）基础的定位放样

在基坑开挖前，先进行基础的定位放样工作，以便正确的将设计图上的基础位置准确的设置到桥址上。放样工作系根据桥梁中心线与墩台的纵横轴线，推出基础边线的定位点，再放线画出基坑的开挖范围。基坑各定位点的标高及开挖过程中标高检查，一般用水准测量的方法进行。

（二）陆地基坑开挖（以无支撑基坑开挖为例）

基坑大小应满足基础施工要求，对有渗水土质的基坑坑底开挖尺寸，需按基坑排水设计（包括排水沟、集井、排水管网等）和基础模板设计而定，一般基底尺寸应比设计平面尺寸各边增宽 0.5 ~ 1.0m。基坑可采用垂直开挖、放坡开挖、支撑加固或其他加固的开挖方法，具体应根据地质条件、基坑深度、施工期限与经验，以及有无地表水或地下水等现场因素来确定。对于在干涸无水河滩、河沟中低于基底，或渗透量少，或有水经改河或筑堤能排除地表水的河沟中，在地下水位低于基底，或者渗透量少，不影响坑壁稳定；以及

基础埋置不深，施工期较短，挖基坑时，不影响邻近建筑物安全的施工场所，可考虑选用坑壁不加支撑的基坑。黏性土在半干硬或硬塑状态，基坑顶缘无活荷载，梢松土质基坑深度不超过 0.5m，中等密实（锹挖）土质基坑深度不超过 1.25m，密实（镐挖）土质基坑深度不超过 2m 时，均可采用垂直坑壁基坑。基坑深度在 5m 以内，土的湿度正常时，采用斜坡坑壁开挖或按坡度比值挖成阶梯形坑壁，每梯高度以 0.5m ~ 1.0m 为宜，可作为人工运土出坑的台阶。基坑深度大于 5m 时，或加做土台。土的湿度影响坑壁的稳定性时，应采用该湿度下土的天然坡度或采取加固坑壁的措施。当基坑的上层土质适合敞口斜坡坑壁条件，下层土质为密实黏性土或岩石可用垂直坑壁开挖，在坑壁坡度变换处，应保留有至少为 0.5m 的平台。无水基坑的施工方法对于一般小桥涵的基础，基坑工程量不大，可用人力施工方法；大、中桥基础工程，基坑低，基坑平面尺寸较大，挖方量多，可用机械或半机械施工方法。

（三）基坑排水

1. 井点排水法

当土质较差有严重流沙现象，地下水位较高，挖基坑较深，坑壁不易稳定，用普通排水方法难以解决时，可采用井点排水法。井点排水适用于渗透系数为 0.5 ~ 150m/d 的土壤中，尤其在 2 ~ 50m/d 的土壤中效果最好。降水深度一般可达 4 ~ 6m，二级井点可达 6 ~ 9m，超过 9m 应选用喷射井点或深井点法。具体可视土层的渗透系数、要求降低地下水位的深度及工程特点等，选择适宜的井点排水法和所需设备。用井点法降低土层中地下水位时，应尽可能将滤水管理设在透水性较好的土层中，并应在水位降低的范围内设置水位观测孔；对整个井点系统应加强维修和检查，以保证不间断地进行抽水；还应考虑到水位降低区域构筑物受其影响而可能产生的沉降。为此要做好沉降观测，必要时应采取防护措施。

2. 集水坑排水法

除严重流沙外，一般情况下均可适用。集水坑（沟）的大小，主要根据渗水量的大小而定，排水沟底宽不小于 0.3m，纵坡为 1% ~ 5%。如排水时间较长或土质较差时，沟壁可用木板或荆篱支撑防护。集水坑一般设在下游位置，坑深应大于进水笼头高度，并用荆笆、竹要、编筐或木笼围护，以防止泥沙阻塞吸水笼头。

3. 其他排水法

对于土质渗透性较大、挖掘较深的基坑，可采用板桩法或沉井法。此外，视工程特点、工期及现场条件等，还可采用帷幕法，即将基坑周围土层用硅化法、水泥灌浆法、沥青灌浆法及冻结法等处理成封闭的不透水的帷幕。帷幕法除自然冻结法外，均因所需设备较多、费用较大，在桥涵基础施工中应用较少。自然冻结法在我国北方地区应用前景较好，一般采用分格分层开挖，即将已冻结的水或土壤从上往下逐层分格开挖，连续开挖通过水层或饱和土层直到河底、再通过河床覆盖层达到基础设计标高。浅滩处可用砂土驻岛代替水，因为土的冻结速度比水快。河中水深大于 2m 以上时，可考虑采用冰套箱法，即将套箱直接排水沉到河底，以缩短凿冰时间。

（四）基底检验与处理

1. 基底检验

基坑施工是否符合设计要求，在基础浇筑前应按规定进行检验。其目的在于：确定地基的容许承载力的大小、基坑位置与标高是否与设计文件相符，以确保基础的强度和稳定性，不致发生滑移等病害。基底检验的主要内容包括：检查基底平面位置、尺寸大小，基底标高；检查基底土质均匀性，地基稳定性及承载力等；检查基底处理和排水情况；检查施工日志及有关试验资料等等。

2. 基底处理

天然地基上的基础是直接靠基底土壤来承担荷载的，故基底土壤状态的好坏，对基础及墩台、上部结构的影响极大，不仅要检查土壤名称与容许承载力大小，还应为土壤更有效的承担荷载创造条件，即要进行基底处理工作。

（五）基础混凝土浇筑

1. 基础施工分为无水浇筑、排水浇筑和水下浇筑三种情况

排水施工的要点是：确保在无水状态下砌筑施工；禁止带水作业及用混凝土将水赶出模板外灌注方法；基础边缘部分应严密隔水；水下部分施工必须待水泥砂浆或混凝土终凝后才允许浸水。

水下浇筑混凝土只有在排水困难时采用。基础施工的水下灌注分为水下封底和水下直接灌筑基础两种。前者封底后仍要排水再砌筑基础，封底只是起封闭渗水的作用，其混凝土只作为地基而不作为基础本身，适用于板桩围堰开挖的基坑。

2. 浇筑基础时，应做好与台身、墩身的接缝联结，一般要求：

（1）混凝土基础与混凝土墩台、墩身的接缝，周边应预埋直径不小于 16mm 的钢筋或其他铁件，埋入与露出的长度不应小于钢筋直径的 20 倍。

（2）混凝土或浆砌片石墩台身的接缝，应预埋片石，片石厚度不应小于 15cm，片石的强度要求不低于基础或墩台、墩身混凝土或砌体的强度。

（六）地基加固

我国地域辽阔，自然地理环境不同，土质强度、压缩性和透水性等性质有很大的差别。其中，有不少是软弱土或不良土，诸如淤泥质土、湿陷性黄土、膨胀土、季节性冻土以及土洞、溶洞等。当桥涵位置处于这类土层上时，除可采用桩基、沉井等深基础外，也可视

具体情况采用相应的地基加固措施，以提高其承载能力，然后在其上修筑扩大基础，以求获得缩短工期、节省投资的效果。

对于一般软弱地基土层加固处理方法可归纳为四种类型：

（1）换填土法：将基础下软弱土层全部或部分挖除，换填力学物理性质较好的土。

（2）挤密土法：用重锤夯实或砂桩、石灰桩、砂井、塑料排水板等方法，使软弱土层挤压密实或排水固结。

（3）胶结土法：用化学浆液灌入或粉体喷射搅拌等方法，使土壤颗粒胶结硬化，改善土的性质。

（4）土工聚合物法：用土工膜、土工织物、土工格栅与土工合成物等加筋土体，以限制土体的侧向变形，增加土的周压力，有效提高地基承载力。

三、钻孔桩施工在桥梁深水基础工程施工中的应用

（一）钻孔桩工作平台

深水基础钻孔桩一般为大直径，施工时受洪水、通航、大流速和冲刷的影响，为排除施工干扰，必须在桩位设置临时工作平台。工作平台可分为固定工作平台和浮动工作平台两种。

1. 固定工作平台

固定工作平台按构造形式分有支架工作平台和围堰工作平台。支架工作平台包括木桩工作平台、钢筋混凝土桩工作平台或型钢、钢管桩工作平台等。围堰工作平台包括刚套箱围堰工作平台、钢板桩围堰工作平台、浮运薄壳沉井工作平台。

2. 浮动工作平台

在风浪和水、流速度较小的深水基础施工中，采用船体、六四式标准舟节，浮箱或木排等浮体拼装成浮动工作平台，浮动的工作平台就位后锚定，插打钢护筒，在平台上安装钻机进行钻孔桩施工。浮体的大小根据水流的情况、工作平台的尺寸和载重的大小决定。浮动工作平台法可充分利用制式器材，节约大量材料。

（二）埋设护筒

在钻孔前须埋设护筒，其目的是为固定桩位，引导钻锥方向，保护孔口不坍塌，隔离地面水和保持孔内水位高出施工水位。

钢护筒一般用 3 ~ 5mm 厚钢板制作，两端有法兰盘，每节长约 2m，可按需要接长，为增加护筒刚度防止变形，可在中间加焊加劲肋。钢筋混凝土护筒壁厚为 8 ~ 10cm。每节长约 2m，两端有连接钢环，可接需要用电焊接长。

埋设护筒的方法有：挖埋式（适用于旱地或当地下水位在地面以下大于 1m 时）；填

筑式（适用于桩位处地面高程与施工水位或地下水位的高差小于 1.5 ~ 2.0m 时）；围堰筑岛（适用于当水深小于 3m 的河床）；深水护筒（适用于水深在 3m 以上的深水河床中）。

埋设护筒时的施工要求：

（1）护筒因多次周转，采用 3 ~ 10mm 钢板制成护筒内径，使用旋转钻机时比桩径大 20 ~ 30cm，使用冲击钻时比桩径大 30 ~ 40cm。

（2）护筒中心竖直线应与桩中心线重合，除设计另有规定外平、面位置的偏差一般不大于 50cm，倾斜度不大于 1%，干处可实测定位，水域可依靠导向架定位。

（3）无水地层护筒宜高出地面 0.3 ~ 0.5m。

（4）埋置护筒要考虑桩位的地质和水文情况，一般埋置为 2.0 ~ 4.0m。

（三）选择钻孔机械

桥梁深水钻孔桩所用钻机成孔和出渣特点大体分为螺旋钻机、正循环回旋钻机、反循环回旋钻机、潜水钻机、冲抓钻机和冲击钻机等钻孔机械设备。根据桥址区域地质情况，桩径大小，入土深度和机具设备等条件来选用适当的钻具和钻孔方法，以保证能顺利达到预计孔深。

（四）泥浆制备

1. 泥浆的作用

（1）保护孔壁免于坍塌。

（2）使孔内钻渣处于悬浮状态，有利于将钻渣排出孔外。

2. 泥浆的调制

制浆前，应把黏土块尽量打碎，便于在搅拌中易成浆，缩短搅拌时间，提高泥浆质量。制浆有机械搅拌、人工搅拌和钻锥搅拌三种方法，在钻孔过程中，需要泥浆的数量很大，约为成孔体积的 1/2 ~ 1/3，甚至 1.2 ~ 2.0 倍，因此在钻进前，应选择适宜的地点修筑泥浆池，制备好足够数量的泥浆。

（五）钻孔桩成孔

1. 钻孔

在桩基施工前必须试成孔数量不得少于 2 个，以核对地质资料检验所选用的设备、机具、施工工艺以及技术要求是否适宜。

开钻前，要用经纬仪进行检查，使钻机顶部的起吊滑轮、转盘和桩孔中心三者位于同一铅垂线上，偏差小于 2cm。钻机定位要准确、水平、稳固。

成孔施工应一次不间断地完成，不得无故停钻，施工过程应做好施工原始记录。成孔完毕至灌注混凝土的时间间隔不应大于 24h。成孔过程中孔内水头压力比地下水位地水头压力大 20kPa 左右。钻井过程中，若遇松软土层应调整泥浆性能指标。成孔至设计要求深度后，应会同有关各方对孔深（核定钻头和钻杆长度）、孔径（用全站仪）、桩位进行检查，确保符合要求后，方可进入下一道工序施工。

多台钻机同时施工，相邻钻机间的距离不宜太近，以免互相干扰，在混凝土灌注完毕的桩旁成孔施工，其安全距离不应小于 4d，或时间间隔不应小于 36h。

从开孔起，就需要在孔内泥浆护壁，泥浆的相对密度以 1.1 为好。为确保桩基施工质量及现场文明施工，现场必须分区对泥浆循环进行同一管理，泥浆循环中多余或废弃的泥浆，应按建设单位制定的地点及时运出现场处理。现场采用振动筛旋流泵浆废弃泥浆分离后重复使用。

2. 清孔

清孔应分二次进行。第一次清孔在成孔完毕后进行；第二次清孔在下放钢筋笼和混凝土导管安装完毕后进行。

清孔过程中应测定泥浆指标，清孔后的泥浆相对密度应小于 1.15。清孔结束时应测定孔底沉渣（泥），孔底沉渣（泥）厚度应符合设计及有关规范规定（孔底沉渣（泥）厚度采用测锤的标准水文测绳测定）。

清孔结束后孔内应保持水头高度，并应在 30min 内灌注混凝土。若超过 30min，灌注混凝土前应重新测定孔底沉渣（泥）厚度，若超过规定的沉渣（泥）厚度应重新清孔直至符合要求。清孔时送入孔内的泥浆不得少于砂石泵的排量，保证循环过程中补浆充足。

（六）泥浆排放

对钻孔、清孔、灌注混凝土过程中排出的泥浆，根据现场情况引入到适当地点进行处理，以防止对河流及周围环境的污染。

（七）钢筋笼施工

钢筋笼宜分段制作，钢筋笼制作前，应将钢筋调直，清除钢筋表面污垢锈蚀，准确控制下料长度，钢筋笼采用环形模制作。

钢筋笼应经验收合格后方可安装。钢筋安装应符合设计要求其允许偏差为 ±10mm。钢筋笼全部安装入孔后应检查安装位置，确认符合要求后将钢筋笼吊筋固定定位，避免灌注混凝土时钢筋笼上拱。

（八）水下混凝土施工

1. 钻孔桩混凝土灌注

混凝土灌注工作开始后，必须连续不断地进行并且每斗混凝土灌注间隔时间尽量缩短，拆除导管所耗时间严格控制，一般不超过 15min，不能中途停工，在灌注混凝土过程中，随时探测混凝土高度，及时拆除或提升导管，注意保持适当的埋深，导管埋深一般保持在 2 ~ 4m，最大埋深不大于 6m。

2. 灌注混凝土注意的几个问题

（1）导管下端距桩底控制为 0.3 ~ 0.4m，在一切工作就绪，经量测孔底沉淀层超标时，采用射水（射风）管冲射 3 ~ 5min。

（2）导管埋入混凝土的深度在任何时候不小于 1.0m。

（3）水下灌注混凝土的实际桩顶标高应高出桩顶设计标高 0.5m 左右。

（4）严禁导管漏水或导管底口进水（即封不住底）而造成断桩事故，保证施工质量。

（5）当混凝土灌注完毕后，待桩上部混凝土开始初凝，解除对钢筋笼固定措施，保证钢筋笼随着混凝土的收缩而收缩，避免黏结力的损失。

3. 清理桩头

等桩头混凝土强度达到设计值的 25% 时，立即拆除护筒并凿除桩头多余混凝土。达到桩顶设计标高，凿除桩头硅采用人工手工凿除，不采用爆破或其他影响桩身质量的方法进行。

四、锚固桩在桥梁基础工程施工中的应用

（一）锚固桩相对于其他桩基础的优势

锚固桩是桩基础的一种。桩基础有很多种，也是最常见的一种基础形式。它能够较好地适应各种地质条件与荷载条件的情况。桩基础通常具有承载力大、沉降小的优点。而锚固技术更将这种优势发挥明显。不仅可以充分调用和提高岩土体的自身强度和自稳能力，改善土壤的应力状态以维持构筑物或土壤的稳定性，还可以通过减小整桩在施工时的嵌岩深度，从而减小施工难度而得到广泛应用。同时，通过灌浆锚固桩技术，可以使浆体渗透到地基中，改善地基结构，使其更加密实，牢固，从根本上保证桥梁的安全性。

（二）以锚固桩为桥梁基础的施工过程以及主要工艺

对桥梁基础进行锚固桩施工之前，一定要做好充分准备。

（1）需要认真校核前期理论上的计算结果，确定各项数据都符合相关规范并且计算无误后，就要开始进行认真仔细的现场勘测工作。观察水质条件、地层条件、环境条件以及地下水状况。然后进行现场取样，确定现场水质是否可以作为搅拌水使用。还需要充分估计是否会出现涌水状况并且做好相应的应急处理。

（2）根据相关资料以及现场勘测，核实在理论设计计算阶段确定的地下障碍物以及埋设物的具体位置。充分考虑到施工过程中可能出现的问题与解决方法，并且要考虑周围地上建筑物，构筑物，周围的植被情况对施工可能会造成的影响。然后做出工程进度安排，编制工程计划书，制订出施工工期，相应的安全要求以及防止可能发生的公害措施。

（3）要充分考虑现场的形式，是否有方便安全施工的条件。

第三节　钢筋混凝土与预应力混凝土梁式桥施工

一、钢筋混凝土桥的施工技术

（一）桥梁的模板工程

所谓模板是使混凝土构件在浇筑过程中具有设计所要求的形状和尺寸而制作的模型板，属于临时结构。支架是承受混凝土在浇筑和硬化过程中的重量以及模板和其他施工期间荷载的临时支撑结构。脚手架是混凝土或砌体在施工时承担工人操作和堆置材料的临时结构。随着工程质量的不断提高，对模板的质量要求也越来越高。模板的质量是保证混凝土外观质量的关键因素之一，只有高精度的模板才能使浇筑高水平混凝土构造物成为可能。该工程全长 1639m，道路模板用量为 786m²，采用多种模板施工方法。

1. 桥面桥墩拼装模板

该桥梁桥面采用拼装式模板，在木工厂或铁工厂或专业模板加工厂将木板或钢板制成大块板扇，在工地组拼成型，虽然一次性投资较大，但精度高，周转次数多，拆除后的板扇可直接或略加修改后用于同一结构的下一工序或另一工程。一些小构件则使用零星模板，即以零星板件在工地现场拼制而成，投资较少，但精度往往难以达到理想的程度，一般适用于分散的小型工程。该工程一些桥墩由于设计等方面原因，则采用安装模板，这种安装模板是用模板板件或板扇在工地附近组装成型，以吊机将整体式模板安装就位。在条件允许的情况下应尽量采用，可提高模板安装精度和加快施工进度。

2. 滑升模板

该桥梁桥墩位于漯河主河道中心线处，最深处水位为 56m，采用滑升模板，模板均用钢板制成，滑升的动力则分为液压和卷扬机提升两种，适用于横断面变化较小的桥墩施工。

（二）支架工程

1. 满布式木支架

引桥梁采用满布式木支架，满布式木支架的排架，可设在枕木或桩基上，基础必须坚实可靠，以保证支架的沉陷值不超过允许范围。当排架较高时，为保证其稳定性，两侧设置斜撑木或斜立柱。卸落设备一般采用斜度为木上，除在排架上设置撑木外，尚应在排架 1:5 的木楔，可设在支点处或桩顶帽木上，满布式木支架主要适用于跨径和高度都不大的工程，由于使用木支架安全可靠性较差重复利用率较低，费用成本较高，所以木支架有被钢支架逐步取代的趋势。

2. 混合支架

该工程主桥梁采用混合式支架，混合式支架在桥墩较浅处位置设钢木支架，在深水基础布置万能杆件拼装支架。浅基础为加大支架的跨径，减少排架数量，支架的纵梁采用工字钢，这样使其跨径可达到 10m。深水基础用万能杆件拼装成支架，其跨度为杆件长度的倍数。纵梁拼装的高度有 2m、4m、6m 或 6m 以上。高度为 2m 时，腹杆拼装成三角形；高度为 4m 时，腹杆拼装成菱形；高度超过 6m 时，多拼装成多斜杆的形式。采用万能杆件拼装的支架，接头较多，变形较大，而且难以预先计算准确。所以最好考虑采用预加荷载进行施压，以消除支架的各项弹性及非弹性的压缩和地基的沉陷。

（三）混凝土施工

1. 混凝土浇筑的基本要求

漯洲大桥的一些小型构件，每一构件或块体混凝土的浇筑应连续进行一次性浇筑完成。该桥梁桥面钢筋采用先张法施工，对于先张法在长线上浇筑混凝土时，每条生产线上的构件必须一次连续完成。对于结构尺寸较大的现浇混凝土梁体或其他大体积混凝土，也可预先设计好分几次浇筑，但要根据受力情况或设计要求选择好施工缝的位置。并根据施工现场具体的混凝土浇筑数量、拌和能力、运输便道状况、运距、混凝土浇筑时间等情况，做出周密的计划安排，各种机械设备要配套，操作人员要进行技术交底，分工明确，责任到人。

2. 模板准备工作

该桥梁施工前，模板应洒水润湿，靠混凝土的一面应涂隔离剂。隔离剂的类别应根据模板种类、混凝土的外观要求及施工季节等情况，采用肥皂液、重柴油和肥皂液混合物、再生机油或机油、滑石粉及水的混合物等。涂隔离剂时不得玷污钢筋和其他预埋件，不得使用如废机油等颜色较重的隔离剂，以防污染混凝土结构的外观。模板内和钢筋上的杂物、泥灰、油污应清理干净；模板如有缝隙、孔洞应堵严，以防漏浆；模板的位置、外形尺寸偏差不得超出允许范围。

3. 钢筋及脚手架的准备

钢筋骨架及预埋件的位置要准确、固定可靠，如有移动应及时纠正、恢复；钢筋保护层厚度不小于规定，保护层支垫应牢固，特别是预埋件的固定容易被忽视，造成在混凝土浇筑振捣过程中发生位移。脚手架应搭设牢固，边缘应设护栏，坡道上应加钉防滑条，较高的脚手架应设置安全网。但脚手架不得贴靠在模板或支撑在钢筋上，以防模板和钢筋移位、变形。各项检查全部合格后，做好检查记录并报监理工程师抽检。

4. 连续简支桥梁建筑

该桥梁根据设计要求，采用简支桥梁，跨径不大的引桥等简支梁桥，可沿整跨全部长度水平分层浇筑，或用斜层法从两端对称地向跨中浇筑，在跨中合拢，以便在混凝土失去塑性前完成跨径较大的中间桥梁，可用水平分层法或斜层法先浇筑纵横梁，浇筑工作宜尽量快速进行，以便在混凝土失去塑性前完成。待纵横梁浇筑后，再再沿桥的全宽浇筑桥面板混凝土。施工缝一般应设在纵梁承托的下缘待纵横梁浇筑后，再沿桥的全宽，采用斜层浇筑时，斜角与混凝土的坍落度有关，一般可为 20°～25°。在深水基础的桥中间时，因为有观赏平台，可分成纵向单元分别浇筑。混凝土采用全长分水平层法或斜层法浇筑。分成纵向单元浇筑时，每个单元的纵横梁应沿其纵横梁分别浇筑完成后再浇筑接头混凝土。每一整体结构的混凝土一般宜连续进行浇筑，以避免产生薄弱断面，保持结构的整体性。当因故不得不间断浇筑时，间断时间包括间断后继续浇筑的时间，不应超过下层混凝土的初凝或能重塑的时间，否则应按施工缝处理。

5. 混凝土的振捣

采用插入式振动器振捣混凝土时可按直线行列移位或按交错行列移位。单机工作时的移位距离或双机工作时的间距，一般以振动作用半径的 1.5 倍为宜。振动器的作用半径可按产品说明确定，或根据混凝土的流动性、构件形状尺寸、钢筋的稀密程度等情况，经试验确定。在一般情况下，振动作用半径约为振动棒半径的 8～9 倍。振动器的移动距离，应尽可能保持一定的规律，以防止漏振或过振。振动棒应与侧模保持 50～100mm 的距离，以避免振动棒碰撞模板、钢筋以及其他预埋件。插入式振动器的振动深度，一般不应超过振动棒长度的 2/3～3/4 倍。振动时应不断地上下移动振动棒，以便捣实均匀；当分层浇筑时，振动棒应插入到下层混凝土中 5～10cm，并应在下层混凝土初凝以前振动完成其相应部位的上层混凝土，使上下层混凝土紧密地联结。

二、预应力混凝土梁式桥施工

（一）预应力混凝土连续梁桥施工的特点

预应力连续梁桥结构可以有效解决无法满足多种功能、跨度小、柱网密等问题，表现出了良好的优势，具有很好的工程实践性。预应力混凝土连续梁的施工具有十分突出的特点：

（1）便于施工：预应力混凝土连续梁桥悬臂施工时的受力状态与成桥后的受力相近，便于实施悬臂施工。

（2）工程成本低：悬臂施工法采用无支架施工，无需支架和大型吊装设备，可以节约一到两成的工程造价。

（3）工程影响性小：对施工地交通影响相对较小，悬臂模式施工中不需要中断交通，特别适合交通量大的地区实施。

（4）施工进度快：预应力混凝土连续梁桥施工每墩至少有两个工作面平行作业，而且几个墩可同时施工，采用分段施工，可以分节段调节梁底高程，有效加快施工进度，各作业面互不干扰，推进工程进程。

（5）工程质量高：在对预应力混凝土连续梁桥进行施工的过程中，通常采用流水作业，进行重复性工作，进而容易控制施工过程，并且在一定程度上确保施工质量。

（二）预应力混凝土连续梁桥的施工方法

1. 悬臂施工法

在对预应力混凝土连续梁桥进行施工的过程中，采用悬臂施工法，该方法分为悬浇和悬拼两种。在建造预应力混凝土悬臂桥时，其施工程序和特点与悬臂施工法相类似。在悬臂或拼浇过程中，通过对上、下部结构进行临时固结，待悬臂施工结束、相邻悬臂端连接成整体并张拉了承受正弯矩的下缘预应力筋后，再将固结措施卸除，在一定程度上使施工中的悬臂体系转换成连续体系。

2. 整体现浇施工法

在施工过程中，整体现浇施工一般通过整体浇筑混凝土的方式来实现。具体过程为：首先架设支架，将模板安装在支架上，对钢筋骨架进行绑扎和安装，同时预留相应的孔道，在施工现场浇筑混凝土，并施加预应力。在施工过程中，由于使用模板支架的数量较多，通常情况下，主要用于中小跨径的桥或者在交通不便的地区使用。随着桥梁结构的不断发展，一些异形桥、弯桥等混凝土结构频繁出现，并且近年来，大量应用临时钢构件和万能杆件系统，与其他施工方法相比，该施工方式简单便捷、费用较低。对于预应力混凝土连续梁桥来说，通常情况下，需要按照一定的程序现场完成混凝土的浇筑，当混凝土达到设计要求规定的强度后，将部分模板拆除，展开相应的预应力筋的张拉、管道压浆工作。

3. 移动式模架逐孔施工法

近年来，为了确保现浇预应力混凝土桥梁施工的快速化、省力化，进而在一定程度上发展起移动式模架逐孔施工法。其施工原理为：在长度稍大于两跨、前端作导梁用的承载梁上，支承机械化的支架和模板，在桥跨内进行混凝土浇筑施工，当混凝土达到设计要求规定的强度后，进行拆模，沿导梁将整孔模架前移至下一浇筑桥孔，如此循环进而完成全桥施工。在施工过程中，需要注意：移动式模架逐孔施工法一方面可以用来建造连续梁桥，另一方面可以修建多孔简支梁桥。

4. 预制简支——连续施工法

预制简支——连续施工俗称先简支后连续施工法。具体施工程序为：预制简支梁，进行分片预制安装，在预制过程中，根据预制简支梁的受力状态，对预应力筋进行第一次张拉锚固，安装完成后，对位置进行调整，浇筑墩顶接头处混凝土，更换支座，对预应力筋进行第二次张拉锚固，进而在一定程度上完成一联预应力混凝土连续梁的施工。通过简支——连续施工方法进行施工时，存在体系转换。通常情况下，体系转换主要包括：

（1）从一端依次逐孔进行连续，先将第一孔与第二孔之间形成两跨连续梁，然后与第三孔形成三跨连续梁，依此类推，形成一联连续。

（2）从两端起向中间依次逐孔进行连续。

（3）从中间孔起向两端依次逐孔进行连续。

（三）预应力混凝土连续梁的施工技术

预应力混凝土连续梁桥施工是一项系统工程，必须超前进行谋划，统筹协调，科学施工，确保工程质量。下面以长深线青临高速公路临沭东互通立交 I 号桥工程为例，对预应力混凝土连续梁桥主要施工环节进行探讨。

1. 承台施工

做好放线测量，桩中心根据导线控制点进行测设，然后对承台四周边桩进行放出，同时外移 50cm，并且用油漆进行标记，承台底至桩顶之间的高差同时需要测出。素混凝土垫层浇筑：与设计标高相比，开挖基坑要低 10cm，同时浇筑 10cm 厚的素混凝土作为底模，将混凝土顶面整平。安装模板：侧向支撑通常选用组合钢模板，钢管、对拉螺杆、方木等。混凝土浇筑：在浇筑过程中，从一端向另一端分层浇筑，每层 30cm，同时需要将振动棒插入下层混凝土 5 ~ 10cm，避免碰撞钢筋和模板。

2. 墩台身施工

（1）模板工程

对于柱式墩模板来说，通常采用整体式定型钢模，采用大块组合钢模对薄壁墩、座板式桥台进行处理。在现场根据柱高选择模板拼装对圆柱进行施工，由吊车将拼装成节吊起后进行安装，通过风缆固定。使用组合钢模拼装薄壁墩、桥台模板，使用拉杆拉钢管内拉进行加固，模板接缝处夹胶条或海绵条止浆，进而在一定程度上防止露浆。

（2）浇筑墩台身混凝土

如果墩台高度过高，通过采用倒模施工法进行分段施工。采用吊车配吊斗将墩台身混凝土入模。通过分层对混凝土进行浇筑，每层厚度控制在 30cm，浇筑完下层混凝土，且初凝后，浇筑上层混凝土。浇筑混凝土的过程中，自由倾落度控制在 2m，当倾落度超过 2m，通过采用串筒进行缓冲。浇筑混凝土的过程中，通过采用振动器振捣密实。

3. 现浇梁施工

（1）支架搭设

支架采用碗扣式支架，底部落在 10cm×10cm 方木上，方木与处理合格地基间空隙采用细砂或者石粉找平。碗扣支架顺桥向间距严格按 120cm、横桥向间距严格按 90cm 控制，对于横梁及箱梁边腹板处支架进行加密，即横向间距不变，纵向间距按 60cm 控制。横杆上下层的间距按不大于 120cm 控制，且每根立杆至少要有 2 层横杆连接。为增强大架体系的稳定性，顺桥向每 4.5m 设 1 道通长剪刀撑。

（2）模板安装

为保证外观，底模采用 1.5 厘米厚质地优良的覆模竹胶板，模板分块拼装，钉装在底部分布方木上，施工中需保证纵横向接缝在一直（曲）线上，用模板底加设木片来消除相邻模板的高差，减小和清除支架的非弹性变形及地基的沉降量，模板钉装完成后用液体玻璃胶水填塞模板接缝，防止混凝土浇筑中漏浆。

（3）支架预压

为消除基础变形和支架的非弹性变形及支架的不均匀下沉，保证结构线形和结构安全，并为预拱度设置提供依据，主体结构施工前需对支架进行预压，预压期限原则上以支架变形稳固后即可结束。

（4）钢筋绑扎

箱梁用所有钢筋及接头的施工严格按有关施工规范和图纸要求操作，在加工前必须作清污、除锈和调直处理。钢筋骨架在钢筋棚内加工后现场安装成型。钢筋安装，先底板和腹板，然后将内模组合拼装固定，最后施工顶板钢筋。

（5）箱梁混凝土施工

混凝土采用自制拌和站拌和混凝土，拌和中严格按设计配合比配制，混凝土搅拌运输车运输，泵车灌注，插入式振捣器振捣，并严格按规范振捣，振捣时选用经验丰富的作业工人，确保底板混凝土振捣密实。

若箱梁体不能一次浇筑完成，而需分二次浇筑时，第一次浇筑到梁的底板的承托顶部以上30cm。第一次和第二次浇筑的时间应间隔至少24h。在第二次浇筑前，应检查脚手架有无收缩和下沉，并打紧各楔块，以保证最小的压缩和沉降。悬出的承托及悬出板的底面，一般应在离外缘不大于15cm处设一1cm深V形滴水槽以阻止水流污染混凝土表面。

（6）预应力张拉

张拉采用应力控制，伸长值校核，安装锚具前需对锚垫板清理干净，后安装工作锚具、张拉千斤顶和工具锚，安装中需保证工作锚、千斤顶、工具锚三对中，为有利脱锚，需在工具锚锚孔涂上脱锚剂。

（7）封锚

在每联连续梁最后一段张拉、压浆完毕后，要进行封端混凝土施工，施工前将梁端水泥浆清洗干净并凿毛。

（8）拆除模板和支架

支架的卸落应按程序进行。卸落量开始宜小，逐次增大，每次卸落均由跨中开始，纵向应对称、均衡，横向应同步平行，遵循先翼底板的原则。碗扣式支架自上而下依次卸落。

第四节　桥面系及其附属工程施工

一、桥面系施工工艺技术

（一）桥面铺装

桥面铺装的施工顺序为，凿除浮碴、清洗桥面→精确放样→绑扎钢筋→安装模板→精确的模板标高、轴线放样→浇筑桥面铺装混凝土→混凝土养生。

桥面铺装混凝土浇筑是桥面铺装最重点环节：

浇筑前桥面应充分湿润，并以不积水为度。混凝土摊铺要均匀，布料高度应略高于桥面桥高 2cm 左右，以备整平和收浆；人工粗平后，用平板振捣器横向平行振捣密实；用人工一边整平，一边用 φ75mm 滚筒滚压数遍进行提浆滚平；进行真空吸水，吸水时间视气温而定，一般为 13 分钟左右，然后用磨光机提浆及粗平；用 φ75mm 钢管刮尺，贴紧模板顺桥向连续反复几次直到刮平。再用长 6m，断面为 100×60mm 的铝合金直尺纵横反复检测直到平整度符合要求为止；为保证铺装层有一定的粗糙度，在混凝土初凝前进行拉毛。采用特制的塑料扫把横向拉毛，拉毛应线条均匀，深度控制在 1～2mm；拉毛后以手指按压混凝土无痕迹时覆盖无纺土工布，并充分保持湿润 7 天以上。

（二）沥青混凝土桥面施工

1. 沥青混合料配合比设计

沥青混合料配合比的设计在监理工程师确认合格的试验室进行，并接受监理工程师的监督，按 JTJ032～94 规定要求进行原材料试验和混合料组成设计。根据沥青混合料的类型，集料级配和沥青用量符合技术规范的规定，沥青用量必须通过试验确定。沥青混合料的各种技术指标符合规范的规定，上面层的沥青混合料进行配合比设计时，对混合料进行抗车辙能力的检验，使动稳定度达到规范要求。

试验室做出的配合比，一般不直接输入拌和设备的电脑，还需进行生产验证，即进行生产配合比的设计。在生产配合比的设计阶段从拌和设备的各热料仓中取样，并进行筛分，确定各热料仓的材料比例，供拌和机控制室使用，同时调整冷料仓进料比例，使供料平衡，经生产验证后的配合比，在施工过程中不能随意变更，除非装入拌和设备的冷料的碎石级配（即料源）发生明显变化。

2. 铺筑试验路段

沥青路面正式施工前，选定一段合适的路段做试验路段，试铺长度不小于 200m，沥青路面试验路段分试拌及试铺两个阶段，试验内容如下：

（1）根据沥青路面各种施工机械相匹配的原则，确定合理的施工机械、机械数量及组合方式。

（2）通过试拌确定拌和的上料速度、拌和数量及拌和时间、拌和温度等控制参数。

（3）通过试铺确定摊铺机的摊铺温度、摊铺速度、摊铺宽度、自动找平方式等操作工艺；确定压路机的压实顺序、碾压温度碾压速度及碾压遍数等压实工艺；确定松铺系数、接缝方法等。

（4）验证沥青混合料配合比设计结果，提出生产用的矿料配合比和沥青用量。

（5）建立用钻孔法及核子密度仪法测定实度的对比关系。确定各种类型沥青混凝土压实标准密度。

3. 拌和

拟投入的 WIBUA120 型沥青拌和楼为间歇式强制拌和机，在拌和过程中可自动控制沥青、各种矿料的用量及拌和温度。沥青采用导热油炉加热，沥青混合料拌和时间以混合料拌和均匀，所有矿料颗粒全部裹覆沥青结合料为度，并经试拌确定。

石料的加热温度控制在 160℃～170℃，沥青加热温度控制在 150℃～160℃，经与矿粉、沥青拌和后的混合料温度控制在 145℃～165℃，出厂温度不低于 140℃。拌和厂拌和的沥青混合料做到均匀一致，无花白料，无结团成块或严重的粗细料分离现象，不符合要求时不出厂，并及时调整，拟在拌和场内设置 50 吨地磅一台，出厂的沥青混合料每车都要过磅称重，以掌握每天实际摊铺的沥青混合料数量。

4. 摊铺

在进行沥青路面摊铺前有必要对下封层再次进行检查，通常检查的内容有基层表面下封层有否损坏、沥青路面病毒处理是否彻底、平整度、横坡、宽度、高程等是否符合要求，同时将与沥青混合料接触的构造物表面、路缘石的内侧壁涂上粘层沥青。

为了提高路面平整度，摊铺速度与拌和能力要相匹配，保证摊铺机在一个作业段内连续不断地摊铺。下面层摊铺采用拉钢丝走基准线的方法来控制高程、平整度和横坡中、上面层采用浮动基准梁进行摊铺，确保摊铺厚度和平整度。

摊铺前慰平板要用煤气预热到 120℃方可进行摊铺，摊铺温度不低于 130℃，采取全幅路面摊铺，以避免纵向工作接缝，摊铺过程不得随意变换速度或中途停顿，摊铺后的混合料，不得用人工反复修整。

5. 碾压

碾压作业在混合料处于能获得最大密实度的温度下进行，开始碾压温度一般不低于 120℃，各种机型的压路机碾压终了温度分别为：钢轮压路机不低于 70℃，轮胎压路机不低于 80℃，振动压路机不低于 65℃。压实工作按铺筑试验路面确定的压实设备组合和程序进行。

碾压的一般程序为初压、复压、终压三个阶段。由于该工程使用的 ABGT423 型摊铺机具有双夯锤振捣装置和机械振动装置，并可根据混合料类型和摊铺厚度调整振动频率，使摊铺后路面的预压实度达到80%以上。为此，我们采取的压实方法是用宝马161压路机紧跟着摊铺机碾压振碾2遍后用轮胎压路机碾压3遍，然后用202振动压路机振碾1遍，静碾1～2遍，并以消除轨迹为度。压实由外侧向路中心进行，相邻碾压带均应重叠不一定的轮宽，压路机行走的路线来回都应是直线，每次由两端折回的位置呈梯形随摊铺机向前推进，使折回处不在同一横断面上。轮胎压路机的轮胎气压注意保持一致（不少于0.5Mpa），防止轮胎软硬不一而影响平整度。路面温度降到70℃以下时，不能再碾压。碾压速度保持慢而均匀，一般初压速度为1.5～2Km/h，终压速度为2～3Km/h，在摊铺机连续摊铺时压路机不得随意停顿。

6. 接缝

横向接缝处理的好坏，直接影响到沥青路面的平整度和行车舒适性。铺筑时应尽量把横向接缝设在构造物的连接处，如桥梁的两端或伸缩缝处。如无法避免时，在施工结束时，摊铺机在接近端部前约1m处将熨平板稍稍抬起驶离现场，用人工将端部混合料铲齐后再予碾压，然后用3m直尺检查平整度，趁尚未冷却时垂直刨除端部厚层不中的部分，使下次施工时成直角连接。重新摊铺前，应用3m直尺仔细检查端部平整度，当不符合要求时应予以清除。符合要求后，在垂直面上涂沾层沥青，摊铺时调整好预留高度，摊铺后及时进行碾压，碾压先用钢轮压路机进行横向碾压，碾压带的外侧应放置供压路机行驶的垫木，碾压时，压路机位于已压实的混合料层上，碾压新铺层的宽度为15cm。然后每压一遍向新铺混合料移动15～20cm，直至全部压在新铺层上为止，再改为纵向碾压。接缝处施工后，再用3m直尺检查平整度，当有不符合要求者应趁混合料尚未冷却时立即处理，以保证横向接缝处的路面平整度。另外应注意相邻两幅或上下层的横向接缝均要错位1m以上。

（三）防撞栏施工

1. 模板及其支撑

为保证防撞栏外观质量，防撞栏模板采用大块定型钢模板。钢模板事先进行设计，请专业厂家制作，并按设计要求严格验收。

2. 钢筋制作与安装

调正已预埋的防撞栏主筋；安装水平纵向分布筋；安装并固定预埋件，确保预埋件位置准确；在钢筋外侧绑扎砂浆垫块，以保证保护层的厚度。

3. 浇筑防撞栏混凝土

采用现场拌制混凝土，搅拌车运输，用起重机配合浇筑，插入式振捣器振捣。混凝土的搅拌同预应力现浇箱梁。浇筑前派专人对每车混凝土进行质量检验，包括坍落度、离析情况等，满足要求才投入使用，并预备试件以作强度检查；采用水平分层连续浇筑法浇筑防撞栏混凝土，由专人统一指挥。用较慢速度浇灌，并用插入式振动器振捣密实，振动点间距不大于 50cm。插入式振动器难以插进的个别部位，应用小铁条伸入补插；随振捣随按标高抹平混凝土顶面，并检查防撞栏的顶宽。如顶宽或标高的偏差超过允许偏差时，及时采取措施纠正；防撞栏混凝土不应出现蜂窝、麻面，外表应平整、光洁、美观。

4.混凝土养护

混凝土终凝后，以麻袋覆盖并浇水养护，浇水次数以保持混凝土湿润状态为度，养护时间为七天以上。

（四）伸缩缝安装

伸缩缝的安装温度按 20℃设计；在伸缩缝生产厂家的指导下，根据伸缩缝设计图标示的伸缩缝槽口尺寸，准确在梁顶上预留伸缩缝槽；伸缩缝装置的安装，应在伸缩缝装置生产厂家派员指导下施工，按实际安装温度调整其间隙；桥面铺装后进行伸缩缝安装，浇筑钢纤维混凝土，伸缩装置应加盖临时保护措施，避免撞击及直接承受车辆荷载。伸缩伸施工完成后，在桥面上不应出现缝隙，且桥面与伸缩装置齐平。

二、桥面系附属设施施工技术

桥面附属设施主要内容包括：桥面布置、电缆槽、人行道栏杆、遮板、防水层、伸缩装置、挡砟墙、综合接地等。桥面布置采用常用跨度梁有砟轨道整孔双线箱梁桥面布置；电缆槽盖板、桥梁遮板、人行道栏杆采用小型构件预制厂集中预制；防水层采用改性沥青防水卷材和无需卷材的聚氨酯防水涂料型防水层施工工艺；保护层采用现浇 C40 细石聚丙烯纤维网或聚丙烯腈纤维混凝土；伸缩装置采用厂购成品伸缩缝按照设计施工工艺现场安装；挡砟墙在桥上进行现场浇筑；综合接地采用常用跨度梁有砟轨道整孔双线箱梁综合接地布置。

（一）桥面布置

采用常用跨度梁有砟轨道整孔双线箱梁桥面布置，接触网支柱设在桥面板外缘，内侧距线路中心线不小于 3.0m，挡砟墙内侧距线路中心 2.2m，电缆槽两侧设置，通信信号电缆合槽槽道净宽 350mm，电力槽净宽 200mm。

（二）电缆槽

电缆槽由竖墙和盖板组成。

竖墙兼作分割电缆槽、连接遮板和支撑电缆槽盖板的作用，竖墙在梁体现浇完成后在桥面上进行现场灌筑。电缆槽竖墙按 2m 一段设置单元，竖墙施工时各竖墙的高度必须保持一致，确保电缆槽盖板受力均匀。

电缆槽盖板为预制结构，分为通信、信号电缆槽盖板和电力电缆槽盖板两大类，盖板 0.5m 为一个单元，设 6mm 断缝，板宽 494mm。施工电缆槽盖板时，电缆槽盖板顶面设置横向波纹或凹槽，一方面可起到防滑作用，另一方面对盖板方向进行标识，避免放错。

（三）人行道栏杆、遮板

在桥梁两侧外边缘设置人行道栏杆，栏杆包括刚栏杆、活性粉末混凝土与钢管的组合栏杆和 C40 混凝土与钢管的组合栏杆，声屏障采用插入式声屏障。遮板有五种形式，长度分别为 1996、1326、1261、1780、1680mm。根据桥梁长度选型，必要时可适当调整预制件长度。施工时，其横向伸出钢筋与竖墙 A 预留钢筋绑扎牢固。设置接触网支柱及下锚拉线基础位置时，遮板的连接钢筋应与支柱基础钢筋绑扎后，再灌筑接触网支柱基础或下锚拉线基础混凝土。

（四）防排水系统

（1）桥面采用双侧排水，挡砟墙内侧人字排水坡坡度为 2%，并设置外径为 160mm的 PVC 泄水管，挡砟墙外侧电缆槽内从外到内设置 2% 排水坡。为保证桥面排水畅通，在保护层施工时，应根据泄水管位置设置一定的汇水坡，在泄水管的保护层设置 45° 的倒角，以便使积水快速流到泄水孔。

（2）防水层及保护层

①混凝土基层面检查及处理

防水层施工前应先对基层面进行验收，基层应做到平整、无尖锐异物，不起砂、不起皮及无凸凹不平现象，平整度的要求：用 1 米长靠尺测量，空隙不大于 3mm，空隙只允许平缓变化，每米不应超过一处。

②桥面基层应无浮砟、浮灰、油污等，同时挡砟墙根部应无蜂窝、麻面。

③采用高聚物改性沥青基层处理剂，涂刷高聚物改性沥青基层处理剂时基层应干燥。

④无需卷材的聚氨酯防水涂料型防水层施工

基层符合要求后，聚氨酯防水涂料选用喷涂或刮涂的方式施工，厚度为 2mm，分为二次喷涂，做到喷涂均匀，喷涂后应随即洒砂一层，砂粒直径 20 ~ 40 目为宜。配制好的涂料应在 20 分钟内用完，随配随用。对挡砟墙、电缆槽竖墙等垂直部位使用手刷或辊子先行涂刷，平面部位在其后涂刷。喷涂后 4 小时或涂刷后 12 小时内须防止霜冻、雨淋及暴晒。

⑤高聚物改性沥青防水卷材防水层施工

高聚物改性沥青基层处理剂不少于 0.4kg/m²。采用机械烘烤设备热熔铺贴卷材，也可采用多台喷灯同时烘烤热熔铺贴卷材。在基层上涂刷高聚物改性沥青基层处理剂时应涂刷均匀，不露底面，不堆积；当基层处理剂干燥不粘手时，方可进行卷材的铺贴。防水卷材纵、横向的搭接长度均不得小于 100mm。在已涂刷基层处理剂并干燥的基层表面，留出搭接缝尺寸，将铺贴卷材的基准线弹好，以便按此基线进行卷材铺贴施工。卷材铺贴应从一端开始，桥面横向由底向高顺序进行，点燃喷灯，烘烤卷材底面的沥青层及基层上的处理剂，烘烤要均匀，将卷材地面沥青层融化后，即可向前液铺。为确保卷材和基层的黏结，卷材热熔铺贴过程中，应便铺贴边液压排气黏合。

（五）挡砟墙

挡砟墙在桥上进行现场浇筑，应注意其端部钢筋与伸缩缝锚固钢筋的绑扎，直线、曲线内侧挡砟墙高度采用900mm，曲线外侧挡砟墙高度采用1080mm；挡砟墙每隔2m设10mm断缝。

（六）伸缩装置

采用耐候型钢伸缩缝。伸缩缝由耐候钢型材、橡胶密封带、挡砟盖板、挡砟侧板、伸缩锚固钢筋、定位钢管、定位钢筋及梁体预埋件组成。伸缩缝的施工，应根据伸缩缝的构造和特点进行，伸缩缝构造及施工方法具体如下：

（1）安装时将伸缩缝安装区清理干净。

（2）吊装伸缩装置、调整伸缩装置中心线与梁端间隙中心线基本重合，型钢通过拉线调直。

（3）按梁体保护层顶面或梁端挡水台标高控制型钢顶面标高。

（4）布置横穿钢筋并将锚筋等焊牢，然后及时解除固定型钢间隙的弓形板。

（5）用泡沫条填塞型钢型腔，并用封箱胶带将型腔封帖，安装梁端模板。

（七）控制标准

1. 防水层、保护层及伸缩缝

（1）防水层、保护层和伸缩缝所用原材料的品种、规格、性能等必须符合铁道部颁布的有关客运专线铁路桥梁混凝土桥面防水层、伸缩装置的有关规定及设计要求。

（2）防水层施工部位、构造型式、厚度、坡度和细部做法等必须符合铁道部颁布的有关客运专线铁路桥梁混凝土桥面防水层的有关规定和设计要求。

（3）保护层施工部位、构造型式、厚度、坡度和断缝处理必须符合设计要求，并符合铁道部颁布的有关客运专线铁路桥梁混凝土桥面防水层的有关规定。桥面保护层表面裂缝宽度不得大于0.2mm。

（4）防水层不得渗水。

（5）梁端伸缩缝应符合铁道部颁布的有关客运专线铁路桥梁伸缩装置的有关规定及设计要求，预埋件位置应准确，橡胶止水带外形尺寸应满足设计要求，盖板平整。

（6）防水层的基层应平整、清洁、干燥，不得有空鼓、松动、蜂窝麻面、浮碴、浮土和油污。

（7）防水层的表面质量应达到涂层厚薄一致，卷材粘贴牢固，搭接封口正确。不得有滑移、翘边、起泡、损伤等现象。坡度平顺，排水通畅。

（8）保护层施工时，不得损坏防水层，保护层应表面平整，周边新旧混凝土黏结牢固、密贴，排水坡满足设计要求。保护层与防水层应黏结牢固，结合紧密，厚度均匀一致。表面平整密实，不得有疏松、起砂、脱皮、损伤等现象。

（9）防水层和保护层的材料称量的允许偏差应为 2%。

2. 挡碴墙、电缆槽及接触网支柱基座

（1）两挡碴墙内侧净距及外形尺寸应满足设计规定。

（2）电缆槽及接触网支柱基座设置位置必须满足设计规定，接触网支柱基座预埋螺栓位置应准确，基座平整，外形尺寸应满足设计要求。

（3）泄水管材料及数量应满足设计要求，位置应准确，相对设计位置允许偏差应为 15mm，应安装牢固，泄水管顶面不得高于桥面，底面伸出上翼缘板的长度应满足设计要求。

3. 人行道、遮板、栏杆、声屏障基座

（1）遮板的规格、外观质量、安装位置应符合设计要求。

（2）双侧人行道栏杆内侧间距应满足设计要求。栏杆扶手高度应保持一致，用 10 m 线量矢度不得大于 l0 mm。

（3）人行道步行板的施工必须符合设计要求，铺设应齐全、稳固、无损坏，板间空隙均匀一致。

第四章　隧道工程施工技术

第一节　新奥法隧道施工技术

一、新奥法施工原理

在大量的地下工程实践中，人们普遍认识到，隧道及地下洞室工程，其核心问题，都归结在开挖和支护两个关键工序上。即如何开挖，才能更有利于洞室的稳定和便于支护；若需支护时，又如何支护才能更有效地保证洞室稳定和便于开挖。这是隧道及地下工程中两个相互促进又相互制约的问题。

在隧道及地下洞室工程中，围绕着以上核心问题的实践和研究，在不同的时期，人们提出了不同的理论并逐步建立了不同的理论体系，每一种理论体系都包含和解决（或正在研究解决）了从工程认识（概念）、力学原理，工程措施到施工方法（工艺）等一系列工程问题。

（一）施工原理

（1）新奥法中认为，岩体是结构体系中的主要承载单元，在施工中必须充分保护岩体尽量减少对它的扰动，避免过度破坏岩体的强度。

（2）为充分发挥岩体的承载能力，应允许并控制岩体的变形。

（3）为了改善支护结构的受力性能，施工中应尽快闭合而成为封闭的筒形结构。

（4）在施工中的各个阶段，应进行现场量测监视，及时提供可靠的数量足够的量测信息。

（5）为了铺设防水层，或为了承受由于锚杆锈蚀，围岩性质恶化，流变，膨胀所引起的后续荷载，可采用复合式衬砌。

（6）二次衬砌原则上是在围岩与初期支护变形基本稳定的条件下修筑的，围岩和支护结构形成一个整体，因而提高了支护体系的安全度。

在大量的地下工程实践中，人们普遍认识到，隧道及地下洞室工程，其核心问题，都归结在开挖和支护两个关键工序上。即如何开挖，才能更有利于洞室的稳定和便于支护：若需支护时，又如何支护才能更有效地保证洞室稳定和便于开挖。这是隧道及地下工程中两个相互促进又相互制约的问题。

在隧道及地下洞室工程中，围绕着以上核心问题的实践和研究，在不同的时期，人们提出了不同的理论并逐步建立了不同的理论体系，每一种理论体系都包含和解决（或正在研究解决）了从工程认识（概念）、力学原理，工程措施到施工方法（工艺）等一系列工程问题。

（二）设计理论

（1）松弛荷载理论其核心内容是：稳定的岩体有自稳能力，不产生荷载：不稳定的岩体则可能产生坍塌，需要用支护结构予以支撑。这样，作用在支护结构上的荷载就是围岩在一定范围内由于松弛并可能塌落的岩体重力。这是一种传统的理论，其代表人物有泰沙基和普氏等人。

（2）岩承理论其核心内容是：围岩稳定显然是岩体自身有承载自稳能力：不稳定围岩丧失稳定是有一个过程的，如果在这个过程中提供必要的帮助或限制，则围岩仍然能够进入稳定状态。这种理论体系的代表性人物有拉布西维兹、米勒·菲切尔、芬纳·塔罗勃和卡斯特奈等人。

由以上可以看出，前一种理论更注意结果和对结果的处理：而后一种理论则更注意过程和对过程的控制，即对围岩自承能力的充分利用。由于有此区别，因而两种理论体系在过程和方法上各自表现出不同的特点。新奥法是岩承理论在隧道工程实践中的代表方法。

（三）基本介绍

（1）岩体是隧道结构体系中的主要承载单元，在施工中必须充分保护岩体，尽量减少对它的扰动，避免过度破坏岩体的强度。为此，施工中断面分块不宜过多，开挖应当采用光面爆破、预裂爆破或机械掘进。

（2）为了充分发挥岩体的承载能力，应允许并控制岩体的变形。一方面允许变形，使围岩中能形成承载环；另一方面又必须限制它，使岩体不致过度松弛而丧失或大大降低承载能力。在施工中应采用能与围岩密贴、及时筑砌又能随时加强的柔性支护结构，例如，锚喷支护等。这样，就能通过调整支护结构的强度、刚度和它参加工作的时间（包括闭合时间）来控制岩体的变形。

（3）为了改善支护结构的受力性能，施工中应尽快闭合，而成为封闭的筒形结构。另外，隧道断面形状应尽可能圆顺，以避免拐角处的应力集中。

（4）通过施工中对围岩和支护的动态观察、量测，合理安排施工程序、进行设计变更及日常的施工管理。

（5）为了铺设防水层，或为了承受由于锚杆锈蚀，围岩性质恶化、流变、膨胀所引起的后续荷载，可采用复合式衬砌。

（6）二次衬砌原则上是在围岩与初期支护变形基本稳定的条件下修筑的，围岩和支护结构形成一个整体，因而提高了支护体系的安全度。

上述新奥法的基本要点可扼要的概括为："少扰动、早喷锚，勤量测、紧封闭"。

（四）弹簧解法

（1）洞室边缘某一点 A 在开挖前具有原始应力（自重应力和构造应力）处于一个平衡状态。如同一根弹性刚度为 K 的弹簧，在 P_0 作用下处于压缩平衡状态。

（2）洞室开挖后，A 点在临空面失去约束，原始应力状态要调整，如果围岩的强度足够大，那么经过应力调整，洞室可处于稳定状态（不需支护）。然而大多数的地质情况是较差的，即洞室经过应力调整后，如不支护，就会产生收敛变形，甚至失稳（塌方），所以必须提供支护力 P_E，才能防止塌方失稳。等同于弹簧产生了变形 u 后，在 P_E 作用又处于平衡状态。

（3）由力学平衡方程可知，弹簧在 P_0 作用时处于平衡状态；弹簧在发生变形 u 后，在 PE 的作用下又处于平衡状态，假设弹簧的弹性系数为 K，则有：

$P_0=P_E+K_u$

讨论：

①当 u=0 时，$P_0=P_E$ 即不允许围岩变形，采用刚性支护，不经济；

②当 u↑时，PE↓；当 u↓时，PE↑。即围岩发生变形，可释放一定的荷载（卸荷作用），所以要允许围岩产生一定的变形，以充分发挥围岩的自承能力。是一种经济的支护措施，围岩的自稳能力 $P=P_0-P_E=K_u$；

③当 $u=u_{max}$ 时，发生塌方，产生松弛荷载，不安全。

（五）要点

（1）围岩是受洞室开挖影响的那一部分岩（土）体，围岩是三位一体的即：产生荷载、承载结构、建筑材料。

（2）隧道是修筑在应力岩体中的，具有特殊的建筑环境，不能等同于地面建筑。

（3）隧道结构体系 = 围岩 + 支护体系。

二、新奥法的施工方法

（一）全断面开挖法

这种方法是先将洞室一次开挖成形，然后再衬砌。在围岩很稳定、无塌方掉块危险或断面只寸较小时，适于全断面开挖。这种方法的优点是施工场地开阔、出渣方便、掘进速度快。全断面开挖又可分为全断面一次掘进法和导洞全断面开挖法两种。

全断面开挖法又称全断面掘进法。按巷（隧）道设计开挖断面，一次开挖到位的施工方法。其开挖方式主要有三种：即新奥地利全断面开挖法、护板全断面开挖法和掘进机护板全断面开挖法。

1. 施工顺序

全断面开挖法施工操作比较简单，主要工序：使用移动式钻孔台车，首先全断面一次钻孔，并进行装药连线，然后将钻孔台车后退到50m以外的安全地点，再起爆，一次爆破成型，出渣后钻孔台车再推移至开挖面就位，开始下一个钻爆作业循环。同时，施作初期支护，铺设防水隔离层（或不铺设），进行二次筑模衬砌。该流程突出两点：增加机械手进行复喷作业，先初喷后复喷，以利于稳定地层和加快施工进度；铺底混凝土必须提前施作，且不滞后200m。当地层较差时铺底应紧跟，这是确保施工安全和质量的重要做法。

2. 适用范围

全断面法主要适用于Ⅰ～Ⅲ级围岩。当断面在$50m^2$以下，隧道又处于Ⅲ类围岩地层时，为了减少对地层的扰动次数，在采取局部注浆等辅助施工措施加固地层后，也可采用全断面法施工。但在第四纪地层中采用此施工方法时，断面一般均在$20m^2$以下，且施工中仍须特别注意，山岭隧道及小断面城市地下电力、热力、电信等管道工程施工多用此法。

3. 优点

（1）工序少，相互干扰相对减少，便于施工组织的管理。

（2）全断面开挖有较大的作业空间，有利于采用大型配套机械化作业，提高施工速度。

（3）全断面一次成型，对围岩的扰动次数减少，对隧道的围岩稳定有利。

4. 缺点

由于开挖面较大，围岩稳定性降低，且每个循环工作量较大。

（二）台阶开挖法

台阶法是指先开挖隧道上部断面（上台阶），上台阶超前一定距离后开始开挖下部断面（下台阶），上下台阶同时并进的施工方法。根据台阶长度，可分为短台阶、长台阶、超短台阶（微台阶）法等。

台阶法是两车道隧道Ⅱ级、Ⅲ级、Ⅳ级和部分Ⅴ级围岩深埋段常用的施工方法，一般划分为上、下两个台阶。该方法将设计断面分成上半部断面和下半部断面，错开一定距离L（台阶长度）先开挖上半断面，待开挖至一定长度后再开挖下半断面，上、下半断面在不同的工作面同时掘进施工。三车道隧道一般采用三台阶。

1. 台阶法的优缺点：

（1）增加了工作面，前后干扰较小，有利于机械化作业，进度较快。

（2）一次开挖面积较小，有利于掌子面稳定，特别是下台阶开挖时较为安全。

（3）短台阶法相互干扰，增加对围岩的扰动次数。

2. 分类

根据台阶长度不同，划分为长台阶法、短台阶法和微台阶法三种。

施工中采用哪一种台阶法，要根据两个条件来决定：第一是对初期支护形成闭合断面的时间要求，围岩越差，要求闭合时间越短；第二是对上部断面施工所采用的开挖、支护、出渣等机械设备需要施工场地大小的要求。对软弱围岩，主要考虑前者，以确保施工安全；对较好围岩，主要考虑如何更好地发挥机械设备的效率，保证施工中的经济效益，因此只考虑后者。

（1）长台阶法

长台阶法开挖断面小，有利于维持开挖面的稳定，适用范围较全断面法广，一般适用Ⅰ~Ⅲ级围岩。在上、下两个台阶上，分别进行开挖、支护、运输、通风、排水等作业线，因此台阶长度长。但台阶长度过长，如大于100m时，则增加了支护封闭时间，同时也增加了通风排烟、排水的难度，降低了施工的综合效率。因此，长台阶一般在围岩条件相对较好、工期不受控制、无大型机械化作业时选用。

（2）短台阶法

短台阶法适用于Ⅲ~Ⅴ级围岩，台阶长度定为10~15m，即1~2倍开挖宽度，主要是考虑既要实现分台阶开挖，又要实现支护及早封闭。上台阶一般采用小药量的松动爆破，出渣采用人工或小型机械转运至下台阶。因此，台阶长度又不宜过长，如果超过15m，则出渣所需的时间显得过长。

短台阶法可缩短支护闭合时间，改善初期支护的受力条件，有利于控制围岩变形。缺点是上部出渣对下部断面施工干扰较大，不能全部平行作业。

（3）微台阶法

微台阶法是全断面开挖的一种变异形式，适用于Ⅴ~Ⅵ级围岩，一般台阶长度为3~5m。台阶长度小于3m时，无法正常进行钻眼和拱部的喷锚支护作业；台阶长度大于5m时，利用爆破将石渣翻至下台阶有较大的难度，必须采用人工翻渣。微台阶法上下断面相距较近，机械设备集中，作业时相互干扰大，生产效率低，施工速度慢。

3. 适用范围

台阶法一般适用于Ⅲ、Ⅳ级围岩，Ⅴ级围岩应在必要的超前支护措施稳定开挖面后采用台阶法开挖，单线隧道及围岩地质条件较好的双线隧道可采用二台阶法；隧道断面较高、单层台阶断面尺寸较大时可采用三台阶法；当地质条件较差时，为增加掌子面自稳能力，可采用三台阶预留核心土法开挖。

台阶长度必须根据隧道断面跨度、围岩地质条件、初期支护形成闭合断面的时间要求、上台阶施工所需空间大小等因素来确定。地质条件较好时往往采用长台阶法开挖，通过普通凿岩机上下台阶同时钻孔和起爆，达到隧道同时开挖掘进的目的，效率比全断面开挖略低，但设备投入相对较低。地质条件较差时，为利于支护及时封闭成环，台阶长度应缩短，宜为 5m 左右，如采用三级台阶法，第一个台阶高度宜控制在 2.5m 以下。三级台阶法所采取的辅助施工措施使得上下台阶相互干扰较大，施工效率降低，需要解决好上下台阶施工干扰问题。

4.施工注意

采用台阶法施工时应注意以下事项：

（1）台阶长度不宜超过隧道开挖宽度的 1.5 倍。台阶不宜多分层。一般以一个垂直台阶开挖到底，保持平台长 2.5 ~ 3m 为好，易于掌握炮眼深度和减少翻渣 t 作量，装渣机应紧跟开挖面，减少扒渣距离以提高装渣运输效率。应根据两个条件来确定台阶长度：一是初期支护形成闭合断面的时间要求，围岩稳定性越差，闭合时间要求越短；二是上半部断面施工时开挖、支护、出渣等机械设备所需的空间大小的要求。

（2）上部开挖时，因临空面较大，易使爆破面渣块过大，不利于装渣，应适当密布中小炮眼。但采用先拱后墙法施工时，对于下部开挖时，应注意上部的稳定，必须控制下部开挖厚度和用药量，并采取防护措施，避免损伤拱圈及确保施工安全。若围岩稳定性较好，则可以采取分段顺序开挖。若围岩稳定性较差，则应缩短下部掘进循环进尺；若稳定性更差，则可以左右错开，或先拉中槽后挖边帮。

（3）上台阶钢架施工时，应采取有效措施控制其下沉和变形，下台阶应在台阶喷射混凝土强度达到设计强度的 70% 后开挖。

（三）分部开挖法

分部开挖法是把设计的巷（隧）道断面划分成若干部分，进行二次及其以上开挖，最后达到巷（隧）道设计开挖断面的一种施工方法。

分部开挖法通常分为上下导坑法、台阶分部开挖法、单（双）侧壁导坑法、上导坑超前开挖法五种施工方案。分部开挖法利用对开挖断面进行局部开挖整体成型，因为分部开挖法是把某一部分作为前导提前开挖，所以又称导坑超前开挖法。与超台阶法相比，台阶分部法可以加长台阶，通常情况下单车道隧道为 2 倍洞跨，双车道隧道为 1 倍洞跨，适用于一般土质或易坍塌的软弱围岩地段；与单（双）侧臂导坑法相比台阶分部法机械化程度高，施工进度更快。对于上下导坑超前开挖法比较适用于 ii、iii 类围岩，在地层比较松软的地段开挖隧道，通常采用上下导坑超前开挖先拱后墙法。

（1）优点：利用导坑超前开挖，提前探明地质，便于调整后续施工方法。劳动力与小型机械协同施工，工作面多，有利于分工，便于拉开工序。

（2）缺点：上、下导坑断面小，施工作业工序较多，施工进度慢，施工组织和管理难度比较大。

双侧臂导坑法：该法适用于围岩特别差和浅埋大跨度隧道，对地表下沉量要求严格。特点是：施工安全系数高，施工进度慢，成本造价高。

单侧臂导坑法：隧道跨度较大、围岩不稳定、难以控制地面沉陷的地带多用此方法。特点是：兼具正台阶法和双臂导坑法的优点。

三、新奥法隧道施工技术要点

新奥法隧道施工工艺主要体现在先排水、短开挖、弱爆破、强支护、早衬砌、勤测量的十八字方针上。

（一）必须有详细的施工方案为依据

施工方案是保证施工计划、施工组织设计等的基础，往往根据实际开挖过程中围岩条件变化与施工主客条件不同等因素影响，以施工安全为前提，质量为核心，利用经济技术可行性分析，结合施工单位与建设单位实际情况选用全断面法、台阶法、分部开挖法、中隔墙法、交叉中隔墙法等作为主要施工方案。施工方案的确定，为后续工作的开展提供了方法和依据。

（二）做好施工计划是项目成功的关键

施工计划是保证隧道顺利施工的指导纲领性文件，其内容很宽泛，施工组织设计、工期计划图表等对未来实施活动有计划性的文件，都属于施工计划的范畴。做好施工计划，是考查施工方案是否落实的关键。

（三）及时反馈岩体情况是保证施工安全的重点

施工过程中，不仅要采用超前钻孔、TSP（TGP）等超前地质预报手段对掌子面前方的地质情况有一定的认识，随时做到心中有数，而且要在钻爆开挖掌子面过程中随时监测前方岩体变化，以防止出现探报纰漏以及人员疏忽造成的意外瓦斯、涌水事故，造成不必要的经济损失和人员伤亡。

（四）及时锚喷支护是新奥法施工的主要手段

开挖后通过及时地锚喷支护，不仅能够控制岩层形状变化，防止围岩松动脱落，保证施工质量安全，而且利用混凝土与锚杆、钢支撑的全面黏结，能够形成初步的柔性支撑体系，为承受外界环境带来的各种应力提供帮助，加强了岩层的稳定性。不仅如此，组织及时地喷锚支护，可以最大限度地利用流水施工保证施工空间有效利用、满足进度计划的要求。

（五）监控量测是消除开挖安全隐患的核心步骤

根据《公路隧道施工技术规范》中规定，复合式衬砌的量测内容主要有目测、收敛位移量测、地层性态参数的测定等。现场测量技术人员将系列量测数据进行分析，对隧道围岩的变化趋势进行预测，及时反馈隧道变形中出现的"反弯点"，进而通过调整支护参数，使围岩变形控制在规定的红线以下。所以，监控量测工作既是新奥法施工的前提，又是新奥法施工的核心。

（六）防水排水措施是保证施工顺利进行的重要因素

隧道施工过程中，造成岩体坍塌的大部分原因都与水患有关，如外部水压作用岩体、膨胀性地压和湿陷性黄土、流沙、熔岩等自身特性，都与水的存在有直接的联系。所以，在施工过程中必须采取排、堵、截、引等一系列措施手段，对地表水、衬砌背后的水以及地下水进行有效处理。

四、新奥法的适用范围

根据隧道所处地理位置、水文条件的不同，隧道施工常用的方法主要有以下几种，新奥法与其他隧道掘进方法的适用范围在这里可由对比法做简单的阐述。

新奥法作为山岭隧道施工方法中的一种，其区别于传统矿山法和掘进机法（TBM）主要表现在：

（一）传统矿山法

主要采用钻爆法开挖，运用钢木构件支撑；而新奥法则主要是采用锚喷混凝土的方式作为主要支护手段。

（二）掘进机法（TBM）

主要采用掘进机械破碎岩石后将石渣传送出机外的一种"开挖＋出渣"的连续作业方式；而新奥法则主要采用钻爆法作为主要的掘进方式。

当遇到地质条件较恶劣的地质情况时，如遇到围岩等级较低、岩石节理发育、浅埋暗挖段等情况，则通常考虑浅埋暗挖法、明挖法、盖挖法等施工方法。而在穿越软弱含水层时，通常采用盾构机"边掘进边衬砌"的施工方法在隧道掘进过程中及时有效地控制隧道变形，维护围岩稳定性，常见的盾构法施工案例有海底隧道以及城市中心区修建隧道的施工项目。

综上所述，新奥法之所以能成为山岭隧道施工的主要方法，归功于其能在一般地质条件较好山岭地区有既经济、又稳定的优势，能在开挖后形成自稳的山岭围岩使用。但是，若在水文地质条件较差、围岩坚硬或者极度软弱的山岭地区，就得采取其他的施工方法保证隧道项目的顺利建设。

第二节　盾构法隧道施工技术

一、盾构法施工

盾构法是暗挖法施工中的一种全机械化施工方法。它是将盾构机械在地中推进，通过盾构外壳和管片支承四周围岩防止发生往隧道内的坍塌。同时在开挖面前方用切削装置进行土体开挖，通过出土机械运出洞外，靠千斤顶在后部加压顶进，并拼装预制混凝土管片，形成隧道结构的一种机械化施工方法。

盾构机于 1847 年发明，它是一种带有护罩的专用设备。利用尾部已装好的衬砌块作为支点向前推进，用刀盘切割土体，同时排土和拼装后面的预制混凝土衬砌块。盾构机掘进的出碴方式有机械式和水力式，以水力式居多。水力盾构在工作面处有一个注满膨润土液的密封室。膨润土液既用于平衡土压力和地下水压力，又用作输送排出土体的介质。

盾构机既是一种施工机具，也是一种强有力的临时支撑结构。盾构机外形上看是一个大的钢管机，较隧道部分略大，它是设计用来抵挡外向水压和地层压力的。它包括三部分：前部的切口环、中部的支撑环以及后部的盾尾。大多数盾构的形状为圆形，也有椭圆形、半圆形、马蹄形及箱形等其他形式。

（一）盾构法特点

1. 盾构法施工得到广泛使用，因其具有明显的优越性：

（1）在盾构的掩护下进行开挖和衬砌作业，有足够的施工安全性。

（2）地下施工不影响地面交通，在河底下施工不影响河道通航。

（3）施工操作不受气候条件的影响。

（4）产生的振动、噪声等环境危害较小。

（5）对地面建筑物及地下管线的影响较小。

2. 适用条件

在松软含水地层，或地下线路等设施埋深达到 10m 或更深时，可以采用盾构法。

（1）线位上允许建造用于盾构进出洞和出碴进料的工作井。

（2）隧道要有足够的埋深，覆土深度宜不小于 6m 且不小于盾构直径。

（3）相对均质的地质条件。

（4）如果是单洞则要有足够的线间距，洞与洞及洞与其他建（构）筑物之间所夹土（岩）体加固处理的最小厚度为水平方向 1.0m，竖直方向 1.5m。

（5）从经济角度讲，连续的施工长度不小于 300m。

3.优点

（1）安全开挖和衬砌，掘进速度快。

（2）盾构的推进、出土、拼装衬砌等全过程可实现自动化作业，施工劳动强度低。

（3）不影响地面交通与设施，同时不影响地下管线等设施。

（4）穿越河道时不影响航运，施工中不受季节、风雨等气候条件影响，施工中没有噪声和扰动。

（5）在松软含水地层中修建埋深较大的长隧道往往具有技术和经济方面的优越性。

4.缺点

（1）断面尺寸多变的区段适应能力差。

（2）新型盾构购置费昂贵，对施工区段短的工程不太经济。

（3）工人的工作环境较差。

（二）施工步骤

盾构施工方法由以下几个步骤组成：

（1）在置放盾构机的地方打一个垂直井，再用混凝土墙进行加固。

（2）将盾构机安装到井底，并装配相应的千斤顶。

（3）用千斤顶之力驱动井底部的盾构机往水平方向前进，形成隧道。

（4）将开挖好的隧道边墙用事先制作好的混凝土衬砌加固，地压较高时可以采用浇铸的钢制衬砌加固来代替混凝土衬砌。

盾构法施工中，其隧道一般采用以预制管片拼装的圆形衬砌，也可采用挤压混凝土圆形衬砌，必要时可再浇筑一层内衬砌，形成防水功能好的圆形双层衬砌。

（三）施工工序

采用盾构法施工时，首先要在隧道的始端和终端开挖基坑或建造竖井，用作盾构及其设备的拼装井（室）和拆卸井（室），特别长的隧道，还应设置中间检修工作井（室）。拼装和拆卸用的工作井，其建筑尺寸应根据盾构装拆的施工要求来确定。拼装井的井壁上设有盾构出洞口，井内设有盾构基座和盾构推进的后座。井的宽度一般应比盾构直径大1.6～2.0米，以满足铆、焊等操作的要求。当采用整体吊装的小盾构时，则井宽可酌量减小。井的长度，除了满足盾构内安装设备的要求外，还要考虑盾构推进出洞时，拆除洞门封板和在盾构后面设置后座，以及垂直运输所需的空间。中、小型盾构的拼装井长度，还要照顾设备车架转换的方便。盾构在拼装井内拼装就绪，经运转调试后，就可拆除出洞口封板，盾构推出工作井后即开始隧道掘进施工。盾构拆卸井设有盾构进口，井的大小要便于盾构的起吊和拆卸。

其他施工主要有土层开挖、盾构推进操纵与纠偏、衬砌拼装、衬砌背后压注等。这些工序均应及时而迅速地进行，决不能长时间停顿，以免增加地层的扰动和对地面、地下构筑物的影响。

二、盾构隧道工程中的技术问题

（一）隧道管片设计问题

作为盾构施工的最终产物，隧道衬砌结构主要是由管片构成。而管片所形成的结构物是永久性的，因此，管片的设计是非常重要的环节。管片的设计要考虑隧道断面上的问题和轴线方向上的问题。除了地基可能发生较大不均匀沉降或特殊部位需要进行地震时轴线方向的计算以外。隧道管片主要还是根据断面上的受力进行计算。而断面上的设计计算主要涉及两个问题：一个是管片设计荷载的设定问题。另一个则是管片环的结构计算模型的问题。

（二）开挖面的稳定问题

盾构法的主要原理就是尽可能在不扰动围岩的前提下完成施工，因此其施工的关键就是维持开挖面的稳定性。泥水加压式盾构与土压平衡式盾构在维持开挖面稳定性方面机理稍有不同，主要区别于其控制开挖面的压力时分别采用了泥浆和流塑性土体。

泥水加压式盾构是通过压力舱内泥水的压力、泥水的特性来控制开挖面维持稳定的。

土压平衡式盾构需要在压力舱内充满开挖泥土，通过对开挖土体施加压力来平衡开挖面上的土压力和水压力。

（三）盾构姿态和线路控制的问题

盾构机是一个由盾构千斤顶驱动、在地中运动的庞然大物。而隧道设计对盾构机行走轨迹的要求非常严格。这是由于：

（1）盾构机的过大偏移会造成隧道的偏移而影响使用。

（2）盾构机的偏移会造成施工操作上的困难。

因为盾构机姿态的偏移会直接造成线路的偏移，同时也造成管片拼装困难，有时也会由于不得不偏心推进而对管片产生过大的施工荷载造成管片开裂。

（四）盾构施工对周围环境的影响问题

盾构技术之所以能够在城市地下工程中广泛使用。主要是可以将施工对周围环境的影响控制到很小的程度。除了对城市交通、商业、城市噪声、粉尘等环境的影响以外，对城市地面建筑物、地下建筑物（结构物）的影响也是一个重要的问题。

伴随盾构推进一般会发生一定的地基变形，其发生原因可以分为以下几点：

（1）开挖面上的土水压力不平衡导致开挖面失去稳定性。此时，压力舱压力大于开挖面土压力和水压力时出现地基隆起，相反会出现地基沉降。

（2）盾构推进对围岩的扰动。盾构壳板和围岩的摩擦、以及围岩的扰动会引起地基隆起和沉降。尤其在蛇曲修正、曲线推进时如采用超挖，会使围岩松动的范围变大加大地基的沉降量。

（3）盾尾空隙的发生和壁后注浆的不足。盾构施工必然产生盾尾空隙，这一空隙会引起地基的应力释放而产生弹塑性变形。

（4）管片的变形和变位。管片从盾尾脱出后，受到围岩荷载作用发生一些变形或变位，造成地基沉降，但其量一般较小。

（5）地下水位下降。由于漏水或降水引起的地基沉降。

（五）无论任何技术问题都可从两方面进行概述：即从施工方与设计方

从施工方而言，重要的是保证扩挖时围岩的稳定和控制相邻管片应力的恶化，为此，需要重点研究管片拆除前对围岩的超前加固和拆除后扩挖过程中的临时支护技术：包括设置临时支柱，对管片后围岩超前注浆加固处理等措施：其次需要研究运用于异型断面区段的特殊管片形式以及连接异型断面与普通断面的合理连接构件。连接构件要保证异型断面处受力状态合理，外观上符合审美标准等。

从设计方而言，主要针对特殊异型断面形式的结构计算方法和模式。同时要能够全面模拟施工过程隧道的力学行为，即加固，管片拆除，开挖，模筑衬砌或拼装特殊管片等过程。在盾构隧道基础上扩挖的最大不同就是在原基本稳定的围岩和管片系统基础上拆除管片。管片拆除后围岩和相邻管片应力将重新分布，紧接着的开挖将再次破坏上一次的应力状态，管片安装后对这一应力状态又将产生新的调整，这些过程对于异型断面的施工安全都极为重要，需要系统的分析计算，找出应力变化和调整的规律，以便施工时采取相应的对策。

三、盾构法隧道内部结构施工技术

（一）盾构机纠偏原则

下掘进过程中，铰接千斤顶形成较大，推进千斤顶分区控制，以确保盾构姿态。在小曲率段，自动导向系统的激光站每次移站的距离短，移站频率高，否则盾构机自动导向系统无法反映盾构机的真实姿态。但移站频率高、吊篮不及时复测，会对自动导向精度造成一定影响，因此需增加人工复测频率。为确保盾尾密封效果、管片质量，减小对地层的扰动，盾构机纠偏原则：每环的纠偏幅度不应太大，当水平、垂直都需要纠偏时：一个方向纠完，再纠另外一个方向，宜先稳住垂直姿态，再水平纠偏；同时纠偏效果不理想。盾构机在全、强风化凝灰熔岩地层中施工小曲率隧道，保证速度的稳定性，也可以比较容易控制纠偏的尺度，太快或太慢都不利于模拟机盾构机纠偏。

（二）盾构法隧道施工管片保护

隧道姿态不理想时，利用管片吊装孔，同步注水泥水玻璃速凝浆液。另外，考虑到曲线 = 超挖，浆液注入量也需要适当增加。在软弱地层中，由于围岩自稳性差，应力释放快，塑性变形大，这一环形空间在管片脱出盾尾后，拱顶围岩极有可能发生变形或拱顶围岩下沉，减小了围岩与管片之间的间隙，同时建压掘进和及时地同步注浆使此间隙能得到有效填充，有利于管片快速稳定。在盾构掘进施工中，盾构通常保持微微抬头姿势掘进，一般底部油缸推力较大，此推力会在设计轴线法线上产生一个向上的分力，特别是下坡段时，底部推进力增大，分力随之增大，这个分力加剧了管片的上浮，特别是在同步注浆浆液没有完全提供约束力的情况下。由于双液浆在同步注浆管过程中易堵管，可选择在管片注浆孔进行注浆，即管片脱出盾尾后采用人工对管片进行注浆。但通过吊装孔注双液浆往往要停止掘进，为减小注浆对施工进度的影响，可根据管片脱出盾尾后管片间相对上浮量不超过限界要求的前提下，选择隔环注双液浆的方式减小管片悬臂距离，同时优化同步浆液配合比。一方面可有效封堵后部来水，减小同步注浆浆液前窜机率；二是有效填充管片壁后建筑间隙以达到防止管片上浮和稳定管片的目的。

（三）地铁隧道盾构机选用

盾构机是采用盾构方法挖掘隧道的高科技施工设备，能在施工过程中实现渣土装运、隧道掘进及衬砌支护等一次性开挖成型功能。盾构技术是第二次工业革命之后相继传入法国、美国、日本、德国和苏联等国并得到改进和快速发展，从最初的人工开挖发展为机、电、液、压为一体的开挖方式。盾构机工作原理为利用盾体在挖掘隧道时作临时支护，并在其保护下通过拼装管片形成稳固的衬砌，反复重复上述动作直到贯通隧道为止。具体施工过程为在隧道某段的一端修建竖井，之后把盾构机相应的施工主体、配件放入井中并在预定始发位置上组成整机并调试设备。在地层中根据所设计的运动轴线从竖井的墙壁开孔处向另一竖井的设计孔洞推进，盾构机的刀盘在推进过程中不断对位于盾构机前端的开挖面进行切削并把产生的渣土送到竖井中并运送出竖井。在推进过程中通过盾构千斤顶将所受到的低层阻力传送到已拼装完成的管片上，平衡压力。盾构机每推进一定的距离，管片拼装机在盾尾支护下拼装一环衬砌管片并通过注浆装置向开挖隧道外围压注足够的浆体，该步骤的目的在于形成稳固的支护防止隧道及地面下沉，最后在盾构机挖掘到预定接收竖井时则表现挖掘完成。地铁隧道盾构机常见故障主要有刀盘故障和盾构机推进系统故障。这就需要控制盾构机推进的偏移量，同时也是控制超挖现象，保证盾构开挖面的稳定性。同时检测在盾构掘进时地面发生变形而产生的曲线并及时反馈，要不断调整和优化掘进参数保证施工参数的合理性，进一步从根本上对地面土体位移和地面沉降的程度进行控制。盾构机掘进偏移带来的一个较明显的后果即姿态控制难，即对油缸的有效控制。所以在推进油缸行程时要控制推进速度，不宜过快。要在推进时定期派人检查和监测盾构机的推进情况。检查范围为盾构机回的填料是否饱满，机体下部与导台的结合情况，同时还要检查盾构机的掘进参数。

（四）盾构法隧道施工通风技术

为了实现较好的节能降耗的效果，尽量采用可变化风量的轴流式通风机。当要求风量大时，风机以高转速运转；当要求风量较低时，风机又可以较低转速运行。为降低设备采购成本和便于管理，同一标段的各区间配置的设备型号规格不宜过多、过杂，尽量统一，也便于灵活组合。压入式通风机必须装设在洞外，避免污风的循环。通风机应设两路供电，并设风电闭锁装置，当一路电源停止供电时，另一路电源应在 15 分内接通，保证风机正常运转。必须有一套同等性能的备用通风机，并经常保持良好的使用状态。通风机开关应设置于专用开关箱内，采用专用线路、专用开关、专用断路器控制。隧道应采用抗静电、阻燃的风管。风管口到开挖面的距离应小于 5 米，风管百米漏风率应不大于 2%。为保证盾构法隧道施工通风安全，需要在采取的技术措施为：1. 风机安装：风机必须具有产品合格证，使用前进行外观检查，风机的支座应稳固结实，避免运行中产生振动，风机出口处应设置加强型柔性风管与风筒布连接，风机与风筒布连接处应多道绑扎，减少漏风。通风机前后 5 米范围内不要堆放杂物，确保进气通畅，通风机进气口应设置铁丝网，并应装有保险装置。随着盾构机的掘进，自带风机以及后配套风管储存支架也在移动，应及时做好管片拼装后风管的及时延伸。2. 风管安装：风管必须有出厂合格证，使用前进行外观检查，保证无损坏，粘接缝牢固平顺，接头完好严密。通风管应优先采用高强、抗静电、阻燃的软质风管。风管挂设应做到平、直，无扭曲和褶皱。在隧道作业时，已衬砌管片的区间隧道应根据衬砌管片缝在洞顶每 5m 标出螺栓位置，然后用电钻打眼，安置膨胀螺栓。布八号镀锌铁丝，用紧线器张紧，风管吊挂在拉线下。为避免铁丝受冲击波振动、洞内潮湿空气腐蚀等原因造成断裂，每十米增加设置一个尼龙绳挂圈。通风管破损时，应及时修补或更换。通风管的节长尽量加大，以减少接头数量，接头应严密，每一百米平均漏风率不宜大于 2%。弯管平面轴线的弯曲半径不得小于通风管直径的三倍。

四、盾构法隧道异型断面施工技术

盾构隧道异型断面通常是在原隧道的基础上进行扩挖修建，这一工程施工的关键在于扩挖技术的应用。现阶段，主要采用扩径盾构法以及在盾构隧道基础上的人工扩挖法两种方法进行异型断面施工。总的来说，在下述几种情况下，盾构隧道要进行地中扩挖：

（1）在平行设置的两个隧道间建造建筑物。

（2）建造地下设施的收容空间或者是组装扩径盾构的空间。

（3）隧道的分岔处或接合处。

（一）扩径盾构法

在隧道工程建设过程中，为了更好地满足修建地铁车站或者是安装其他设备的需要，往往采用扩径盾构法，在原有盾构隧道的部分区间进行直径扩展。在扩径盾构施工过程中，首先将撤去原有衬砌并要挖去部分围岩，从而保证有足够的空间作为扩径盾构机的出发基地。

在撤除衬砌过程中，难免会对原有隧道产生扰动，促使其作用荷载和应力发生变化，进而影响到原有结构的稳定性。因此，在实际施工中，应采取有效预防措施，特别是对原有隧道的开孔部及其附近进行加固处理，进而保证隧道结构的稳定性。

在撤除衬砌后，要对扩径盾构进行组装，在组装完成之后就可以开始掘进。通常情况下，应设置合适的反力支承装置以便于使推力均匀作用于机体尾部的围岩。在尾部围岩抗力不足的情况下，还要对围岩进行加强处理。除此之外，也可以采用设置有效装置的方式实现推力的转移。

采用扩径盾构法进行施工一般应遵循以下步骤：

一次盾构掘进，修建一次盾构基地，圆周盾构，圆周盾构掘进，完成扩径盾构出发基地，组装扩径盾构，扩径盾构掘进，完成扩径等。

扩径盾构法是一项先进的施工技术，目前在隧道工程施工中的应用越来越多。扩径部位是特殊的异型断面，这个部位的应力状态极其复杂。在进行施工过程中，要注意以下几点：

（1）在实际施工开始之前，为了减小出发基地的规模，应尽量缩短盾构机长。

（2）开挖面作业空间的对盾构开挖作业效率有着直接影响，因而，在确定开挖作业面的空间时必须要综合考虑其作业性，通常要达到30cm以上。

（3）进行扩进盾构施工，应配备能够迅速进行组装和拆卸扩径管片的装置。

（4）在拆除衬砌以及挖掉部分围岩可能会导致原有隧道的结构作用荷载和应力的变化，进而影响结构的稳定性，对此，要在原有隧道开孔部及其附近采取加固措施，除此之外，还要进行测量以掌握衬砌应力，在施工过程中实时监测围岩的状态。

（二）人工扩挖法

现阶段，我国还未实现大量采用扩径盾构法进行施工。综合考虑我国隧道工程的实际情况，在需扩的异型断面施工时，通常采用在盾构隧道的基础上进行人工扩挖的修建方法，也就是说，在盾构完成之后，再采用传统的方法进行扩挖。在具体施工过程中，通常是先采用盾构法贯通全部或部分暗挖区间，之后再在已形成的区间隧道基础上扩挖联络通道、车站等特殊异型断面。

总的来说，采用盾构隧道基础上的人工扩挖法修建异型断面能够有效地缩短建设周期，提高工程质量，而且能够有效确保施工安全，将对周围环境的影响降低到最低，除此之外，盾构法的长距离应用还能够产生规模效益，进而大幅降低工程成本投入，可以说一举多得。

总的来说，采用盾构隧道基础上的扩挖法进行异型断面施工的具体步骤为：对地层进行加固处理，隧道结构超前支护→拆除管片→扩挖施工→临时支护，保证结构的稳定性→模筑混凝土，管片安装→拆除支护。

现阶段，大部分隧道工程都是采用敞开开挖面的方法进行地中扩挖施工，先行隧道施工已经造成了围岩一定程度的松动，对此，在进行施工时要采用辅助施工法等来加固围岩，进而保证围岩的稳定性，随后再进行分步开挖。

除此之外，还应该采取适当的措施来避免隧道及结构物发生变形。通常情况下，可以采用特殊的管片或钢制支架等边支护围岩边扩挖。

在施工过程中，要重点考虑渡线和联络通道的接合方式，这是因为异型断面位置应力相对较为复杂，应给予足够的考虑与重视并采取有效的处理措施，避免出现质量问题。

五、盾构法隧道软土地层盾构进出洞施工技术

（一）主要洞门土体加固技术

盾构进出洞时必须采取合理的土体稳定措施，使洞门外土体能稳定自立，为盾构进出洞提供条件。当前常用的土体稳定技术有 SMW 工法、高压旋喷桩、深层搅拌桩、降水法、分层注浆法、冻结法等。主要采取深层搅拌桩法洞门加固技术。洞门加固技术主要对洞门外一定范围内的土体采用深层搅拌桩进行土体加固，工作井边缘与搅拌桩之间的间隙采用高压旋喷桩进行封闭。土体加固范围向四周一般不小于一倍盾构半径，向前加固范围一般不小于盾构自身长度。为使土体密实，防止渗水，被加固需有一定的强度，但为方便盾构进出洞作业，其强度又不宜过高，一般加固土体的强度达到 0.8Mpa 比较合适。

（二）影响盾构进出洞安全的主要因素

影响盾构进出洞安全的因素主要有以下几方面：

1. 洞门土体加固方案的合理性

洞门前土体加固区域是连接车站工程和区间工程的过度区域，其加固方案的合理性是决定盾构进出洞安全的前提。洞门土体加固方案需统筹考虑洞门埋置深度、水文地质条件、周边环境情况等，明确加固方案的目标和目的，进行合理的方案设计。对于复杂水文地质和工况条件下进出洞作业，在满足洞门土体自立稳定的同时，还应考虑到渗透稳定性及其他一些不利的影响因素。对于工程周边有重要建构筑物需要保护时，需明确环境保护等级，制订明确的变形控制要求和目标，按相关控制要求制订合理的土体加固方案。

2. 洞门土体加固施工质量控制

制定合理的洞门土体加固方案后，如何按设计要求做好洞门土体加固十分重要，如果洞门加固处理不到位，可能会造成洞门土体失稳、渗透破坏等重大事故。洞门土体加固在满足设计要求范围及强度的同时，土体加固的均匀性十分重要，土体加固不均匀，硬度过大的加固体将成为进出洞时的掘进障碍物，会造成盾构进出洞时姿态发生偏移，使土体扰动过大，对周边环境产生十分不利影响。

3. 进出洞时盾构掘进参数控制

洞门土体加固区是车站与区间的过渡区域，土体加固区与天然土区域的地质条件相差很大。为确保盾构顺利进出洞，并且保证进出洞时对周边环境控制在可承受范围内，在盾构进出洞前必须请检测单位对加固土体的强度和均匀性进行检测，为盾构进出洞门加固土体区域时设定合理的掘进参数提供依据。在盾构掘进过程也必须清楚自身所处位置，经过不同地质区域时应及时调整掘进参数，防止盾构进出现严重超挖欠挖、轴线偏移、姿态突变等情况，对自身安全及周边环境造成不利影响。

4. 进出洞时洞门防水装置的安装

洞门外部注浆孔的布设洞门防水装置的按装在进出洞过程中也起到重要的作用，在加固施工过程中不可能做到完美，因此进出洞过程中的防水装置及洞门外部的注浆孔起到了重要的作用。

（三）盾构进出洞质量控制措施

盾构进出洞风险控制是一项系统的工程，应该从前期周边环境排摸、方案制定，到后期监测、检测、施工阶段都做好充分的准备工作。

1. 盾构进出洞作业前的周边环境排摸

盾构进出洞作业前，施工单位应委托专业单位对施工影响范围内的雨污水管进行探测。管径在 1.2m 及以上的雨污水管必须采取潜水员进入雨污水管内直接探测的方法；管径在 0.45m ~ 1.2m 的雨污水管应采取 CCTV 等探测方法，根据探测情况形成书面报告，书面报告应包括平面关系图、纵断面关系图、雨污水管病害探测情况、修理建议等。根据探测情况报告，并结合工程所处的水文地质及周边工况等条件，编制合理的盾构进出洞专项方案，提出进出洞对周边环境保护指标参数。

2. 盾构进出洞施工作业中的监测和检测

盾构进出洞作业前，检测单位在对加固土体进行强度检测的同时，应采取垂直和倾斜取芯的检验方法（其中斜孔不少于 2 孔）对加固土体的均匀性进行检测，并出具检测报告。在城市重要干线和敏感地段（包括施工影响范围内有重要建（构）筑物、重要管线或管道和密集住宅小区等）盾构进出洞作业，必须设置深层监测点，加强对路面沉降的监测；在施工影响范围内有大口径管线的，应对管线布设直接监测点。

3. 盾构进出洞作业的应急预案制度

盾构进出洞专项方案应包括应急预案，应急预案应明确工程一旦出险后的施救技术路线，确保相关抢险设备和专业抢险队伍能及时赶到现场救援。盾构进出洞作业前，应由建设单位组织召开进出洞作业涉及的各类地下管线单位会议，工程参建单位参加，确定工程出险后地下管线单位的抢险配合工作。

4. 盾构进出洞施工的降低施工风险技术措施

（1）进出洞区域加固应根据所处的水文地质条件，选择可靠的加固方法，其中对在砂性土层中进出洞，土体加固（非冰冻法）长度应不小于盾构机长度，如果条件不能满足，应采取相应措施。

（2）盾构在复杂水文地质条件下进出洞作业时，应事先在加固土体外侧打设降水井、在洞门周边结构上预埋至少8个注浆孔，上下4个作为备用应急措施，但在降水过程中应注意环境保护，注浆孔注意堵塞。

（3）盾构在复杂水文地质条件下进出洞作业时，洞圈宜采用箱体密封装置。

（4）在规划设计阶段和管线搬迁规划时，重要的管线距洞口水平距离不应少于10米，如不满足要求，应采取相应的技术措施。

第三节　沉管法隧道施工技术

一、沉管法施工

沉管法是在水底建筑隧道的一种施工方法。沉管隧道就是将若干个预制段分别浮运到海面（河面）现场，并一个接一个地沉放安装在已疏浚好的基槽内，以此方法修建的水下隧道。

沉管法是预制管段沉放法的简称，是在水底建筑隧道的一种施工方法。其施工顺序是先在船台上或干坞中制作隧道管段（用钢板和混凝土或钢筋混凝土），管段两端用临时封墙密封后滑移下水（或在坞内放水），使其浮在水中，再拖运到隧道设计位置。定位后，向管段内加载，使其下沉至预先挖好的水底沟槽内。管段逐节沉放，并用水力压接法将相邻管段连接。最后拆除封墙，使各节管段连通成为整体的隧道。在其顶部和外侧用块石覆盖，以保安全。水底隧道的水下段，采用沉管法施工具有较多的优点。20世纪50年代起，由于水下连接等关键性技术的突破而普遍采用，现已成为水底隧道的主要施工方法。用这种方法建成的隧道称为沉管隧道。

（一）发展历史

19 世纪末已用于排水管道工程。第一条用沉管法施工成功的是美国波士顿的雪莉排水管隧洞，于 1894 年建成，直径 2.6m，长 96m，由 6 节钢壳加砖砌的管段连接而成。20 世纪初叶，开始用于交通隧道，1910 年美国建成了第一条底特律河铁路隧道，水下段由 10 节长 80m 的钢壳管段组成。至 1927 年，德国于柏林建成了一条总长为 120m 的水底人行隧道。采用沉管法修建的第一条水底道路隧道为美国加利福尼亚州的奥克兰与阿拉梅达之间的波西隧道，建成于 1928 年，水下段长 744m，使用 12 节 62m 长的管段。它是钢筋混凝土圆形结构，其外径为 11.3m。该隧道采用圆形的双车道断面等许多重要特点，成了美国后来用沉管法的楷模。但从 1930 年建造的底特律—温莎隧道起又采用了钢壳制作的管段，而将其横断面的外形改为八角形。

沉管法修建水底隧道一个明显的进步，是 1941 年在荷兰建成的马斯河道路隧道。管段用钢筋混凝土制成矩形结构，内设 4 车道并附设自行车和人行的专用通道。管段断面为 24.8×8.4m，外面用钢板防水，并用混凝土作防锈保护层。因管段宽度大而创造了喷砂作垫层的基础处理方法。在欧洲由于向多车道断面发展，都采用这种矩形的钢筋混凝土管段，为第二代沉管隧道奠定了基础。

20 世纪 50 年代以后，由于水下连接技术的突破——采用水力压接法，并应用橡胶垫圈作止水接头，沉管法被广泛采用，并随之较快地发展。60 年代后期，又出现了不设通风道，又无通风机房的第三代沉管隧道。由于管段断面相应缩小，有利于提高沉管法的施工效益。丹麦于 1969 年建成的利姆水道隧道，即为这一形式应用的第一例。

中国台湾省高雄市的过港隧道于 1984 年通车。穿越主航道的水下段用 6 节 120m 的沉放管段组成，为 4 车道矩形断面。70 年代初期，在上海市金山和广东省等地，用沉管法修建了多条水工隧洞。

沉管法也应用于建设地下铁道隧道。1960 年开始施工的荷兰鹿特丹市地下铁道隧道工程即为一例。

（二）优点

采用沉管法施工的水下段隧道，比用盾构法施工具有较多优点。主要有：

（1）容易保证隧道施工质量。因管段为预制，混凝土施工质量高，易于做好防水措施；管段较长，接缝很少，漏水机会大为减少，而且采用水力压接法可以实现接缝不漏水。

（2）工程造价较低。因水下挖土单价比河底下挖土低；管段的整体制作，浮运费用比制造、运送大量的管片低得多；又因接缝少而使隧道每米单价降低；再因隧道顶部覆盖层厚度可以很小，隧道长度可缩短很多，工程总价大为降低。

（3）在隧道现场的施工期短。因预制管段（包括修筑临时干坞）等大量工作均不在现场进行。

（4）操作条件好、施工安全。因除极少量水下作业外，基本上无地下作业，更不用气压作业。

（5）适用水深范围较大。因大多作业在水上操作，水下作业极少，故几乎不受水深限制，如以潜水作业实用深度范围，则可达70m。

（6）断面形状、大小可自由选择，断面空间可充分利用。大型的矩形断面的管段可容纳4～8车道，而盾构法施工的圆形断面利用率不高，且只能设双车道。

（三）适用条件

适合于沉管法施工的主要条件是：水道河床稳定和水流并不过急。前者不仅便于顺利开挖沟槽，并能减少土方量；后者便于管段浮运、定位和沉放。

（四）制作方法

按管段制作方式可分为船台上制作和干坞中制作两大类型：

1. 船台型管段制作

船台型管段制作是利用船厂的船台，先预制钢壳，将其沿滑道滑移下水后，在浮起的钢壳内灌筑混凝土。该类管段的横断面一般为圆形、八角形和花篮形。由于管段内轮廓为圆形，在车辆限界以外的上下方空间虽可利用为送、排风道，但车道高程相应压低，致使隧道深度增加，因此沟槽深度和隧道长度均相应增大；又因其内径受限制而只能设置双车道的路面，亦即限制了同一隧道的通行能力；同时耗钢量大，管段造价高，而且钢壳焊接质量及其防锈尚未能完善解决，因此只是早期在美国应用较多。

2. 干坞型管段制作

干坞型管段制作是在临时的干坞中制成钢筋混凝土管段，向干坞内放水后，将其浮运到隧址沉放。其断面大多为矩形，不存在圆形断面的缺点；不用钢壳，可节省大量钢材。但在制作管段时，对混凝土施工工艺须采取严格措施，以满足其均质性和水密性特别高的要求，并保证必需的干舷（管段顶部浮出水面的高度）和抗浮安全系数。这类管段较船台型管段的造价经济，自20世纪50年代以来，在欧洲已成为最常用的制作方式。荷兰鹿特丹马斯河水底隧道为用干坞制作管段的最早一例。

（五）沉放

浮箱吊沉法是比较新的一种管段沉放法。通常在管段上方放4只方形浮箱，用吊索直接将管段系吊，浮箱分成前后两组，每组两只浮箱用钢桁架联成整体，并用锚索将各组浮箱定位，在浮箱顶上安设起吊卷扬机和浮箱定位卷扬机。管段的定位须在其左右前后另用锚索牵拉，其定位卷扬机则设于定位塔的顶部。这一沉放法的主要特点是设备简单，适用于宽度20m以上的大、中型管段。沉管法小型管段可采用方驳杠吊法，即在管段两侧分设4艘或2艘方驳船，左右两艘之间设钢梁作杠吊管段的杠棒。这一方法在沉放时较平稳，且在浮运时可以用左右的方驳夹住管段以提高稳定性。

（六）水下连接

20 世纪 50 年代以前，对钢壳制作的管段，曾采用水下灌筑混凝土的方法进行水下连接。对钢筋混凝土制作的矩形管段，普遍采用水力压接法。此法是在 50 年代末期在加拿大隧道实践中创造成功的，故也称温哥华法。它利用作用于管段后端封墙上的巨大水压力，使安装在管段前端周边上的一圈尖肋型胶垫产生压缩变形，形成一个水密性良好的止水接头。施工中在每节管段下沉着地时，结合管段的连接，进行符合精度要求的对位，然后使用预设在管段内隔墙上的 2 台拉合千斤顶（或利用定位卷扬机），将刚沉放的管段拉向前一节管段，使胶垫的尖肋略为变形，起初步止水作用。完成拉合后，即可将前后两节管段封墙之间被胶垫封闭的水，经前节管段封墙下部的排水阀排出，同时利用封墙顶部的进气阀放入空气。排水完毕后，作用在整个胶垫上更为巨大的水压力将其再次压缩，达到完全止水。完成水力压接后，便可拆除封墙（一般用钢筋混凝土筑成），使已沉放的管段连通岸上，并可开始铺设路面等内部装修工作。

（七）基础处理

处理沉放管段基础的目的是使沟槽底面平整，而不是为了提高地基的承载力。在水下开挖的沟槽，其底面凹凸不平，如不加以整平，管段沉放后会因地基受力不均匀而导致局部破坏，或因不均匀沉陷而开裂。为了提高沟槽底面的平整性，绝大多数建成的水底隧道采用垫平的方法。早期大多采用一种在管段沉放之前先铺沙石作为垫层的先铺法。它是在作业船上通过卷扬机和钢索操纵特制的刮铺机或钢犁，沿着沟槽底面两侧设置的、具有规定标高和坡度的导轨，将放下的垫料往复刮平。该法缺点较多。另一种垫平的方法为后填法。即先将管段沉放在沟槽底上的临时支座上，并使管底形成一定的空间（管段底板内预设液压千斤顶，在定位时可以顶向支座，调节管段高程），随后用垫层材料充填密实。后填法中最早用的是灌砂法，仅适用于底宽不大的船台型管段。

20 世纪 40 年代初创造成功的喷砂法，适用于宽度较大的大型管段。从水面上用砂泵将砂水混合料通过伸入管段底下的喷管向管底空间喷注，使形成一厚实均匀的砂垫层，喷砂作业须设专用台架和一套喷砂与回吸用的 L 形钢管。喷砂开始前，可利用它清除沟槽底上回淤土或塌方土。喷砂完毕，随即松开定位千斤顶，利用管段重量将砂垫层压实。这一基础处理方法在欧洲用之较多。

20 世纪 70 年代日本用沉管法建造东京港、衣浦港等水底隧道时，采用了压浆法、压混凝土法等管段基础处理的新技术。

二、沉管法隧道管内施工

当管段水下成功对接结束，对其管段基础底部灌砂及灌浆封孔完成，之后的管内施工中，首先要将管段的重量改由沙基础承托，即在管内将垂直千斤顶推杆回收到管段底部平齐管底；同时将上下鼻托间的临时导向装置拆除，以使管段完全支承在沙基础上；紧跟着对其管段外两侧及顶部抛石回填完成，即管段相对稳定后，可以进行置换水箱和端封墙的拆除。

管段沉放时是依靠管内水箱压载，使管段达到要求的负浮力进行沉放，沉放完成后也是靠在压载水箱内增加水量达到稳定压载。置换水箱就是分段分步的替换压载水箱，最后用压重混凝土来达到管内稳定压载。

管内施工是沉管隧道建设中一项非常重要、非常关键性的环节，直接影响管段沉放后的稳定，施工工艺步骤环环相扣，前后顺序不能有误，严格按照一套完善的技术方案进行，否则将会带来严重的甚至是难以弥补的后果，所以采用严谨的技术方案是保证管内施工顺利的唯一保障。

（一）垂直千斤顶推杆回收及同步进行上、下导向装置的拆除

管段沉放对接时，A端用导向装置支承在鼻托上，而另一B端用垂直千斤顶支承在临时垫块上。

垂直千斤顶是沉管沉放过程中管段尾部的高程调节系统即高程定位；垫块承载力按管段在1.05抗浮安全系数下所要求的负浮力进行设计。垂直千斤顶中心轴距管段B端15m左右，距边墙0.5m左右。

导向装置是沉管沉放过程中管段头部的定位，即轴线与高程定位；在管段沉放对接时，可通过导向装置把对接管段A端与已安装管段B端对接位置横向误差控制在±10mm范围内，导向装置由预埋件和主体结构两部分组成，在管段制作时先将预埋件埋入鼻托端面，导向装置主体结构安装时须严格按设计精度进行复测，以满足管段沉放精度要求。

当沉管沉放准确就位并对其底部灌砂、两侧锁定完成后的一个关键动作，就是垂直千斤顶推杆回收及同时进行导向装置的拆除：

（1）垂直千斤顶推杆回收到平齐管底，一定要注意不能有凸点。

（2）导向装置的拆除，必须要在消除导向装置残余应力后进行。

完成上述二个任务后沉管完全坐在砂基础上，然后对沉管两侧进行锁定工作，管面部分回填，沉管处于相对稳定后可以进行下道工序：浇筑压重混凝土，同时置换水箱。

（二）管内压重混凝土浇筑同时置换压载水箱

沉管安装有一套完整的沉放系统来保证管段沉放安装就位，其中沉放过程中向管内的压载水箱注水可以达到两个目的：一是调节沉管的平衡，确保吊驳的四个吊点受力均衡；二是得到准确的负浮力。当沉管安装完成、底部灌砂和侧面回填完毕即是沉管相对稳定后进行管内压重混凝土的浇筑同时进行压载水箱置换。必须注意，在管段完成从临时支承转换到永久灌砂基础之前，抗浮安全系数均须严格控制在1.05。压重混凝土浇筑完毕后，管段的结构抗浮安全系数应不小于1.1。

（三）端封墙拆除

端封墙分混凝土端封墙和钢端封墙二种。端封墙就是将预制好的沉管两端封起来的一堵墙，使沉管成为一个密闭体，既是在管段浮运、沉放时密封管段的临时性结构，在进行端封墙的设计中，必须为管段沉放对接作业在封墙面板上留有进气管、进（排）水管、电缆孔管、水密门等。这样就可以将沉管浮在水面上，通过一套完整的沉管沉放系统控制可使沉管处在水中的任何位置，沉管沉放对接成功后，管内施工第三步就是端封墙拆除。

仑头隧道采用混凝土端封墙。端封墙的拆除必须是在管段对接完成，沉管底部灌沙、沉管外两侧及顶部抛石回填施工结束，沉管沉降量趋于稳定后，清除接头位置的淤泥、杂物及污水，并对 GINA 止水带进行临时保护，随后进行的工作是拆除接头位置的两道端封墙。

1. 端封墙拆除工艺顺序

端封墙的拆除工作应严格按照施工工艺顺序进行。以 E1、E2 两条管段制订如下拆除计划。

E1 管段与暗埋段对接安装完成并稳定→E2 管段与 E1 对接安装完成并稳定→E1 管内置换水箱完成→拆除暗埋段与 E1 沉管接头端封墙→E2 管内置换水箱完成→拆除 E1 与 E2 沉管接头端封墙。

端封墙拆除施工尽量在暗埋段通路的情况下进行，也可在所有沉管沉放对接安装结束并稳定后进行。

2. 端封墙拆除内容及工艺方法

端封墙包括有混凝土枕梁、钢牛腿、H 型钢、水密门及封墙体。拆除施工先从 H 型钢开始，包括钢牛腿和混凝土枕梁，单根 H 型钢长度约 6.5m 左右，重量约 2.6 t 左右，通过螺栓与预埋件上部牛腿、下部枕梁连接。拆除工艺如下：

（2）在 H 型钢两边近处及 H 型钢顶部 1～1.5m 位置，腹板两面各焊接两只 30kN 眼板，左右各通过一只 30kN 手拉葫芦连接，并调整使其处于轻载状态，用气割割除 H 型钢顶部与钢牛腿连接的固定螺栓，缓慢收左侧葫芦同时松右侧葫芦，使 H 型钢偏离钢牛腿支座，接着在其上部重新锁定一条吊索，交于汽车吊或凿打机，同时松左右两个葫芦，并将重量交给汽车吊，解除两只 30kN 手拉葫芦，移离脚手架，将拆除的 H 型钢翻码装车。

（3）在脚手架上用气割割除钢牛腿固定支座。

（4）封墙体采用破坏性拆除，自上而下分区作业约 3m×2m，每个孔分三层三列 9 个区，维修通道端封墙则不作分区，混凝土封墙体拆除后将与其相接的管段四周残留钢筋头清除，再用不低于管段混凝土标号的环氧砂浆填平、补平毛面。

（5）制作路面处理施工即防撞侧石、电缆沟、廊道排水沟、廊道中隔板等。

三、沉管法隧道最终接头施工

（一）钢封板止水式最终接头

管段制作分两次在芳村的轴线干坞内施工，第一次制作 E1、E2 管段，制作完成后浮运到海珠侧按照顺序先沉放 E1 管段与海珠暗埋段对接，当 E1 稳定后再沉放 E2 管段与 E1 对接。芳村的轴线干坞内第二次继续制作 E3&E4-1 和 E4-2 管段，制作完成后浮运到寄放区，等待芳村暗埋段制作完成后按照顺序先沉放 E4-2 管段与芳村暗埋段对接，再沉放 E3&E4-1 管段与 E2 管段对接。在 E3&E4-1 管段与 E4-2 管段之间有一个 2m 距离空间为最终接头。由于 E3&E4-1 与 E4-2 管段的砂基础会有不同的差异沉降，所以最终接头应具有一定的柔性，把 E4 管段分成三部分 E4-2 管段（85m），E4-1 管段（3.5m），最终接头（2m）。E4-1 短管与 E3 管段对接口为柔性接头，将 E4-1 短管与 E3 管段在陆上拉合并钢性稳固后再一起寄放，之后沉放与 E2 对接。E4-2 沉放与芳村暗埋段对接。在 E4-1 与 E4-2 之间的空隙即最终接头四周安装钢封板，管内排最终接头水后靠水压力将安装在钢封板上的 GINA 橡胶带压缩止水，管内浇筑结构混凝土，最终接头区域基础处理，完成最终接头施工。

（二）2E3 与 E4-1 陆上拉合及接头临时限位

（1）E3 和 E4-1 制作完成后，安装 GINA 橡胶止水带、安装拉合座及 36 根 φ38 预应力拉杆，用穿心千斤顶对预应力拉杆进行对称循环张拉拉合 E3 与 E4-1 管段，使 GINA 橡胶止水带压缩约 55mm 后（设计值 74.3mm），螺母锁定预应力拉杆。

（2）在中墙混凝土垂直剪切键之间安装 4 对临时钢垫块。侧墙钢垂直剪切键安装后，并在钢剪切键之间安装另 4 对临时钢垫块。以限制 E3&E4-1 管段之间在竖向发生相对位移（垂直限位）。在设备孔底部浇筑钢筋混凝土梁即安装水平限位梁，以限制 E3&E4-1 管段之间在横向发生相对位移（水平限位）。安装钢封门等配套设施。

（3）E3&E4-1 管段在芳村干坞内起浮，出坞至坞口，然后拖运到寄放区进行寄放。

（三）安装止水钢封板及支撑梁

（1）E3&E4-1 管段沉放对接和底封板安装。在 E3&E4-1 管段浮运沉放对接之前，先对最终接头区域进行清淤、抛碎石整平、然后安放最终接头底封板。E3&E4-1 管段沉放前其之间的 GINA 橡胶止水带依靠接头预应力拉杆的拉力压缩，随着沉放的进行，水压对 GINA 橡胶止水带进一步压缩，接头拉杆的应力逐步释放到拉杆应力完全解除。

E3&E4-1 管段沉放对接结束基础灌砂完成（注意留下尾部二排砂孔不灌砂）后。安装底封板，潜水员水下通过吊梁对称逐步收紧螺杆，使底封板与 E4-1、E4-2 底板之间紧贴，此时底封板上的 GINA 橡胶止水带已有预压。

（2）支撑梁安装。支撑梁安装在最终接头两侧，即事先预埋在 E4-1 和 E4-2 端部上、下支撑座上，共计16根纵向钢支撑梁，分别为上部8根，下部8根。为了保证16根钢支撑梁受力均匀，在每根钢支撑梁的两端与支撑座之间的空隙填入高强材料。确保最终接头排水后，钢支撑梁起到临时限位的关键性作用，防止管段回弹而引起接头止水失效。

（3）侧封板和顶封板安装。支撑梁安装后，进行两侧封板和顶封板的安装。先安装有角度的侧封板，注意两侧封板位置不要调换搞错，之后再安装顶封板。潜水员水下对称收紧螺柱，使侧封板与E4-1、E4-2侧板之间紧贴，顶封板与E4-1、E4-2顶板之间紧贴，此时侧、顶封板上的GINA橡胶止水带已有预压。

钢封板的安装顺序为：底封板→支撑梁→两侧封板→顶封板。

（四）最终接头排水、结构混凝土及临时限位措施拆除

（1）最终接头排水。支撑梁两端的高强材料具有足够强度后，利用E4-2或E4-1管段内的抽排水系统将最终接头位置的水抽出，底、侧、顶钢封板为四个方向的止水墙，可以抵抗外部的水压。排水完成，装在钢封板上的GINA橡胶止水带被外面的水压压缩，最终接头位置形成了一个止水空间。打开E4-1西侧和E4-2东侧的水密门，此刻整个隧道结构贯通。

（2）最终接头结构混凝土浇筑。最终接头位置结构混凝土制作顺序：底板→二堵中隔墙→二堵外侧墙→顶板。施工中可保留E4-1西侧和E4-2东侧的钢封门。端面板的割除剥离、混凝土表面凿毛、预埋钢筋接驳器的外露钢筋绑扎、混凝土浇筑需通过水密门进入。顶板结构施工采用无振捣无收缩混凝土，最顶层空隙通过预先预埋的注浆管采用注浆方法充填。此刻水中段结构混凝土施工完成。

（3）E3与E4-1接头临时限位措施拆除。最终接头结构混凝土达到强度要求后，并对最终接头区域底部进行灌砂。之后拆除E3与E4-1软接头位置的临时竖向钢性限位和临时横向混凝土限位加固措施，最后两道E4-1西侧和E4-2东侧钢封门拆除后水中段全线贯通。

（五）施工过程中可能遇到的问题及其预防处理

（1）回淤的影响。由于底封板须提前在E3&E4-1管段沉放安装前放在最终接头位置底部，待管段沉放后才能安装底封板。期间约一个月的时间会有大量回淤。需提前准备气升式清淤设备。

回淤是最终接头施工中碰到的难题之一，不仅影响了工期，而且会影响到施工质量。设计在选择最终接头位置时应充分考虑回淤影响。对高回淤区最终接头就不适合选在江中。

（2）管段的制作误差、沉放对接误差、GINA带的压缩量的影响。最终接头设计宽度为2.0m，封板宽度2.5m。如果管段的制作误差、沉放对接误差及GINA带的压缩量都在设计规定范围内时按照2.5m宽度制作的封板可满足安装要求。反之，封板不能满足水密要求时就必须对封板进行修改，必要时通过实测数据定做钢封板。

第四节　明挖法隧道施工技术

一、明挖法施工

（一）概念

所谓明挖法，是指地下结构工程施工时，从地面向下分层、分段依次开挖，直至达到结构要求的尺寸和高程，然后在基坑中进行主体结构施工以及防水作业，最后恢复地面的一种工法。明挖法施工简单、方便，地层表面附近（浅埋）的地下工程多采用明挖法进行修建，如房屋基础、地下商场、地下街、地下停车场、地铁车站、人防工程及地下工业建筑等。

明挖法通常分为无支护放坡开挖和基坑支护开挖两种形式。放坡开挖的优点是不必设置支护结构，而且主体结构施工时场地较大，便于施工布置；缺点是开挖工程量相对较大，而且占用场地大，适合在旷野采用明挖法修建的地下工程。在场地条件受限的情况下，如城市地下工程施工，常采用基坑支护开挖方法。通常，为保证基坑侧壁稳定及邻近建筑物的安全，需采取基坑侧壁的支护加固措施，即设置基坑支护结构，包括支护桩墙、支撑系统、围檩、防渗帷幕、土钉及锚杆等。基坑支护结构安全与否，不仅直接关系到所建工程的成败，而且关系到邻近已建工程的安危。

施工时，采用无支护放坡开挖还是基坑支护开挖，应根据工程地质条件、开挖工程规模、地面环境条件、交通状况等因素综合确定。

（二）适用条件

明挖法的应用与许多因素相关，如建筑周边的环境条件，工程地质、水文地质条件，结构物的埋深及技术经济指标等。因此，选用明挖法修建各种地下工程时，应全面、综合考虑各种因素。

（1）浅埋地下工程施工。常见的浅埋地下工程主要有地铁车站、地铁行车通道、城市地下人行通道、地下综合管网工程等。这些浅埋工程的覆土厚度（埋入土中的深度）多为 5～10m，一般都采用明挖法施工。在某些情况下，有的埋深达 10 多米甚至 20 多米的地下工程，也可采用明挖法施工。但是，明挖法施工明显受结构埋深的制约。当埋深较大时，由于施工技术难度大，同时往往因开挖和回填工程量很大，工程费用有可能比暗挖法高，此时从技术经济角度考虑，选用明挖法就不适宜了。

（2）平面尺寸较大的地下工程。某些地下工程埋深不大，但平面尺寸很大，如一些城市的地下广场、大规模地铁车站、地下商场等，其内部结构也多采用一般的梁板结构，这类工程适宜采用明挖法施工。对于这类大平面尺寸的地下工程，明挖法施工时通常采用分部开挖法或沟槽开挖法。先在周边开挖至设计标高，建造好外围结构，然后开挖中间部分，再进行内部结构施工及顶板施工和覆土回填。

（3）基坑工程。基坑工程是许多工程建设的辅助工程，并且基坑工程也只能采用明挖法施工。

（4）其他工程。与高层建筑深基坑工程类似，有些工程在施工中也需要深基坑作为施工辅助工程，如桥梁工程中的锚锭基坑工程，需要将锚锭板埋置于很深的地层中，这就需要开挖深基坑。此外，盾构法和顶管法施工的施工井也采用自地面垂直向下开挖的明挖法进行修建。

（三）分类

按照对边坡维护方式的不同，明挖法可分为放坡明挖法、悬臂支护明挖法和围护结构加支撑明挖法。应当注意的是，当采用悬臂支护明挖法或围护结构加支撑明挖法时，工程的重点和难点就转化为深基坑的维护问题。

1. 放坡明挖法

放坡明挖法是根据隧道侧向土体边坡的稳定能力，由上向下分层放坡开挖隧道所在位置及其上方土体至设计隧道基底高程后，再由下向上顺隧道衬砌结构和防水层，最后施作结构外填土并恢复地表状态的施工方法。

放坡明挖法主要适用于埋置特浅、边坡土体稳定性较好，且地表没有过多的限制条件的隧道工程中。放坡明挖法虽然开挖方量较大且易受地表和地下水的影响，但可以使用大型土方机械。施工速度快，质量也易得到保证，作业场所环境条件好，施工安全度高。边坡局部稳定性较差时，可采用喷射混凝土进行坡面防护或采用锚杆加固边坡土体。

2. 悬臂支护明挖法

悬臂支护明挖法是将基坑围护结构插入基底高程以下一定深度，然后在围护结构的保护下开挖基坑内的土体至设计隧道基底高程后，再由下向上顺作隧道主体结构和防水层，最后施作结构并回填土以恢复地表状态的施工方法。

悬臂支护明挖法常用的围护结构有打入木桩、钢桩、钢筋混凝土预制桩、就地挖孔或钻孔灌注钢筋混凝土桩、钻孔灌注钢筋混凝土连续墙等，以上各种措施也可联合采用。悬臂支护明挖法主要适用于埋置较浅、边坡土体稳定性较差，且地表有一定的限制性要求隧道工程中。

3. 围护结构加支撑明挖法

围护结构加支撑明挖法是当基坑深度较大、围护结构的悬臂较长时，在不增加围护结构的刚度和插入深度的条件下，围护结构的悬臂范围内架设水平支撑以加强维护结构，共同抵抗较大的外侧土压力；在主体结构由下向上顺作的过程中，按要求的时序逐层分段拆除水平支撑，完成结构体系转换，最后施作结构外回填土并恢复地表状态的施工方法。

围护结构加支撑明挖法主要适用于埋置不太浅、边坡土体稳定性较差、外侧土压力较大且地表有一定限制性要求的隧道工程中。

水平支撑的强度、刚度、间距、层数及层位等技术参数，应根据对水平支撑与围护结构的共同工作状态、结构体系转化过程工艺的要求进行力学分析计算确定。施工中必须经常检查支撑状态，必要时应对其应力进行监控和量测。采用水平支撑的优点是：墙体水平位移小，可靠安全，开挖深度不受限制。

水平支撑常用的形式有横撑、角撑和环梁支撑。平面矩形围护结构的基坑拐角或断面变化处用角撑，短边方向一般用横撑，平面环形同护结构也采用环形支撑。开挖基坑宽度较大，水平支撑刚度不足时，还可考虑加设中间支柱来保持其稳定性。水平支撑结构以钢管、型钢及型钢组合构件为好，因其拆装方便，占空间较小，回收率较高，故在实际工程中应用较多。

二、明挖隧道止水帷幕补强施工技术

（一）施工技术准备

组织技术人员熟悉需补强的围护桩部位的具体情况，编制施工技术交底书，并向施工班组人员进行全面交底。

（二）开挖土方，桩空隙间挂网、喷砼封闭

（1）在喷射砼施工前，作好场地布置图、机具、混合料配合比资料，并附简要说明。

（2）原材料要求

①水泥采用 425# 粉煤灰水泥，使用前做复查试验。

②细骨料采用硬质洁净的中粗砂，细度模数宜大于 2.5，预先用水冲洗浸润，使含水率达到 8%～12%。

③粗骨料采用坚硬耐久的碎石，粒径不大于 15mm，级配良好，预先用水冲洗浸润，使含水率达到 4%～6%。

④速凝剂使用前做与水泥相容性试验及水泥净浆凝结效果试验，使用时按最佳掺量准确计量。

（3）喷射砼的配合比满足砼强度和喷射工艺的要求，可按经验选定并通过试验确定。一般水泥与砂、石重量比为 1∶4～1∶5，骨料含砂率宜为 45%～55%，水灰比宜为 0.4～0.45，速凝剂一般为水泥重量的 5%。

（4）混合料的搅拌时间不小于 2min，运输时间不超过 20min，随拌随用。

（5）工作风压一般为 0.12～0.25Mpa，喷头处的水压不低于 0.15～0.2MPa。

（6）喷射前用风冲洗受喷面，设置喷层厚度检查标志，检查机具设备及管路，并进行试运转。

（7）喷射砼分段分片进行，喷射作业自下而上，复喷时先喷平凹面，后喷凸面，后一层喷射在前一层砼终凝后进行，若终凝后间隔1h以上再次喷射时，受喷面用风、水清洗。

（8）喷射砼喷头垂直于受喷面，喷头距受喷面的距离以 0.6 ~ 1.0m 为宜，喷头运行轨迹为螺旋状，使喷层厚度均匀、密实。喷射砼终凝后2h起，即开始洒水养护。

（9）喷射砼过程中，经常会发现喷料不均匀、不稳定和不连续，使混合料拌和不匀，水泥与砂、石分离，工作水压与水量突然变化，水环孔眼部分堵塞等情况，均会引起水灰比变化，对这些短时变化，及时判断予以调节。

（10）喷射砼作业时加强通风、照明，采取防尘措施降低粉尘浓度，并且确保施工、机具设备安全。

（三）在桩缝之间对封闭后对土体进行注浆加固。

1. 小导管制作

采用 Φ32×3.25 普通水煤气管，管长 3.5m，一端呈尖头形，另一端焊上铁箍，沿管壁间距 100 ~ 200mm，呈梅花形布设注浆孔，孔位互成 90 度，孔径 6 ~ 8mm。

（1）注浆管向漏桩外插角 20° ~ 30°。

（2）注浆压力根据地层致密程度确定，一般为 0.4 ~ 0.6Mpa。

（3）注浆小导管上下垂直间距 0.5m。

（4）水泥浆水灰比为 0.8∶1 ~ 1∶1，水玻璃模数 2.4 ~ 2.8，水玻璃浓度使用范围为 20 ~ 35 的波镁度，水泥与水玻璃浆体积比为 1∶1，初凝时间可通过配合比和掺入少量磷酸氢二钠来控制。

2. 施工操作要求及注意事项：

（1）检查各种机具，进行试运转。

（2）按设计要求选择好耐侵蚀性注浆材料，浆液配合比需经试验确定，并报监理工程师审定。

（3）注浆前喷射砼封闭作业面，防止漏浆。

（4）准确测定孔位，按照设计的外插角采用钻机顶入，其顶入长度不小于管长的90%。

（5）注浆过程中根据地质情况等控制注浆压力，注浆压力一般为 0.3 ~ 0.5MPa，注浆终压为注浆压力的 2 ~ 3 倍，并设专人做好记录，注浆达到需要的强度后方可进行开挖。

（6）注浆过程中严格控制注浆压力，不得使浆液逸出地面及超出有效注浆范围，施工原则"多打管，适量均匀注浆"。

（7）处理措施必须与开挖同时进行，直到基坑止水达到要求为止。

三、明挖隧道结构防水层施工技术

（一）明挖隧道结构防水层施工概述

防水工程应该遵循"以防为主、防排结合、刚柔相济、多道防线、因地制宜、综合治理"等多种原则，在进行施工过程中要注意对使用材料以及技术的加工和处理，进行全面性的科学施工，从而在真正意义上达到防水的效果。

隧道无论是在进行施工期间还是建成后，一直都会受到地下水不同程度上的影响，这一点在建成后的隧道表现得最为明显。建成后的隧道经常处于地下水的包围之中的情况十分明显，从而破坏了隧道的整体使用功能。因为防水工程处理的不好，地下水就会通过漏洞源源不断的流入到隧道内，会对隧道整体结构造成毁坏，为行人的生命安全造成威胁连正常的出行都无法得到真正保证。据有关数据显示，我国现在已经建成的隧道都在一定程度上存在着渗水的不良情况。所以，为了满足社会发展和人们安全的需要，加强明挖隧道的防水层施工技术问题我们必须予以重视。

（二）明挖隧道经常出现地下水渗漏的原因

1. 施工人员对防水层施工在明挖隧道中的意义认识不足

在进行明挖隧道的过程中，势必就会联系到防水设计、防水材料以及防水施工等多种工序。因为只有保证防水效果，才能真正保证隧道建成后的良好使用。可是在明挖隧道的过程中，施工人员却常常忽视对防水层的正确认识，只是使用传统的防水工艺，简单的进行了常规性操作，做足了表面工作，可是却没有从真正意义上为明挖隧道做好防水层工作。所以使得隧道在建成的初期就会出现不同程度的渗水情况，严重情况影响整个隧道的正常使用，还会危及乘客生命安全。

2. 在施工过程中使用的混凝土密度不够

在防水层的施工过程中，会使用到大量的混凝土。而混凝土作为一种非均质材料存在较多缺点，在它的内部有很多孔隙，而这些孔隙又大小不同。所以在施工过程中由于对混凝土的处理不到位，地下水就会通过这些大小不同程度的空隙进入到隧道当中，严重时还会引起隧道出现不同程度裂缝的情况，从而影响到隧道的正常使用效果。

3. 对材料处理的不当引起隧道渗水情况

在对防水层进行施工过程中，对使用材料进行搅拌十分重要，因为对材料的搅拌方式以及搅拌的时间处理不当，在涂抹的过程中，被涂抹的地方就会出现不均匀的情况，由于涂抹不均匀就会在涂抹的过程中出现大量的气泡或者是形成大小不同的气孔，使得隧道在基层就受到了损害，所以地下水就会通过这些基层的薄弱部位进入到隧道之中，这样也会引起隧道出现大面积水患的严重情况。

4. 设计人员对于不同隧道制订的防水方案不合理

对不同地质进行隧道的施工，要更注意方式方法。不能固守传统的思维模式，要制定有针对性的防水方案，因为有些地区是需要对混凝土进行加工处理的而还有一些施工过程需要使用大量的防水板，所以要有针对性地进行防水层施工。可是现在有很多施工队伍在对要实施的路段，没有进行实质上的地质分析，而盲目的选择他们认为较为简单、实用的施工方案，可是由于所处环境的不同，他们所进行的操作根本无法达到要求，进而出现隧道渗水的问题也是难免的。

（三）如何加强对防水层的施工技术

1. 加强在施工过程中对使用材料的处理

在施工的过程中应该注意对所用材料的处理，因为对于材料的搅拌方法或是时间掌握的好坏都将直接决定材料的使用价值，所以材料在进行搅拌时要使用功率大但是转速不是很高的电动搅拌器，要尽量使用圆桶，以方便搅拌的均匀性。搅拌的时间要控制在两分钟至五分钟之内，这样才能够保证搅拌的效果。涂抹防水层的基层一定要干净，不能留有沙粒或是大量灰尘存在，再涂抹过程中对于基层所出现的空隙要及时使用材料涂抹密实，这样才能从根本上保证防水层的防水效果。

2. 对防水层出现的不良情况要进行及时的处理

防水层由于人为或是不良环境的影响常会引起起鼓、翘边、破损等情况的出现，所以为了保证防水层的使用效果，就要对防水层出现的问题进行及时的处理。当发现防水层出现起鼓的情况时，要及时将起鼓部分割去，进而把潮气放出来，等基层真正干燥后，要对其进行涂料，然后再按照施工的正规方法进行逐层涂抹的过程，对于出现破损和翘边的地方也要使用专业方法进行处理，这样才会防患于未然，保证防水层的使用效果。

3. 对防水层施工技术进行加强

由于防水层对于隧道的使用影响巨大，所以一定要加强防水层的施工技术。随着时代的不断发展，越来越多的新设备、新技术不断产生，所以只有加强对技术的改造才能提高核心能力，加强对工人的技术培训，引进先进的设备，施工人员要进行全面了解和掌握，这样才会在施工过程中不断改善原有的传统方法，施工技术得到创新，从而保证防水层施工技术的完整。

4. 要对混凝土进行加工处理

对于表面有油污的混凝土要用高压水及时冲洗干净，用钢刷刷毛，并用水进行浸透，但保证表面不能有明水，以便加强表面的虹吸作用。由于混凝土的自身性质存在空隙较多的问题，所以要加强对混凝土的处理工作，可以通过调整混凝土配合的比例以及填入外加剂来增加混凝土自身的密实度，这样就会防止混凝土出现大小不同的空隙，从而达到混凝土的抗渗性强的能力，满足我们想要的防水效果。

5. 要对表面进行处理

隧道的基面常常会存有尖锐物质、钢管、铁丝等物体存在，从而对防水层造成破坏。所以，要保证隧道的基面平整和牢靠，要保持清洁干燥，对于已经存在的钢管、铁丝等尖锐物质要进行整理，对于钢管要从根部进行处理，以防止处理不当出现不良局面，所以想要保证防水层的良好使用，对于细微的问题也要进行及时的处理。

第五节　浅埋暗挖法隧道施工技术

一、浅埋暗挖法施工

浅埋暗挖法是在距离地表较近的地下进行各种类型地下洞室暗挖施工的一种方法。在城镇软弱围岩地层中，在浅埋条件下修建地下工程，以改造地质条件为前提，以控制地表沉降为重点，以格栅（或其他钢结构）和喷锚作为初期支护手段，按照十八字原则进行施工，称之为浅埋暗挖法。

（一）浅埋暗挖法

浅埋暗挖法是在距离地表较近的地下进行各种类型地下洞室暗挖施工的一种方法。继1984年王梦恕院士在军都山隧道黄土段试验成功的基础上，又于1986年在具有开拓性、风险性、复杂性的北京复兴门地铁折返线工程中应用，在拆迁少、不扰民、不破坏环境下获得成功。同时，结合中国特点及水文地质系统，创造了小导管超前支护技术、8字形网构钢拱架设计、制造技术、正台阶环形开挖留核心土施工技术和变位进行反分析计算的方法，提出了"管超前、严注浆、短开挖、强支护、快封闭、勤量测"18字方针，突出时空效应对防塌的重要作用，提出在软弱地层快速施工的理念。由此形成了浅埋暗挖法，创立了适用于软弱地层的地下工程设计、施工方法。

（二）基本原理

浅埋暗挖法沿用新奥法基本原理，初次支护按承担全部基本荷载设计，二次模筑衬砌作为安全储备；初次支护和二次衬砌共同承担特殊荷载。应用浅埋暗挖法设计、施工时，同时采用多种辅助工法，超前支护，改善加固围岩，调动部分围岩的自承能力；并采用不同的开挖方法及时支护、封闭成环，使其与围岩共同作用形成联合支护体系；在施工过程中应用监控量测、信息反馈和优化设计，实现不塌方、少沉降、安全施工等，并形成多种综合配套技术。

浅埋暗挖法施工的地下洞室具有埋深浅（最小覆跨比可达0.2）、地层岩性差（通常为第四纪软弱地层）、存在地下水（需降低地下水位）、周围环境复杂（邻近既有建、构筑物）等特点。

由于造价低、拆迁少、灵活多变、无需太多专用设备及不干扰地面交通和周围环境等特点，浅埋暗挖法在全国类似地层和各种地下工程中得到广泛应用。在北京地铁复西区间、西单车站、国家计委地下停车场、首钢地下运输廊道、城市地下热力、电力管道、长安街地下过街通道及地铁复—八线中推广应用，在深圳地下过街通道及广州地铁一号线等地下工程中推广应用，并已形成了一套完整的综合配套技术。

同时，经过许多工程的成功实施，其应用范围进一步扩大，由只适用于第四纪地层、无水、地面无建筑物等简单条件，拓广到非第四纪地层、超浅埋（埋深已缩小到 0.8m）、大跨度、上软下硬、高水位等复杂地层及环境条件下的地下工程中去。

信息化技术的实施，实现了浅埋暗挖技术的全过程控制，有效地减小了由于地层损失而引起的地表移动变形等环境问题。不但使施工对周边环境的影响降低到最低程度，由于及时调整、优化支护参数，提高了施工质量和速度，使浅埋暗挖法特点得到更进一步的发挥，为城市地下工程设计、施工提供了一种非常好的方法，具有重大的社会效益和环境效益，该方法在总体上达到国际领先水平。

（三）浅埋暗挖隧道施工遵循的原则和方法

1. 施工原则

（1）按照"新奥法"进行设计和施工，初期支护采用较强的支护手段。

（2）先打施作超前支护，后开挖。隧道穿过松软薄覆盖层，围岩自承能力较差。因此必须先打超前锚杆、超前注浆导管或管棚，然后再开挖。支护一段，开挖一段，封闭一段，在确保安全的基础上稳中求快。

2. 开挖方法

（1）短进尺。开挖过程中严格遵循短进尺、快循环的原则。上导开挖采用人工风镐等对围岩扰动小的开挖方式，并及时打设超前导管等支护，多次开挖，每次开挖进尺以不超 0.5m 为限。

（2）快封闭。开挖以后及时封闭，防止围岩进一步风化，提高它的自承能力，开挖后先初喷 5cm 厚砼。

（3）强支护。按照初喷混凝土→架钢格栅支撑→挂钢筋网→再喷厚度为 20cm 混凝土的顺序进行初期支护施工，采取加大拱脚办法以扩大地基的承载能力。为了确保设计意图得到贯彻，环向锚杆的布设，格栅支撑连接布置、上螺栓等在施工中严格按要求进行。

（4）勤量测。以量测数据反馈指导施工是"新奥法"的基本出发点。浅埋段施工时应及时埋设各类监测点，设在拱顶、两侧起拱线位置，并里程对应。使整个浅埋段地层都处在严格监测控制中。

（四）浅埋暗挖隧道的几种通用施工技术

1. 双侧壁导洞法暗挖技术

双侧壁导洞法是变大跨度为小跨度的施工方法，其实质是将大断面分成多个小断面进行作业，即两侧导洞和中部导洞，导洞尺寸以满足施工开挖为条件。采用双侧壁导洞法施工时，在导洞内按正台阶法施工，当地质情况较差时，上台阶应考虑采用中隔墙法或者环形留核心土法开挖，在施工过程中左右侧导洞开挖时错开的距离不应小于15m（以15～20m为宜）以降低两洞在开挖过程中的相互影响，中洞与侧洞开挖时错开的距离不应小于20m（以20～30m为宜），而上下台阶之间的距离，可视具体情况而定，一般为3～5m。

由于开挖多个导洞，地层多次被扰动，会引起地层过大沉降，导洞断面不规则更加大了开挖引起的沉降，所以采用该技术时控制沉降并及时完成支护是隧道工程施工重点关注的项目。

2. 中洞法暗挖技术

中洞法是先开挖整个隧道的中间部分，由于中洞的跨度一般较大，施工中一般采用CD法、CRD法等工法进行施作并应该遵守"小分块、短台阶、早成环、环套环"以及"竖向留坡、纵向错台"的施工原则。在完成中洞的隧道初支后，立即施作该部分的二次衬砌，实现对地层的刚性支撑，施工二衬可以采用洞内逆做法，能较好控制初支沉降变形及保护邻近构筑物。完成中洞施工后再用侧洞法施作其余部分，两侧洞应该对称施工，这样比较容易控制施工引起的地层沉降。

由于中洞施作二次衬砌是先要把顶部防水层做好，在浇筑混凝土时，因施工条件较差及混凝土的收缩，很难做到顶紧初衬结构，采用二衬背后注浆也因结构不封闭，难以达到注浆饱满，因此中洞在侧洞开挖时仍有叠加沉降。

3. 初支和二衬背后注浆技术

施工中增加了初支背后注浆，即在初支施作时在拱部范围内埋设注浆管，当初支封闭成环，封闭段距开挖面一定距离后即进行初支背后注浆，这样不仅对控制沉降有利，同时对防水也有利。

当二衬模筑混凝土施作完成后，由于混凝土的收缩等影响，隧道顶部一般都有月牙形空隙。同时暗挖隧道防水采用的防水板为无钉铺设，混凝土浇筑中会有空腔，混凝土收缩后，防水板与混凝土之间会有小的缝隙。经过二衬背后注浆后，结构防水得到明显改进。

4. 双排小导管超前支护技术

在暗挖隧道围岩极差时，一般采用长管棚支护技术。长管棚施工在隧道内较长时一般要加大施工断面做管棚工作室，而长管棚在曲线和变界面处施工困难，在施作长管棚时往往就出现沉降，有时这种沉降达到4～5mm，为弥补这些不足，实际施工时可采用了双排小导管技术，即在常规小导管的基础上，再增加一排倾角 30° ～ 45° 小导管，通过双排小导管注浆，使开挖面外侧形成比单排小导管注浆厚的土体加固层，实践证明这种新型预加固技术可以有效控制沉降变形。

5. 锁脚锚管技术

隧道台阶法开挖时，初支上半断面完成后开挖下断面，该过程中沉降发展最快，控制好这段时间的沉降十分重要。上半断面初支施作时，在拱脚处增加斜向 45°，长 2.5m 的锁脚锚管，打入土层后注浆，在下部土体开挖时，由于锁脚锚管的作用，上半拱沉降大大缩小。在上下重叠导洞，上导洞底脚做锁脚锚管也十分有效。

二、浅埋暗挖电缆隧道施工技术

（一）技术特性

电缆隧道位于市区，施工穿河流、街道和建筑物，标准断面（净空：2.2×3.5m），隧道设接头间、旁引隧道、施工井、风孔、四通等，过河段采用双衬隧道和双衬施工井，二衬采用免振混凝土。隧道埋深最浅 5m，最深 17 米，四通拱顶埋深 9 米。暗挖隧道四通处正洞与侧洞间转弯半径为 2.5m。防水等级为三级，对于变形缝、施工缝等薄弱环节采用埋设橡胶止水带。竖井、通风孔每隔 7m 设置防火隔层，隧道每 200m 设置防火隔断。电缆支架的固定用预埋螺栓的方式。

（二）施工工艺流程

测量放线→竖井施工→隧道施工→变形缝施工→背后注浆→抹灰施工→防水施工→接地与支架→竖井爬梯→工作井盖板。

（三）施工方法和要求

1. 测量放线

依据图纸和规划局提供的坐标桩建立地面控制系统，利用极坐标测出施工井中心位置，并设置隧道轴线的控制桩。

2. 竖井施工

经校核井位后开始挖土。为保证施工安全竖井土方及钢架每次只能施工一榀，待喷射混凝土初凝后再向下施工。钢架连接筋须与锁口圈梁预留的连接筋焊接，施工时，先将一部分打入土中，长度不小于搭接施焊长度，以便待下榀钢架施工时进行焊接。当施工至隧道洞口位置时，沿隧道中线开始预留马头门，最后进行竖井底板施工。

3. 隧道施工

（1）隧道内采用激光导向仪指导施工的水准及轴线。

（2）隧道沿竖井双向掘进采用正台阶法施工，先开挖上部断面 3 榀钢架长度，然后安装格栅钢架，铺设上部钢筋网片，喷射混凝土封闭上部，然后开挖下部断面。开挖循环进尺不大于 1 米，台阶长度 2 米。施工过程中严格控制开挖循环进尺，遵从"管超前、严注浆、短进尺、强支护、早封闭、勤测量"的原则。挖掘中要观察土层的变化，土层的塌落，地下水渗漏等现象。

（3）钢拱架制作、安装

钢拱架采用冷弯加工焊接而制成，要求尺寸准确，弧形圆顺，结构安全可靠，加工后要进行试拼。为安装方便，每榀拱架一般应分为 3 段且与施工方法相适应。

钢拱架安装时拱角应有一定的埋置深度，并必须落到原状土上，才能保持拱角的稳定即沉降值很小。钢筋网为内外环两层环向满铺。最后安装预埋螺栓及吊环，保证螺栓及吊环纵向在一条直线上。

（4）喷射混凝土

喷射混凝土严格按配合比控制，采用潮喷工艺。潮喷产生的粉尘较少，回弹较小，故障处理较容易，清洗养护较容易。将骨料预加少量水，使之呈潮湿状，再加入水泥搅拌，从而降低上料、拌和、喷射时的粉尘，大量的水在喷头处加入和从喷嘴射出。

喷射混凝土施工要点：严格控制速凝剂掺量；按程序分段、分部、分块喷射；调节好风压与水压；喷射混凝土的养护。

4. 伸缩缝施工

一般在隧道转折部位、高程差异处，结构形式变化处设置变形缝，原则上每 40 米设置一道。变形缝内填充聚乙烯泡沫塑料板，缝内用中埋式 30×20 的橡胶膨胀止水条一道，表面用双组份聚硫橡胶密封膏填充。油膏要填充密实，缝要求垂直，做到宽度一致，填充材料表面要求平整。

5. 背后注浆

注浆分批进行，拱顶开始，自上而下。注浆压力 0.4 ~ 0.6Mpa，注浆结束，标准注浆压力值持续升高至设计终压，持续 10min 以上。

6. 抹灰施工

抹灰层施工前，在环向作灰饼打点，保证抹灰表面平整。先清理隧道表面并洒水润湿，基底表面凹凸部位，整修补平。抹灰层与基底之间黏结牢固，不出现抹灰层脱落、空鼓和裂缝等现象。

7. 防水施工

隧道的防水等级为三级，包括结构本身喷射混凝土的防水和结构内贴刚性防水层。主体采用抗渗混凝土，抗渗等级为 P8。隧道施工完后，在喷锚混凝土面做防水砂浆，最外侧涂一层刚性防水材料。防水层的施工缝做成斜坡形状接茬，以便下次施工时衔接。防水层每段施工完毕 24 小时后洒水养护 14 天。

8. 施工运输

隧道内土方及钢筋拱架等主要采用人力利用小推车运至施工井处。井口安设提升架及电动葫芦组成垂直运输系统。

9. 施工通信、通风、排水、供电

（1）洞内与洞外通信、联络采用对讲机、电铃。

（2）洞内通风，在竖井与横通道范围内设主供高压风，在区间隧道交叉口处接三通阀分别送风各个施工面。

（3）隧道内产生的积水一般为地表渗水和施工废水。将施工隧道内的积水汇集于集水坑用泵排水。

（4）动力线路采用三相380V供电线路，竖井段使用铠装电缆，施工作业面使用橡胶套电缆。供电线路上设漏电保护装置，值班电工对线路经常检查。照明线路，施工阶段采用36V安全电压，行灯变压器设在安全、干燥处，机壳接地。

10. 地质超前预警

为了掌握隧道在开挖过程中的动态变化和支护的稳定状态，必须进行现场监控量测，通过对量测数据的分析和判断，对支护体系的稳定状态进行预测，并据此确定相应的施工措施，以确保结构的稳定。

11. 双衬施工

（1）EVA防水板施工

在施工防水板前，对喷射砼面凹凸显著部位抹灰找平，外漏的锚杆头及钢筋网齐根切除，然后再抹一层水泥砂浆找平层，在铺设一层土工布缓冲层，最后铺设EVA防水板。EVA防水板焊接注意质量，既要焊接牢靠不至于使后续施工时防水板脱落，也不能焊透破坏防水板。隧道拱角的防水板铺设不能拉得太紧，适当留点余量，这样在模板和混凝土施工时不至于破坏防水板。爬焊温度和速度根据材料和试验确定，防水板接头处不得有气泡、折皱及空隙，焊接头不定期作拉伸试验，各项指标不小于母体。

（2）钢筋绑扎

先加工拱部及边墙环向通长钢筋，在钢筋棚先成型后再绑扎及焊接，有效地防止拱部钢筋焊接施工难度及焊伤防水板。钢筋绑扎前，先用5根5cm方木纵向分别设在拱顶、边墙及拱顶两侧3m处，从而保证钢筋绑扎时不损伤防水板，且保证钢筋及防水板之间的保护层厚度。

（3）模板施工

模板就位时注意隧道净空，先确定中线及拱顶标高，同时，拱顶预留下沉量2cm。特别是曲线段模板和直段组合钢模板的拼接，一定要注意曲线的曲率变化，挡头板应固定牢固稳定且不伤及防水板。止水带安装时应用钢筋卡固定。

隧道中的预埋螺栓采用在直段组合钢模板上钻孔的方法预埋。确保其尺寸、位置准确。

当衬砌混凝土达到拆模强度时，拆除堵头板，然后松开边墙模板支撑系统，拆除边墙模板，使模板完全脱离。最后清除模板表面黏结的混凝土，喷涂脱模剂。

（4）混凝土施工

混凝土采用商品免振混凝土，浇筑混凝土时，拱部与边墙的灌注缝是结构上最薄弱的。浇筑时保证混凝土中粗集料沉降而不离析。拱部的砼浇筑，一般采用向上灌注方式，向上灌注方式比引拔方式的砼充填性要好，也可采用充填性更好的挤压方式，为防止拱顶空洞。

12.四通施工方法

四通断面较大，开挖难度较大，应提前做好防护措施。开挖顺序：沿隧道路径方向从一侧进行开挖施工，进行过渡断面→扩大断面施工→过渡断面→标准断面，而后进行垂直于隧道方向的四通出口开挖，当一侧出口施工完毕，混凝土强度达到设计要求后才能进行另一个四通出口施工。

施工方法：四通扩大断面尺寸为4.18m×6.75m，开口断面尺寸为4.7m×5.51m，以隧道中心线为界，采用CD断面法进行开挖，施工时注意井拱顶钢拱架连接板适当微调，当C断面完成2～4m后再进行D断面施工。

钢拱架制作：根据平面布置图提供个的转弯半径R=2.5m，分别计算出过渡段A类及B类钢架的每榀钢拱架断面尺寸，按照间距450mm画出出A、B类每榀钢拱架结构图，同时做出C类钢架（扩大面），钢架制作完成后，应在制作场地试拼，检查正确无误验收合格后方可施工。

钢拱架安设：隧道每开挖一榀后立即安装钢拱架。

13. 后续工作

隧道防水施工后进行电缆支架、接地极、竖井爬梯、井盖等施工。

三、浅埋暗挖隧道穿越房屋施工技术

（一）隧道穿越建筑物技术

（1）概况：厦门机场路隧道下穿房屋段埋深10.38～13.45m，房屋位于隧道洞顶13m。为防止隧道施工时，房屋出现变形、开裂等不良现象，须进行预加固保护，采取相应隧道施工措施。房屋为七层、浅基、框架结构；浆砌毛石基础、埋深1.3m、厚75cm，宽1.14m；房屋长56m，宽11.2m。横跨隧道。

（2）地质情况：由地表以下0～4m范围内为填筑土，以生活垃圾为主；4～10m为泥质粗砂，流动性较强；10m以下为风化岩，遇水容易流失、塌陷。

（3）加固方案：据房屋周边环境、与隧道位置关系及地层条件，采用对房屋基底注浆加固，提高基础承载力；洞内采用加强超前支护和CRD法施工。洞外加固方案分两个阶段：

①工前基底注浆加固隧道通过前对房屋进行注浆预加固，范围为隧道穿越段房屋基础及基础外 10m，深度至地表以下 10m。采用 WSS 二重管注浆。

②工中动态跟踪注浆跟踪注浆是隧道通过房屋过程中，据施工对房屋引起的沉降进行适时注浆：抬升注浆前，预加固施工完毕并到一定强度后，此时实施补偿性注浆对地层中孔隙进行填补，以控制沉降并为抬升注浆提供条件。补偿注浆达到一定强度后开始抬升注浆。均采用袖阀管双液浆的施工方法。抬升注浆顺序按"自沉降最大处开始，至较小处结束；沉降大多注浆，沉降小少注浆；多次反复进行，控制流量、压力；多台设备对称施工"的原则进行。

③洞内技术措施隧道采用了准 108 超前大管棚预支护，CRD 法开挖。合理控制步距，快速封闭成环；围岩径向跟踪注浆及时补充拱顶地层松弛损失；拆撑是力转化的过程，隧道穿越房屋段在不拆撑的情况下施作衬砌。

（4）补偿和抬升注浆补偿和抬升注浆是控制房屋沉降，减小差异沉降的主要环节。均通过预先设置的袖阀管，实施后退式分段注浆，反复施工。为避免因注浆压力造成附近袖阀管变形或剪断，影响反复注浆施工。补偿注浆初期，据房屋沉降量，以注浆量为主要控制标准（200L/m），按少量多次的原则进行，逐渐对地层挤密加固，控制房屋沉降。隧道施工进入房屋下方，沉降率加大，增加注浆量，以压力为结束标准（1.0 ~ 1.5MPa）。

（二）房屋沉降阶段

从房屋沉降历时曲线分析，房屋沉降经历五个阶段。

（1）第 I 阶段，累计沉降 -11.68mm，沉降率 -0.39mm/d，房屋最大差异沉降 19.83mm。该阶段隧道接近房屋下方，地层失水及基础加固扰动引起沉降明显，但速率较小，曲线较平缓。

（2）第 II 阶段，沉降明显加速，累计沉降量 -40.15mm，平均沉降率 -1.34mm/d，最大差异沉降 26.44mm。该阶段前期隧道接近房屋下部，钻设补偿和抬升注浆孔对房屋扰动，从而沉降增加，后期进行补偿和抬升注浆，但因隧道在穿越房屋，施工对地层扰动，致房屋加速下沉。且前期补偿和抬升以注浆量为主要控制标准，抬升量小于由于沉降量，房屋表现为下沉趋势。

（3）第 III 阶段，沉降速率减缓，最大沉降率 -0.19mm/d。随补偿和抬升注浆进行地层已密实，抬升以压力为主要控制标准，抬升量增加，有效抑制了房屋继续沉降，差异沉降明显减小。

（4）第 IV 阶段，沉降加速，沉降率加大。因第 III 阶段沉降率明显减小，且隧道开挖通过房屋，很难判断沉降率减小是施工还是抬升注浆原因，故停止抬升，以便和第 III 阶段进行比较。从曲线可以看出，停止注浆后沉降再次加剧，平均沉降率达到 -1.30mm/d，恢复注浆后，即第 V 阶段房屋明显上升。

以上分析说明隧道施工过程，以压力作为抬升主要控制标准及时进行跟踪注浆，有明显抬升和阻止房屋沉降效果，其对房屋沉降控制量占总沉降的 73.2%。据沉降历时曲线看出，单点沉降历时曲线出现上下起伏现象，反映出抬升注浆对房屋沉降控制的工作状态。由于隧道穿越房屋下方，房屋表现出明显上升趋势，停止注浆后，房屋又开始下沉。因此在隧道通过房屋期间，虽然房屋沉降处于加速状态，但通过跟踪注浆的方式能够有效地控制沉降率，阻止房屋继续沉降。施工结合历时曲线分析得出：

①注浆压力达到 0.7 ~ 1.0MPa 时，房屋开始出现明显抬升。

②据现场施工情况注浆压力达到 2.0MPa 时，房屋抬升达到最大单次抬升值，继续注浆，压力降低，房屋基础附近地表漏浆。

③房屋抬升注浆施工中，单次最大抬升值在 2.2 ~ 3.1mm 之间。

④房屋抬升注浆过程应以注浆压力作为主要的结束控制标准。

⑤抬升过程中，单点抬升影响半径可达到 5m。

第六节　其他施工技术

一、掘进机法

掘进机法是挖掘隧道、巷道及其他地下空间的一种方法。简称 TBM 法，是用特制的大型切削设备，将岩石剪切挤压破碎，然后，通过配套的运输设备将碎石运出。分为：全断面掘进机的开挖施工，独臂钻的开挖施工，天井钻的开挖施工，带盾构的 TBM 掘进法。

掘进机是全断面开挖隧洞的专用设备。它利用大直径转动刀盘上的刀具对岩石的挤压、滚切作用来破碎岩石。美国罗宾斯公司在 1952 年开始生产第一台掘进机。20 世纪 70 年代以后，掘进机有了较快的发展。开挖直径范围为 1.8 ~ 11.5m。在中硬岩中，用掘进机开挖 80 ~ 100m³ 大断面隧洞，平均掘进速度为每月 350 ~ 400m。美国芝加哥卫生管理区隧洞和蓄水库工程，在石灰岩中开挖直径 9.8m 的隧洞，最高月进尺可达 750m。美国奥索引水隧洞直径 3.09m，在页岩中开挖，最高月进尺达 2088m。隧洞掘进机开挖比钻爆法掘进速度快，用工少，施工安全，开挖面平整，造价低，但机体庞大，运输不便，只能适用于长洞的开挖，并且本机直径不能调整，对地质条件及岩性变化的适应性差，使用有局限性。

二、盖挖法

盖挖法：当地下工程施做时需要穿越公路、建筑等障碍物而采取的新型工程施工方法，是由地面向下开挖至一定深度后，将顶部封闭，其余的下部工程在封闭的顶盖下进行施工。主体结构可以顺作，也可以逆作。

盖挖法适用于松散的地质条件、隧道处于地下水位以上的地区。

特点：对结构的水平位移小，安全系数高，对地面的影响小，只在短时间内封锁地面交通，施工受外界气候的影响小。但是，盖板上不允许留下过多的竖井，后续开挖土方需要水平运输，出土不方便，施工空间较小，施工速度慢，工期长，费用较高。

（一）分类

1. 盖挖顺作法

盖挖顺作法是在地表作业完成挡土结构后，以定型的预制标准覆萧结构（包括纵、横梁和路面板）置于挡土结构上维持交通，往下反复进行开挖和加设横撑，直至设计标高。依序由下而上，施工主体结构和防水措施，回填土并恢复管线路或埋设新的管线路。最后，视需要拆除挡上结构外露部分并恢复道路。

在道路交通不能长期中断的情况下修建车站主体时，可考虑采用盖挖顺作法。

2. 盖挖逆作法

盖挖逆做法是先在地表面向下做基坑的围护结构和中间桩柱，和盖挖顺作法一样，基坑围护结构多采用地下连续墙或帷幕桩，中间支撑多利用主体结构本身的中间立柱以降低工程造价。随后即可开挖表层土体至主体结构顶板地面标高，利用未开挖的土体作为土模浇筑顶板。顶板可以作为一道强有力的横撑，以防止围护结构向基坑内变形，待回填土后将道路复原，恢复交通。以后的工作都是在顶板覆盖下进行，即自上而下逐层开挖并建造主体结构直至底板。如果开挖面积较大、覆土较浅、周围沿线建筑物过于靠近，为尽量防止因开挖基坑而引起邻近建筑物的沉陷，或需及早恢复路面交通，但又缺乏定型覆盖结构，常采用盖挖逆作法施工。工程实例：南京地铁南北线一期工程的区间隧道在地质条件和周围环境允许的情况下，以造价、工期、安全为目标，经过分析、比较，选择了全线区间施工方法。其中，三山街站，位于秦淮河古河道部位，位于粉土、粉细砂、淤泥质黏土土层中。因为是第1个车站，又位于十字路口，因此采用地下连续墙作围护结构。除入口结构采用顺作法外，其余均为盖挖逆作法。

3. 盖挖半逆作法

盖挖半逆作法与逆作法的区别仅在于顶板完成及恢复路面后，向下挖土至设计标高后先浇筑底板，再依次向上逐层浇筑侧墙、楼板。在半逆作法施工中，一般都必须设置横撑并施加预应力。

（二）施工特点

1. 施工优点

（1）围护结构变形小，能够有效控制周围土体的变形和地表沉降，有利于保护邻近建筑物和构筑物。

（2）基坑底部土体稳定，隆起小，施工安全。

（3）盖挖逆作法施工一般不设内布支撑或锚固，施工空间大。

（4）盖挖逆作法施工基坑暴露时间短，用于城市街区施工时，可尽快恢复路面。

2.施工缺点

（1）盖挖法施工时，混凝土内衬的水平施工缝的处理较困难。

（2）盖挖逆作法施工时，暗挖施工难度大，费用高。

（3）盖挖法每次分部开挖及浇筑衬砌的深度，应综合考虑基坑稳定，环境保护，永久结构形式和混凝土浇筑作业等因素来确定。

三、地下连续墙法

地下连续墙是基础工程在地面上采用一种挖槽机械，沿着深开挖工程的周边轴线，在泥浆护壁条件下，开挖出一条狭长的深槽，清槽后，在槽内吊放钢筋笼，然后用导管法灌筑水下混凝土筑成一个单元槽段，如此逐段进行，在地下筑成一道连续的钢筋混凝土墙壁，作为截水、防渗、承重、挡水结构。

（一）发展

中国的成槽机械发展得很快，与之相适应的成槽工法层出不穷；有不少新的工法已经不再使用膨润土作为泥浆；墙体材料已经由过去以混凝土为主的局面而转向多样化发展；不再单纯地用于防渗或挡土支护，越来越多地作为建筑物的基础。

经过几十年的发展，地下连续墙的技术已经相当成熟，其中日本在此项技术上最为发达，已经累计建成了1500万平方米以上，目前地下连续墙的最大开挖深度为140m，最薄的地下连续墙厚度为20cm。1958年，我国水电部门首先在青岛丹子口水库用此技术修建了水坝防渗墙，到2013年为止，全国绝大多数省份都先后应用了此项技术，估计已建成地下连续墙120万～140万平方米。地下连续墙已经并且正在代替很多传统的施工方法，而被用于基础工程的很多方面。在它的初期阶段，基本上都是用作防渗墙或临时挡土墙。通过开发使用许多新技术、新设备和新材料，越来越多地用作结构物的一部分或用作主体结构，2003年到2013年前后更被用于大型的深基坑工程中。

（二）分类

（1）按成墙方式可分为桩排式、槽板式以及组合式。

（2）按墙的用途可分为防渗墙、临时挡土墙、永久挡土（承重）以及作为基础。

（3）按墙体材料可分为钢筋混凝土墙、塑性混凝土墙、固化灰浆墙、自硬泥浆墙、预制墙、泥浆槽墙、后张预应力墙以及钢制墙。

（4）按开挖情况可分为地下挡土墙（开挖）以及地下防渗墙（不开挖）。

由于受到施工机械的限制，地下连续墙的厚度具有固定的模数，不能像灌注桩一样根据桩径和刚度灵活调整。因此，地下连续墙只有在一定深度的基坑工程或其他特殊条件下才能显示出经济性和特有优势。

（三）一般适用于如下条件

（1）开挖深度超过 10 米的深基坑工程。

（2）围护结构亦作为主体结构的一部分，且对防水、抗渗有较严格要求的工程。

（3）采用逆作法施工，地上和地下同步施工时，一般采用地下连续墙作为围护墙。

（4）邻近存在保护要求较高的建（构）筑物，对基坑本身的变形和防水要求较高的工程。

（5）基坑内空间有限，地下室外墙与红线距离极近，采用其他围护形式无法满足留设施工操作要求的工程。

（6）在超深基坑中，例如 30m ~ 50m 的深基坑工程，采用其他围护体无法满足要求时，常采用地下连续墙作为围护结构。

（四）作用

（1）挡土作用。在挖掘地下连续墙沟槽时，接近地表的土极不稳定，容易坍陷，而泥浆也不能起到护壁的作用，因此在单元槽段挖完之前，导墙就起挡土墙作用。

（2）作为测量的基准。它规定了沟槽的位置，表明单元槽段的划分，同时亦作为测量挖槽标高、垂直度和精度的基准。

（3）作为重物的支承。它既是挖槽机械轨道的支承，又是钢筋笼、接头管等搁置的支点，有时还承受其他施工设备的荷载。

（4）存蓄泥浆。导墙可存蓄泥浆，稳定槽内泥浆液面。泥浆液面应始终保持在导墙面以下 20cm，并高于地下水位 1.0m，以稳定槽壁。

（5）防止泥浆漏失；防止雨水等地面水流入槽内。

（五）特点

1. 优点

地下连续墙之所以能够得到如此广泛的应用，是因为它具有十大优点：

（1）工效高、工期短、质量可靠、经济效益高。

（2）施工时振动小，噪声低，非常适于在城市施工。

（3）占地少，可以充分利用建筑红线以内有限的地面和空间，充分发挥投资效益。

（4）防渗性能好，由于墙体接头形式和施工方法的改进，使地下连续墙几乎不透水。

（5）可用于逆作法施工。地下连续墙刚度大，易于设置埋设件，很适合于逆做法施工。

（6）可以贴近施工。由于具有上述几项优点，使我们可以紧贴原有建筑物建造地下连续墙。

（7）用地下连续墙作为土坝、尾矿坝和水闸等水工建筑物的垂直防渗结构，是非常安全和经济的。

（8）墙体刚度大，用于基坑开挖时，可承受很大的土压力，极少发生地基沉降或塌方事故，已经成为深基坑支护工程中必不可少的挡土结构。

（9）适用于多种地基条件。地下连续墙对地基的适用范围很广，从软弱的冲积地层到中硬的地层、密实的沙砾层，各种软岩和硬岩等所有的地基都可以建造地下连续墙。

（10）可用作刚性基础。地下连续墙不再单纯作为防渗防水、深基坑围护墙，而且越来越多地用地下连续墙代替桩基础、沉井或沉箱基础，承受更大荷载。工效高、工期短、质量可靠、经济效益高。

2. 缺点

（1）在城市施工时，废泥浆的处理比较麻烦。

（2）地下连续墙如果用作临时的挡土结构，比其他方法所用的费用要高些。

（3）如果施工方法不当或施工地质条件特殊，可能出现相邻墙段不能对齐和漏水的问题。

（4）在一些特殊的地质条件下（如很软的淤泥质土，含漂石的冲积层和超硬岩石等），施工难度很大。

第五章 公路工程施工项目成本管理

第一节 项目成本管理相关理论

一、项目成本管理的概念

项目成本管理是在整个项目的实施过程中,为确保项目在批准的成本预算内尽可能好地完成而对所需的各个过程进行管理。不仅项目经理部,而且项目所在组织,如企业、团体的其他职能部门也会参与到项目的成本管理之中。

二、项目成本的要素和构成

项目成本的要素包括:人工费、材料费、设备费、分包费(顾问费)、其他费用。这些费用在不同项目中所占的比例不同。

从项目的生命周期看,项目成本应包括项目全过程所发生的成本,主要有:项目启动成本;项目规划成本;项目实施成本;项目终结成本。

从财务角度,可将项目成本构成按性质划分为直接成本和间接成本。直接成本是可直接归因于项目组织或项目事实的有关成本,包括直接人工费、直接材料费、直接设备费及其他直接费。间接成本不直接归因于任何组织内的特定领域,往往是组织执行项目时发生的,包括管理成本、保险费、融资成本(手续费、承诺费、利息)等。

三、项目成本的影响因素

(一)项目成本的影响因素主要有

1. 项目范围

项目范围界定了完成项目所需要包括的工作内容,这些工作需要消耗一定的资源,也就界定了成本发生的范围和数额。

142

2. 质量

质量要求水平越低，项目成本就越低；如果质量定位高，则完成项目耗费的资源和时间越多，成本越高。但质量水平低到无法使项目投入使用，经常发生故障，则总的成本反而上升。

3. 工期

工期越长，不可预见因素越多，风险越大。成本越高。

4. 价格

在项目范围确定的情况下，资源价格高。成本提高。

5. 管理水平

在项目进行期间，较高的管理水平可以减少失误，降低成本。

四、项目成本管理的原则

（一）项目成本管理一般遵循以下原则

1. 全生命周期成本最低原则

在进行成本管理时不能片面要求项目形成阶段成本之和最低，而是要使项目全生命周期成本最低，即考虑项目从启动到结束，到项目产品的寿命期结束的整个周期的成本最低，这是项目经济性评价的合理期限。

2. 全面成本管理原则

从全面性出发，需要对项目形成的全过程开展成本管理。对影响成本的全部要素开展成本管理，由项目全体团队成员参加成本管理。全面成本管理就是全员、全过程和全要素的成本管理。

3. 成本责任制原则

为实行全面成本管理。必须对项目成本进行层层分解，是成本目标落实到项目的各项活动、各个人员。项目的各个参与人员都承担不同的成本责任，按照成本责任对项目人员的业绩进行评价。

4. 成本管理有效化原则

成本管理的有效化包括两层含义：一是使项目经理部以较少的投入获得最大的产出；二是以最少的人力和财力，完成较多的管理工作，提高效率。

5. 成本管理科学化原则

成本管理的科学化原则，即把有关自然科学和社会科学中的理论、技术和方法运用于成本管理，包括预测与决策方法、不确定性分析方法和价值工程等。

五、项目成本管理的一般过程

（一）我国施工项目成本管理通常包括的过程如下

1. 成本预测

对施工项目未来的成本水平及发展趋势所做的描述与判断。

2. 成本计划

对施工项目计划期内的成本水平所做的筹划，是对施工项目制定的成本管理目标。

3. 成本控制

在施工项目实施过程中，对影响施工项目成本的各项因素进行规划、调节，采取各种有效措施，将实施中发生的各项支出控制在成本计划范围以内，计算实际成本和计划成本之间的差异并进行分析，通过成本控制，最终实现成本目标。

4. 成本核算

利用核算体系，对施工项目实施过程中所发生的各种消耗进行记录、分类，并采取适当的成本计算方法，计算出各个成本核算对象的总成本和单位成本的过程。成本核算是对施工项目实施过程中所发生耗费进行如实反映的过程，也是对各种耗费的发生进行监督的过程。

5. 成本分析

揭示施工项目成本变化情况及其变化原因的过程。在成本形成过程中。利用成本核算的资料（成本信息），将施工项目实际成本与计划成本进行比较，了解成本的变动情况系统分析影响成本变动的因素，寻找降低成本的途径。

6. 成本考核

在施工项目完成后，对施工项目成本形成过程中的成本管理的成绩或失误进行总结与评价。

第二节　公路工程施工项目成本的构成与管理的基本原则

一、公路工程施工项目管理的内容和特点

公路工程施工项目，是以形成公路基础设施为目的，由建筑、工器具、设备购置安装、技术改造以及与此相联系的其他工作等构成。它是以实物形态表示的具体项目。公路工程施工项目有质量、工期和投资条件的约束。其突出的特点可归纳为：一次性、唯一性、整体性、固定性、影响因素的不确定性和不可逆转性。

公路工程施工项目管理，是公路工程施工企业在公路工程项目施工活动中进行全过程、全方位的计划、组织、控制和协调，使工程项目在约定的时间和批准的预算内，按照要求的质量，实现最终的建筑产品，使项目取得成功。

（一）公路工程施工项目管理的内容

公路工程施工项目管理的内容是研究如何以高效益地实现项目目标为目的，以项目经理负责制为基础，对项目按照其内在逻辑规律进行有效的计划、组织、协调和控制，以适应内部及外部环境并组织高效益的施工，使生产要素优化组合、合理配制，保证施工生产的均衡性，利用现代化的管理技术和手段，以实现项目目标和使企业获得良好的综合效益。

项目管理的目标就是项目的目标。项目的目标界定了公路工程施工项目管理的主要内容即进度管理、质量管理、成本管理、合同管理、安全管理、风险管理、采购管理和人力资源管理。

公路工程施工项目的生产要素有劳动力、材料、机械设备、技术和资金，这些要素具有集合性、相关性、目的性和环境适应性，是一种相互结合的立体多维的关系，这就说明项目是具有系统性的施工，施工项目管理是具有系统管理特点的。加强施工项目管理，必须对施工项目的生产要素详细分析，认真研究并强化其管理。对施工项目生产要素进行管理主要体现在四个方面。

（1）对生产要素进行优化配置，即适时、适量、比例适当、位置适宜地配备或投入生产要素以满足施工需要。

（2）对生产要素进行优化组合，即对投入施工项目的生产要素在施工中适当搭配以协调地发挥作用。

（3）对生产要素进行动态管理。动态管理是优化配置和优化组合的手段与保证，动态管理的基本内容就是按照项目的内在规律，有效地计划、组织、协调、控制各生产要素，使之在项目中合理流动，在动态中寻求平衡。

（4）合理地、高效地利用资源，从而实现提高项目管理综合效益，促进整体优化的目的。

（二）公路工程施工项目管理的特点

公路工程施工项目管理主要有以下几个特点：

（1）公路工程施工项目管理的对象是公路工程施工项目，管理的实施者是公路工程施工企业和下设的施工项目经理部。设计单位、建设单位和监理单位虽然与施工项目有关，但都不能算作施工项目管理者。

（2）公路工程施工项目管理是一项综合的系统工程。由于公路工程施工项目实施的复杂性，建设周期长，施工项目管理需要用系统工程的观念、理论和方法进行管理，具有全面性、科学性和程序性。

（3）公路工程施工项目管理具有事先能动性。由于公路工程施工项目具有一次性特征，因而其项目管理只能在这种不再重复的过程中进行。为避免在某一项目上产生重大的失误，这就要求施工项目管理必须是事先的、能动的管理。

（4）公路工程施工项目管理具有动态跟踪性。尽管施工项目管理的目标是明确的，但是由于公路工程施工项目影响因素的不确定性，这就要求施工项目管理必须对事先所设定的目标及相应措施的实施过程自始至终进行监督、控制、调整和修正。

二、公路工程施工项目成本的构成及影响因素

（一）公路工程施工项目成本的构成

根据公路工程施工项目成本管理的需要，我们可以从不同角度进行考察，将工程施工项目成本划分为不同的类别。

按成本发生的时间来划分，施工项目成本可分为预算成本、计划成本和实际成本。预算成本是反映建筑施工企业的平均成本水平，是确定工程造价的基础，是编制计划成本和评价实际成本的依据。计划成本是施工项目经理部根据计划期的有关资料，在实际成本发生前预先计算的成本，是考虑成本降低措施后的成本计划数，是反映计划期内应达到的成本水平。实际成本是工程施工项目在计划期内实际发生的各项成本费用的总和。把实际成本与计划成本比较，可反映成本的节约与超支情况，把实际成本与预算成本相比较，可以反映工程施工项目的盈亏情况。

按成本的性质来划分，施工项目成本可分为直接成本和间接成本。直接成本指直接耗用于工程施工并能直接计入工程对象的费用，包括人工费、材料费、机械设备使用费、分包费以及其他直接费等组成。间接成本是指非直接用于也无法直接计入生产对象，但为进行工程施工所必须发生的费用，通常是按照直接成本的比例计算。即项目经理部为施工准备、组织和管理施工生产所发生的全部施工间接费支出。按照现行的《公路工程施工预算编制办法》，间接成本是以现场经费的形式体现。

按施工项目成本费用目标来划分，施工项目成本还可分为生产成本、质量成本、工期

成本和不可预见成本。

按照现行的《公路工程基本建设项目概预算编制办法》的规定，施工项目成本的构成包括以下具体内容：

直接工程费，包括人工费、材料费、施工机械使用费。

其他工程费，包括冬季施工增加费、雨季施工增加费、夜间施工增加费、特殊地区施工增加费、行车干扰工程施工增加费、安全及文明施工措施费、临时设施费、施工辅助费、工地转移费等。

规费，包括养老保险费、失业保险费、医疗保险费、住房公积金、工伤保险费等。

企业管理费，包括基本费用、主副食运费补贴、职工探亲路费、职工取暖补贴、财务费用等项。

（二）公路工程施工项目成本的影响因素

影响公路工程施工项目成本因素很多，主要有以下几方面：

1. 招投标对成本的影响

对于施工企业和施工项目部来讲，合理的标价是企业和项目得以生存和发展的首要条件。由于公路建设规模大，周期长，建设资金都相对紧张，不能满足按正常建设概预算编制所需的资金需求，所以建设单位（或业主）在公路工程项目招标过程中多采用最低价中标的评标办法，工程最终中标价都远低于正常预算价。由于市场竞争的愈加激烈，在招投标过程中，各投标单位为了能够中标，竞相压低报价，使得工程造价也不断降低。这对于建设项目单位（或业主）来讲是比较有利的，可以尽可能地节约建设资金的消耗；但对于施工企业和施工项目来讲，若低于成本价中标，则是非常的不利。不仅会给企业和项目带来严重亏损的风险，还会影响工程质量，甚至使施工企业的信誉受损。

因此，在招投标的过程中，施工企业必须充分考虑企业自身的技术和经济实力、管理水平、市场价格等各因素，以合理的标价中标。只有这样，企业和项目才有管理的立足点，才能从管理中要效益，成本管理也才能发挥其效果。

2. 施工组织方案对成本的影响

施工组织方案，主要是指企业为完成项目施工目标，如何进行工、料、机及资金等资源配置，采取何种施工方法（特别是冬季和雨季施工以及技术复杂的特殊施工方法）、施工程序（施工顺序及工序之间的衔接），决定采用哪些的新技术、新工艺、新材料和新设备，实施哪些技术保证措施、质量保证措施、工期和安全保证措施等项内容的计划方案。

工程项目中标后，施工单位必须结合施工现场的实际情况来制定技术上先进可行、经济上合理和施工安全有保证的施工组织方案。由于施工组织方案涉及内容较为广泛，并且涵盖了项目施工的整个过程，其中任何一项内容不合理，都会对施工项目成本有所影响。同时，在项目施工的过程中，对于出现的新情况和新问题要及时分析其原因，并对施工组织方案进行修正和调整，从而实现项目管理和成本管理的目标。

3. 施工进度对成本的影响

一个工程项目能否在预定的时间内交付使用，直接关系到投资效益的发挥。因此，对工程项目施工进度进行有效的控制，使其顺利达到预定的目标，是施工项目管理实施过程中的一个必不可少的重要环节。

进度控制的最终目的是确保项目施工进度目标的实现，工程项目施工进度控制的总目标是建设工期。

合理制订施工进度目标并确保其实现，往往对项目的经济效益产生很大的影响。进度加快，要比原计划加大人力、物力、财力等资源的投入，增加直接成本，但间接成本则可能降低；但是若为了减少资源的投入，一些工程施工的直接成本降低，但容易造成施工进度延缓，则有可能会影响项目的交付使用，即总工期延长了，同时可能造成其他成本费用的增加而得不偿失。所以施工进度与项目施工成本必须同时兼顾，在项目实施的各个地区阶段分别制订进度计划并付诸实施，对出现的偏差及时进行分析和调整，同时也要将因此而发生的变动成本控制在最小的范围之内，从而达到施工项目的既定目标。

4. 工程质量对成本的影响

"百年大计，质量第一"是人们对建设工程质量重要性的高度概括。工程质量是基本建设效益得以实现的基本保证。尽管工程项目施工的质量问题已越来越受到重视，但每年由于质量问题而造成的施工项目停工、返工，甚至出现重大事故的反面事例仍然层出不穷。究其原因，主要可以归结为施工企业对工程质量与成本的关系认识不足，片面追求项目施工成本的最低化而忽视工程质量所造成的。这种质量成本不仅给企业甚至国家都造成了人力、物力、财力上巨大浪费，而且给企业在市场竞争和生存的能力带来了巨大影响。

从整体和长远来看，提高工程质量与降低工程成本是统一的。没有质量就没有效益。施工项目必须建立健全质量保证体系、质量管理制度等，强化全员质量意识，积极推行全面质量管理方法，规范质量管理工作；要加强质量成本控制，坚持"预防为主"的原则，适当增加预防费用和检验费用，将质量隐患消灭在萌芽状态，以减少或避免因工程质量不合格而造成的内部返工损失和外部索赔损失。

5. 资金状况对成本的影响

由于建设单位（或业主）工程款支付不到位或者施工单位的资金垫付能力差而投入不足，都会造成施工项目经理部的资金短缺。出现这种情况，往往会使项目所需的原材料和机械设备供应发生问题，从而影响工程进度，延长了工期，造成施工成本的增加。另一方面，即使项目靠赊账或欠款暂时保证了物料供应和费用支付，也会增加资金的时间成本，因为各种成本费用不按期支付的代价会高于现期支付的代价，造成施工成本的增加。

6. 施工安全对成本的影响

施工安全涉及施工现场所有的人、物和环境。凡是与生产有关的人、材料、机械设备、设施工具等所有因素都与安全生产有关，安全管理工作贯穿于工程项目施工生产的全过程，存在于每个分部分项工程、每道工序中。施工安全管理做的是否到位，安全管理活动是否发挥了作用，对施工项目的各项经营管理活动诸如施工进度、施工质量、施工成本以及施工项目的最终效益都有很大的影响。所以通过对生产要素具体的状态控制，使生产要素的安全隐患减少或消除，避免引发事故，尤其是引发使人受到伤害的事故，不仅可以减少不必要的资源消耗、降低成本，也会使施工项目效益目标的实现得到充分保证。

7. 变更与索赔对成本的影响

变更指的是合同变更，它包括工程设计变更、施工方法变更、工程量的增减等。对于公路施工项目实施过程来说，变更是客观存在的。特别是当工程量变化超出招标时工程量清单的 20% 以上时，可能会导致项目经理部的施工现场人员不足，需增加人工的投入；也可能会导致项目经理部的施工机械设备失调，工程量的增加，往往要求项目经理部增加机械设备数量等。人工和机械设备的需求增加则会引起项目部额外的支出，这样就会扩大工程成本。反之，如果工程项目被取消或工程量大减，又势必会引起项目经理部原有人工和机械设备的窝工和闲置，造成资源浪费，导致项目的亏损。

索赔是施工项目成本管理中非常重要的组成部分，是指承包商在履行合同中，对于并非由于自己过错而是由对方承担责任的情况下，造成的实际损失向对方提出的经济补偿的要求。公路建设工程往往具有工期长、规模大、技术复杂等特点，在施工过程中，由于受到征地拆迁滞后，基础施工地基条件的不确定性、气候条件复杂多变及市场波动等与设计文件和工程承包合同不相符的因素的影响，会造成工程量的增加、工程进度延缓以及临时停工或施工中断，从而导致成本费用的增加。

随着工程建设管理的规范化，搞好变更索赔管理越来越成为体现施工项目成本控制水平高低的重要内容。工程变更索赔形成于施工的全过程、全方位，是施工项目挽回成本损失增加企业效益的重要手段。因此要使施工项目产生经济效益，必须重视变更索赔工作。

8. 物价变动对成本的影响

在愈加激烈的市场竞争中，公路施工企业要想立于不败之地，必须充分掌握市场动态，广泛组织经营活动，以尽可能少的资源消耗完成满足要求的建设工程项目。而价格是市场中最活跃的因素，它能够灵敏地反映市场供求状况和动向。施工项目经理部要在约定工期内完成工程项目的施工，必须投入大量的人力、物力和财力，而市场价格的变动则会直接影响到施工项目的成本费用。

9. 环境因素对成本的影响

公路工程建设势必造成一定的环境资源损失。为了保护公路周边的自然生态环境，维持和恢复自然生态平衡，公路施工企业应该节约合理的利用土地资源，增强环境保护意识，在施工过程中采取有效的环保措施，注意科学管理规范施工，努力避免因破坏环境造成施工成本增加。比如，有些施工企业不按设计，乱采乱挖取土场，乱弃工程垃圾和废料，阻塞河道，污染水源、土壤等行为，势必会增加环境恢复的费用，造成成本增加。

10. 企业管理水平对成本的影响

施工企业作为市场的主体，处在日益激烈的竞争中，其生存与否，完全取决于对市场的适应能力，所以施工企业的经营管理水平必须满足市场竞争的需要。一个企业如果没有先进的管理理念、没有科学的管理方法，没有有效的管理制度，要想获得经济效益是不可能性的。而成本管理作为企业经营管理系统的一个部分，其效果的好坏，直接反映出企业经营管理水平的高低。由于公路建设项目具有一次性的特点，管理活动贯穿于施工过程的始终，任何一个环节的纰漏，都可能会造成工程项目成本的增加。因此，要降低成本，提高项目的经济效益，必须重视企业管理者素质和整体管理水平的提高。

三、公路工程施工项目成本管理的基本原则

公路工程施工项目成本管理原则是企业成本管理的基础和核心，施工项目经理部在施工过程中进行成本控制时，必须遵循以下基本原则。

（一）成本最低化原则

施工项目成本控制的根本目的，在于通过成本管理的各种手段，促进不断降低施工项目成本，以达到可能实现最低的目标成本的要求。在实行成本最低化原则时，应注意降低成本的可能性和合理的成本最低化。一方面挖掘各种降低成本的能力，使可能性变为现实；另一方面要从实际出发，制定通过主观努力可能达到合理的最低成本水平。

（二）全面成本控制原则

全面成本管理是全企业、全员和全过程的管理，亦称为"三全"管理。项目成本的全员控制有一个系统的实质性内容，包括各部门、各单位的责任网络和班组经济核算等等，应防止成本控制人人有责、人人不管。项目成本的全过程控制要求成本控制工作要随着项目施工进展的各个阶段连续进行，既不能疏漏，又不能时紧时松，应使施工项目成本自始至终置于有效的控制之下。

（三）动态控制原则

施工项目是一次性的，成本控制应强调项目的中间控制，即动态控制，因为施工准备阶段的成本控制只是根据施工组织设计的具体内容确定成本目标、编制成本计划、制定成本控制的方案，为今后的成本控制做好准备；而竣工阶段的成本控制，由于成本盈亏已基本定局，即使发生了误差，也已来不及纠正。

（四）开源与节流相结合的原则

成本控制的目的是提高企业的经济效益，其途径包括降低成本支出和增加预算收入两个方面。这就需要在成本形成过程中，一方面以收入确定支出，定期进行成本核算和分析，以便及时发现成本节、超的原因；另一方面，加强合同管理，加大工程变更索赔的工作力

度，及时办理合同外价款收入的结算，以提高施工项目成本管理的水平。

（五）目标管理原则

目标管理的内容包括：目标的设定和分解，目标的责任到位和执行，检查目标的执行结果，评价目标和修正目标，形成目标管理的计划、实施、检查、处理循环，即 PDCA 循环。

（六）责、权、利相结合的原则

在公路工程项目施工过程中，项目经理部各部门、各施工班组在肩负成本控制责任的同时，也享有成本控制的权力。项目经理部要对各部门、各班组在成本控制中的绩效进行定期的检查和考评，与奖惩制度挂钩，实行奖优罚劣，促进和调动所有员工参与成本管理的积极性。只有真正做好责、权、利相结合，才能真正发挥成本管理的作用。

四、我国公路工程施工项目成本管理的现状

（一）目前施工项目成本管理的思路

长期以来，我国公路施工企业大多隶属交通部门，缺乏自主经营、自我约束的意识，从而一定程度上造成其成本管理观念淡薄，与现代企业战略成本管理思想有较大差距。引入市场竞争机制以后，施工企业面临新的挑战，过去粗放的经营管理形式逐渐转向集约管理的形式，但成本管理仍然不能很好地适应多变的复杂环境，经常造成施工项目成本失控而不能达到预期的效果。在管理思路上主要表现为以下几个方面：

（1）认为成本管理是财务部门的事，和其他部门、其他人员无关。项目成本由财务部门管理，实质上仍然是粗放型的管理形式。成本费用的发生贯穿于施工的全过程，对于每个部门、每个环节、每个工作岗位来说，都是成本费用的支出者。而财务人员则不可能时时刻刻都能深入到施工环节、施工的全过程中去控制每一项费用的支出，只能从总量上去核算和控制，因而会造成成本失控的局面。

（2）认为成本管理主要是施工过程中成本费用的控制。认为成本费用的发生主要是施工过程中人工、材料、机械的消耗以及间接费用的发生，只要把这部分费用控制好，就算是达到目的了，而对于其他方面诸如因前期准备工作、后期维修等发生的成本费用则不作考虑。

（3）认为成本管理就是"先干后算"中的"后算"部分。一直以来，施工企业都存在着一种观念：公路工程建设的主要任务就是按期完成特定质量的工程项目，对于其中发生的成本费用则不去考虑，无论是发生多大的代价，只要按期完成施工任务，就算目标达到了；至于成本管理，只是注重事后算账，即工程任务完成之后再进行成本核算，而成本管理也只是收集成本费用资料进行归集计算的过程，不能有效进行施工项目成本的事先预测、事中控制调整、事后总结改进。

（二）目前施工项目成本管理的内容

施工项目成本管理的内容应该是施工项目实施中发生的所有成本费用。但是，由于受到管理思路的限制，大多数施工项目成本管理只重视施工过程中直接费用（人工、材料、机械费用）和间接费用的控制和核算。当然，直接费用在整个工程成本中的比例很大，几乎占90%左右。能切实抓好直接费用的管理对项目成本管理的整体效果也是至关重要的，可在实际操作的过程中却是大打折扣。

（1）对于人工费的管理在价格控制上是比较严格的，但在用工数量上却不能很好地控制，尤其是零散用工的数量比较混乱。另外，对用工结算单上数量也不能严格把关，并没有经过认真核对，造成用工数量夸大，而人工费用却增加了很多。

（2）材料费用的控制也未必能达到预期的效果。首先，是对材料供应商的选择并不重视，没有经过货比三家的过程，材料价格偏高；其次，是对材料用量的控制，施工人员在施工过程中，没有严格按照图纸和定额来控制材料的用量，造成材料的浪费，费用的增加；另外，是材料存储费用居高不下，材料部门对于采购材料没有一个很好的计划，没有计算材料采购和存储的经济批量，而多数是凭经验去采购，这样，既给施工部门和施工人员在使用的过程中带来诸多不变，也使得材料存储费用大大地增加。

（3）机械费用的管理不到位主要表现在机械利用率上，一般情况下，机械台班费用单价是由市场来决定的，但是机械使用的台班数量是可以控制的。机械利用率过低是大多数施工项目普遍存在的现象，会同时出现个别机械设备闲置和另一种机械设备数量不足的情况，这将会造成机械费用的上升，机械成本的增加。另外，在使用过程中，不注重对机械的日常保养，因此机械的修理费用也会增加。

（三）目前施工项目成本管理的方法

改革开放以后，随着市场经济体制的建立和不断完善，我国项目成本管理的方法有了很大的改进，也借鉴了一些西方先进的管理方法。但由于长期受到传统管理方法的影响，公路施工企业的成本管理方法仍然难以适应社会主义市场经济的需要、适应现代科学技术发展和管理水平提高的需要。

目前，许多施工企业施工项目成本管理的一般过程包括成本预测、成本计划、成本核算、成本分析和成本考核。但由于成本的基础管理工作不完善，无有效的项目管理台账，各种原始资料纪录、统计工作不准确，虚假成分多，不能有效进行成本的分析和控制；而成本管理核算也只是被动地记账、算账，其侧重点是对施工过程中发生的各项支出进行归集、分配，很少在成本控制方面做出必要的反映和会计监督，成本支出的随意性很大；而且，对于影响成本高低的因素，往往只注重从结果上找原因，由于公路工程施工周期长，事后的成本分析对施工的指导和控制不能起到直接作用。其次，现行的大部分工程施工项目对成本的控制也没有拓展到技术领域和流通领域，在整个生产过程中往往只重视工程量、工期、质量的完成情况，而对采购成本、工期成本、质量成本等，以及施工技术组织措施对成本的影响则很少注意。另外，在管理体系上，偏重于事后管理，忽视了事前的预测和决策，难以充分发挥成本管理的预防作用，在成本责任方面，没有形成一套责任预算、责任核算和责任分析的管理体系，没有与项目的经济责任制度密切结合。

五、公路工程施工项目成本管理存在的问题及原因

公路施工企业经过了从计划经济体制向市场经济体制的转轨，在引入市场竞争机制的过程中，在施工管理，施工技术水平等多方面得到了提升，但企业效益未能得到根本改善。作为企业的成本中心，施工项目成本管理水平差是主要原因。以下，就我国公路工程施工项目成本管理中所存在的主要问题和原因进行分析。

（一）成本竞争意识薄弱

由于我国的公路施工企业在长期以来，一直是靠国家指令性计划下达施工任务，企业对成本、利润不承担任何风险，只注重施工任务的完成，不管效益的好坏，整个企业都不必担心其他企业与之竞争，也不必面临难以生存和发展的危机。所以上至企业领导，下到每个职工，都没有形成竞争的观念。

在市场经济的条件下，企业之间的竞争日益激烈，而企业竞争的实质就是成本的竞争，企业要想得以生存和发展，就必须对市场动态了如指掌，对竞争环境和竞争对手相对熟悉。作为公路施工企业的成本中心，施工项目部的管理人员更应加强成本竞争意识的培养。施工项目成本管理的效果直接影响着项目的经济效益，影响着施工企业的生存和发展。面对市场竞争的沉重压力，有很多施工项目没有深入调查所处的市场环境，与同类竞争对手没有比较，对项目施工所需物料的市场价格了解不够，对价格随着市场变化发生的变动没有充分的心理准备和足够的应付能力，随意选择材料供应商和劳务队伍等，结果使得施工项目成本无形中增加了许多，这些都是项目管理人员缺乏成本竞争意识的直接表现。

（二）缺乏切实可行的成本管理体制

施工项目成本管理作为一种经济管理活动，必须有一套与其相适应的管理体制，才能真正发挥其效果。成本管理体系中权利的最高执行者是项目经理，其在成本管理及项目效益方面负直接责任，各业务部门主管及管理人员都应有相应的责任及与利益分配等相配套的管理体制加以制约。现行的施工项目管理体制，有很多不能很好地将责、权、利三者结合起来。

有些施工项目的规章制度内容很全面，但是对于成本管理的规章制度却并不完善。要么简单地将项目成本管理的责任归于成本管理主管，责任分工不明确，造成各部门相互推卸责任；要么奖惩办法不得力，难以调动施工项目职工对于成本管理的积极性，不利于鼓励全员参与共同进行项目成本管理的有效实施。更有甚者，有的项目无论是领导还是职工

都没有严格按照规章制度的划分来进行成本管理活动，干脆将其束之高阁。发生这种情况，究其原因无非有二：其一是整个施工项目对成本管理都不重视，认为成本管理是可有可无的，之所以还有规章制度，也许只是为了应付上级检查；其二就是这个规章制度与实际不相符，不具备操作可行性，所以只好把它束之高阁。

（三）缺乏全局性的认识和全过程的控制

由于受到传统观念的影响，一些施工企业在进行成本管理活动的时候仍然只注重施工过程的控制，成本管理的内容不够全面。施工项目成本的发生和形成是贯穿于从施工准备到工程竣工交付直至保修期满的全过程，要经历施工准备、工程施工、竣工验收、回访保修等几个阶段，每一个阶段都伴随着人力、物力的消耗及费用的支出。但是，目前仍有很多施工项目缺乏全局性的认识，对于成本的发生、形成过程和阶段没有认真系统地进行研究，没有追根溯源，尤其是经常会忽略工程项目施工准备以及竣工之后到保修期满这两个阶段中成本的发生，而对其成本费用的发生自然就不能有效的管理和控制了。

另外，在成本管理过程中，还会出现一味降低某个分部分项工程的成本，而忽略其对整个施工项目总体成本负面影响的现象。由于没有对项目整体成本进行详细的规划和研究，各施工班组缺乏相互协调与配合，致使有些时候施工班组不能从大局出发，为了追求分项工程或单位工程的个别施工效益，而将施工项目的总体成本置于脑后，仅考虑局部成本费用的控制。

（四）忽视外部环境的影响

在我国市场经济体制不断完善的过程，政治、经济的形势也在不断地发生变化，一系列有利于市场经济发展、有利于社会进步的政策相继出台，给企业甚至整个行业都带来了机遇和挑战，公路建筑市场也因此而发生了巨大的变化。在这样一个充满竞争和不断变化的环境中，施工企业和施工项目必须对整个外部环境作详尽的探讨和研究，找出并利用对企业和项目有利的各种因素，使企业和项目的社会经济效益得以提高。

但是一直以来，施工企业和施工项目对于成本的控制只是限于企业（项目）的内部，而对于外部环境因素则很少去研究和分析。例如国家对行业扶持而制定的优惠政策、国家为完成长远规划而制度的近期目标、省市地区为规范公路建设市场而制度的各种规章制度、行业的整体发展状况、公路建设市场中各竞争对手的状况以及原材料市场价格及供求的情况变化，还有国家对公路建设的环境保护的要求等等。这些外部因素都会直接或间接的影响着施工企业和施工项目成本的发生和形成，若是对其中的任何因素视而不见，都会降低施工项目成本管理的效果，以至于最终影响施工项目经济社会效益的发挥。

（五）成本动因分析不合理

当前许多施工项目在进行成本管理时，对引起成本费用发生和形成的原因都没有给予足够的重视，或者是根本不去究其原因，或者是对其原因分析不全面、不合理，从而使成本管理作用的发挥大大降低。

由于长期以来，公路施工项目在进行成本管理活动时，只重视对直接费用的管理，如对材料费、人工费、机械费等的分析和控制，而对其他成本如工期成本、质量成本、安全成本、人力资源成本、采购成本等则考虑得很少，更别说对其原因进行分析而逐步改进了。有很多施工项目在实施成本管理活动的过程中，只看重表面现象，而不去研究和分析其发生的根源，挖出影响成本的潜在因素，以至于忽略了很多隐性成本的发生，使施工项目的成本很难真正降下来。

（六）缺乏科学有效的成本管理方法

为了适应市场经济发展的需要，为了跟上社会和经济快速发展的步伐，公路施工项目在成本管理过程中必须形成自己的行之有效的成本管理方法和手段。

但是就目前来看，很多施工项目并没有根据自身特点，而形成一套切实可行的成本管理方法。不仅如此很多施工项目仍然沿用一些传统的、过时的成本管理方法和手段，许多项目的成本管理只是事后的成本核算和简单的成本分析，不能有效做到事前成本预测、事中成本控制和事后成本考核分析。当然，也有一些施工项目采用了某些现代成本管理方法如 ABC 分析法、量本利分析法、价值工程以及一些经济数学模型的应用，但也只是从表面进行分析和研究，没有进一步地推广和利用。另外，有些施工项目成本管理的操作手段相对落后，办公自动化系统不能得到广泛推广应用。这使得施工项目成本管理信息资料的收集、传递、分析和处理不及时、不准确，从而对成本管理中存在的问题和原因不能及时分析并采取相应的改进措施，难以达到及时有效管理控制的目的。

第三节　施工项目成本管理的改进措施和对策

一、成本管理理念的更新

成本管理理念是指人们对成本管理有关问题的认识。在市场经济的条件下，企业作为竞争的主体，应树立怎样的成本管理观念来支配企业的成本管理工作，是一个既有理论意义，又有现实意义的问题。

从公路施工企业的角度去考虑，公路施工项目仍然是施工企业的一个部分，一个成本中心。但由于公路建筑产品具有一次性和单件性的特点，无论是施工生产、资金运作、还是成本、效益的核算都是具有一定的独立性。从工程项目中标开始，经过组织施工生产到工程竣工直至保修期满为止，整个运行过程都将影响其成本的变化。伴随着市场经济的发展，企业外部环境的变化不断向深度和广度扩展，而现代成本管理正是紧紧围绕影响成本变化的各个因素去实施运作的。因此，树立新的成本管理理念将是搞好成本管理工作的前提条件。

（一）战略成本管理意识

战略成本管理是战略管理与企业成本管理相结合，旨在提高企业的竞争优势的同时进行的成本管理，是指管理人员运用专门方法提供企业本身及其竞争对手的分析资料，帮助管理者形成和评价企业战略，从而创造竞争优势，以达到企业有效地适应外部持续变化的环境的目的。它区别于我国现行成本管理的最大特征是：在进行成本管理的同时关注企业在市场中的竞争地位，并借助成本管理，使企业更有效地适应持续变化的外部环境。战略成本管理的范围一般包括价值链分析、战略定位和成本动因分析。

1. 价值链分析

价值链分析是一种战略分析工具，它关注产品的整个价值链，包括行业价值链分析、企业内部价值链分析、竞争对手价值链分析三个方面的内容。战略定位分析就是要求通过战略环境分析，确定应采取的战略，从而明确成本管理的方向，建立与企业战略相适应的成本管理战略。成本动因分析是要找出成本的驱动因素，以便对症下药，保证成本管理战略的有效性。

公路施工项目价值链的分析可以从行业、竞争对手、公路施工企业以及公路施工项目内部四个角度进行。

（1）行业价值链分析

公路施工项目行业价值链的分析包括两个方面：

对劳务以及物料供应链进行分析。劳务及物料供应链包括施工生产中所需的劳务工人、材料以及施工机械的供应情况。而这三项费用在项目成本中所占的比例是很大的，其中任何一项的供应出现偏差，都会对施工项目的进度、成本、质量造成很大的影响。

劳务队伍的选择必须综合考虑其劳务工人的施工操作能力、工作经验、各工种的搭配结构以及所能提供的劳务数量等整体情况进行考察。在选择了劳务队伍之后，还要对其供应方式进行分析。劳务供应可以通过联合的形式取得长期合作的关系，将其纳入施工企业甚至项目的内部运转程序中去。

物料的消耗在公路施工项目成本中往往占有很大的比例，所以物料供应极其重要。首先是对供应商的选择，可以通过竞标的方式，结合实地考察，掌握所需物料价格、质量、供应能力、供应方式以及运输方式等各个方面的情况，并根据项目自身的状况，尽量选择合适的供应商。同时可以考虑直接与生产厂家取得长期的合作关系，使其将所需物料直接向施工项目供应，减少中间代理的环节；或者也可以根据企业的经济实力考虑将生产厂家并购或与其联营，同样是将物料的供应纳入企业内部的程序中去。

从公路基础设施使用者的角度考虑。公路建设的目的就是提供方便快捷的出行方式，而使用者首先考虑的公路的使用质量。因此，公路施工项目必须实施全面质量管理，提高工程质量，提高使用效率。

（2）竞争对手价值链的分析

将施工项目放入公路施工企业中去进行分析。站在行业的高度，对企业的竞争对手进行全面细致地考察分析，尽可能地掌握竞争对手的总体发展规划、经济实力、内部运作程序、有无地方优惠政策的保护以及可能对本企业造成的威胁程度等各方面的状况。并通过分析比较制定出能够保持竞争优势的成本管理战略。

对同一建设工程不同标段项目经理部的分析。由于共同进行同一路线的工程施工，所以既是战友，也是对手，既有合作也有竞争。尤其是应该掌握其他标段项目部的供应链状况，通过对其他标段项目的分析，则可以更直观地比较出各自的优势劣态，充分利用自身优势，灵活采取不同的成本战略来保持领先的竞争地位。或者也可以同其他标段项目部互相合作，在物料供应上取得联合优势，在降低成本上获得更大的空间。

（3）公路施工企业内部价值链的分析

一个公路施工企业往往包括若干个施工项目和其他各职能部门，虽然施工项目是作为一个独立的个体，但企业中的其他施工项目和各职能部门的某些活动例如计划、财务、人事、市场开发等都对施工项目成本的形成有着很大的影响。通过对企业内部各环节的分析研究，可以更好地加强企业职能部门与各项目之间的协作，避免不必要的时间和资金的浪费，而且企业内各项目之间在人工、物料、机械的消耗和使用上还可以互通有无，从而节约资源共享，达到各项目共同降低施工成本、提高企业整体效益的目的。

（4）施工项目部内部价值链的分析

施工项目由于具有单件性和独立性，为了项目施工管理的及时有效，职能部门的设置一般是比较齐全的，如施工技术、财务、采购、机械、工程计划等部门，由项目经理总体负责，所以项目内部各部门及施工班组也是价值链的一个重要环节。施工项目部的资金调度、人力资源、物料采购、机械管理、以及施工技术管理等，直接关系到公路工程施工的整个过程，所以必须对其进行详尽的分析，从源头上对施工项目成本加以控制。

（二）战略定位

从战略的角度来讲，公路施工项目的战略定位应该归集到公路施工企业的战略定位中去，因为公路施工项目始终只是公路施工企业的一个成本责任中心。公路施工企业应当根据自身的状况，来决定是采取成本领先战略还是差异化战略或集中战略。

（1）对于业务范围遍及全国甚至国外的大型的公路施工企业，应考虑采取成本领先战略或成本差异化战略。因为大型公路企业下属若干子公司，资金实力雄厚，有足够的开发能力，项目分布范围广泛，可以充分发挥集团优势，形成规模经济效益；另外，为了更好地发展，也可以考虑建立自己的人工、物料供应渠道，减少流转环节，始终保持成本领先地位。

（2）对于业务范围仅限于某一地区的中、小型公路施工企业，则采取集中战略为恰当。由于各省、市、地区为了促进本地区的经济发展，对本地区各企业实行优惠政策，即所谓的地方保护政策，所以，地方中、小型的公路施工企业可以充分利用地方优势，将目标市场集中在某个固定的地区。另外，中、小型施工企业也可以采取成本领先战略，即将目标区域扩大，与周边地区的同类型企业合并、联营，取得优势互补，加强企业的实力，开发更大的市场，保持成本领先地位。

总之，各类公路施工企业可以根据所处环境和自身特色，来选择不同的成本战略进行成本管理，达到提高经济效益的目的。

（三）成本动因分析

公路施工项目成本发生和形成的原因很多，应该从整个价值链的形成过程去研究和分析。从外部市场环境、供求状况，到项目内部管理；从项目经理到现场施工人员；从施工准备到竣工结算的全过程等的各个环节都必须进行分析，分析成本发生的原因，挖掘成本降低的潜力，不仅可以降低成本，还可以尽量避免不必要成本的发生。

1. 结构性成本动因分析

对公路施工项目结构性成本动因的分析包括对施工企业规模、物料供应环节、工程经验、技术等因素的分析。

（1）对公路施工企业规模进行分析，也就是对当前企业的规模是否达到了适度规模、是否存在规模经济效应、是否还有扩大的空间、在扩大规模之后的资源配置上是否会更合理等各因素的分析。从中找到能够降低成本的空间，从而选择和制定企业的战略成本目标，为保持企业的成本优势服务。

（2）对物料供应环节中所存在的影响成本因素的分析。例如供应商供应物料的及时性和频率会影响施工项目的库存；供应商原料包装方式会影响项目的原来成本及处理成本；还有诸如物料价格、市场供求、中间代理的多少等因素都直接影响施工项目的成本。通过对各因素的分析，施工项目可以采取各种措施来降低成本、保持成本领先的地位。

（3）对工程经验的分析过程也是对以往累积的施工经验的总结和学习的过程，项目的施工生产活动会由于经验的积累提高其效率，从而其成本可能会随着时间的推移而下降。

（4）对技术因素的分析。技术因素存在于施工项目的整个价值中，而且对项目价值的贡献份额越来越大。先进技术的采用往往会降低成本，使企业保持成本领先的地位，但有些技术的变革也常常会伴随着较高的变革成本，包括技术开发成本、巨额投资和可能的变革失败等。这就必须对技术成本动因进行确认和分析，谨慎地选择有利企业和施工项目成本降低的技术战略。

2. 执行性成本动因的分析

执行性成本动因是与公路工程施工项目实施的执行作业程序有关的成本动因。公路施工项目执行性成本动因包括项目员工参与、施工质量管理、施工生产能力的运用以及联系等。

（1）现代成本管理要求重视人的因素，强调以人为本。在公路工程施工项目实施的全工程中，价值形成的过程也同时是项目所有员工活动的集合过程，每一个员工的活动都与成本直接相关。只有增强项目对员工的凝聚力，依靠全体员工相互配合，共同努力，才能将成本置于真正的控制中，实现成本降低，提高竞争力。

（2）施工质量在价值链中表现为"顾客价值"。公路建筑产品为顾客提供的是满足的、便捷的出行方式。施工质量则影响顾客的需求满足度，从而影响了公路建筑产品和服务对顾客的价值。因此，质量管理对项目成本的影响有着举足轻重的作用。施工项目既要保证满足需要的质量，又要保持成本优势，在消耗资源形成价值的过程中，二者存在相互依赖和相互制约的关系。因此施工质量管理的分析必须建立在正确处理质量和成本的关系的基础上，找到同时满足质量高、成本低的平衡点或者平衡范围，达到提高项目整体效益的目的。

（3）在公路工程施工的过程中，生产能力的运用主要是指项目全体员工、设备和管理能力的利用和发挥，而且生产能力的利用受到季节、气候变化的影响。因此，对生产能力的运用要进行全面分析，并根据需要及时对以上因素进行调整，提高生产能力的利用率，尽可能地节约各种资源的消耗。

（4）联系是指各项活动连接起来构成价值链的方式。在公路施工项目中，项目的实施过程也同时是价值形成的过程，各项价值活动之间的连接方式就表现为联系。公路施工项目的联系有两个方面：一是项目内部的联系，即各部门、各班组以及上下级之间的相互协调、相互补充和合作的关系。二是项目与业主、供应商以及顾客（即公路建筑产品和服务的消费者）的联系。对联系的各个环节进行分析，可以更有效地实施项目的成本管理。

综上所述，要适应瞬息万变的外部市场环境，取得持续性的竞争优势，公路施工企业就必须站在战略的高度上去实施成本管理，从战略角度来认识、分析价值链、成本动因问题，在许可的范围内，制定和实施项目的成本战略，并在此过程中引导项目走向成本最低化。

（四）"以人为本"的成本管理意识

现代的企业管理理论是，以人的管理为中心，把员工积极性充分调动起来，科学地组织起来，以高经济效益和社会效益为目的的整体管理方式。

在项目管理和项目成本管理活动中，人是决定成本高低的关键因素，应始终以人为本，把人的因素放在中心位置，时刻把调动人的积极性放在主导地位。公路施工企业树立"以人为本"的成本管理意识，应主要从以下几个方面考虑：

（1）培养全员成本意识，实施全员参与的成本管理。全员参与的人本管理思想，强调依靠从内心深处激发每个员工的内在潜力，主动性和创造精神，从而使员工能够自己解决问题和持续改善作业，改进成本管理。在项目的各项活动中，人是主体，在成本发生和形成的过程中，人也是关键因素，因此，成本管理应以每个员工为起点来进行。所以必须向全体职工进行成本意识的宣传教育，培养全员成本意识，要求企业各级管理人员及全体员工充分认识到企业成本降低的潜力是巨大的，鼓励参与意识，变少数人的成本管理为全员的参与管理。

（2）充分调动职工成本管理的积极性。项目经理作为项目经理部的核心领导，应该起到带头作用，这样才能形成一个以项目经理为核心的成本管理体系，便于调动职工的积极性和主动性，便于大家共同为项目的成本管理献计献策。要鼓励和保护员工展开合理化建议和技术改进活动的积极性、创造性，更有效地利用和节约能源，降低消耗，采用新技术、新工艺、新材料，精打细算，精耕细作，为降低成本提高效益做出贡献。另外，项目部还应该制定一系列的奖励办法，来调动职工的积极性，共同参与成本管理。

（3）善于发现和挖掘职工参与成本管理的潜能

①创造良好的人才成长环境。一是心理环境建设，提高全体职工对"搞好成本管理，人才是关键"的认识。二是政策环境建设，企业在实行技术研究开发和管理创新中，出了问题应由领导承担失误责任，而取得成绩时，荣誉、奖励、署名权都属于研发人员。三是物质环境建设，改善人才的工作环境和生活环境，保证充分发挥他们的潜能。

②建立人才培训体系。一是设立专职的责任部门和责任人，制定以岗位培训为主，以脱产培训、专题进修为辅的教育培训计划制度等。二是在岗锻炼，迅速提高职工成本管理的理论认识和技能。

（4）满足项目职工不同层次的需求，创造一个各尽所能的氛围，以充分发挥人的主观能动性。因为人的任何活动，归根到底都是为了满足自身的各种需求，所以，项目部应该根据员工的不同需要，正确引导，主动营造一个能够发挥员工主动性的环境，激励每个员工各尽所能，并将其应用到项目的成本管理中。

（五）系统化管理的观念

由于长期受到传统经济观念的束缚，施工项目在成本管理中往往只注重施工过程的成本管理，没有对成本进行系统地分析与研究，这种成本管理观念远远不能适应市场经济环境的要求。

在市场经济环境下，企业应树立成本的系统管理观念，将企业的成本管理视为一项系统工程，强调整体于全局，对企业成本管理的对象、内容、方法进行全方位的分析研究。凡是影响成本的一切因素，不论是技术、行政，还是党群管理等方面，都应纳入成本管理的范畴，都要进行成本与功能、成本与方案、成本与资源、成本与工艺、成本与质量、成本与规模、成本与体制机制、成本与市场竞争等的分析和研究，要求成本管理必须与生产经营的动态因素结合，从整体上把握总体成本管理的水平。

首先，施工项目对成本要进行全程管理，使其不再局限于施工过程中，而是应对其从投标开始，到项目中标后的前期准备、施工过程、竣工验收、保修期内保养维修的整个过程的总体成本来全面考虑，才可以使企业和项目始终保持强大的竞争力。同时，按照成本全过程管理的要求，对所有成本内容都应以严格、细致的科学手段进行管理，以增强产品在市场中的竞争力，使企业在激烈的市场竞争中立于不败之地。

其次，在市场经济条件下，项目成本管理的重心应由内部转向外部，由重生产管理转向重经营决策管理，既要充分了解相关技术的发展态势、掌握市场动态、对市场供求进行分析，又要研究分析各种决策成本如相关成本、差量成本、机会成本、边际成本、付现成本、重置成本、可避免成本、可递延成本、未来成本等等。有效地避免决策失误给企业带来的巨大损失，为保证企业做出最优决策、获取最佳经济效益提供基础。

（六）效益驱动的成本观念

在市场经济环境下，经济效益始终是企业管理追求的首要目标，成本管理工作也应该树立成本效益观念，实现由传统的"节约、节省"观念向现代效益观念转变。

公路施工项目作为施工企业的一个独立单元，也要具备现代成本效益观念，尤其是在我国市场经济体制逐步完善的今天，更应该以市场需求为导向，通过提供质量尽可能高、功能尽可能完善的公路建筑产品，力求获得尽可能多的利润。因此成本管理应与项目的整体经济效益直接联系起来，以一种新的认识观—效益驱动观念看待成本管理问题。

项目的一切成本管理活动应以效益驱动的观念作为支配思想，从"投入"与"产出"的对比分析来看待"投入"（成本）的必要性、合理性，即努力以尽可能少的成本付出，创造尽可能多的使用价值，为项目获取更多的经济效益。这里，值得注意的是："尽可能少的成本付出"与"减少支出、降低成本"在概念是有区别的。"尽可能少的成本付出"，不仅仅是节省或减少成本支出，它是将项目总体效益最大化作为主要目标，来实施成本管理工作的，同时也体现了成本管理的全局观念。

在项目施工中，对某分部分项工程的施工做些改进，使该分部分项工程的成本增加，但是却会使项目的总体成本降低，提高项目的整体效益，那么这部分增加的成本就是符合成本效益观念的。又比如，项目推广合理化建议，虽然要增加一定的费用开支，但能使项目获取更好的效益；为充分论证决策备选方案的可行性及先进合理性而发生的费用开支，可保证决策的正确性，使项目获取最大的效益或避免可能发生的损失。这些费用的支出都是必需的。这种成本观念可以简单地说是"花钱是为了省钱"。

总之，我们应该从效益出发来进行项目的日常成本管理活动，研究收益增减与成本增减的关系，以确定最有利于提高效益的成本预测和决策方案。

（七）科技进步和技术创新是增强企业综合竞争力的决定性因素

随着科学技术的发展，成本管理正在从经验型走向科技型管理。降低成本的根本出路在于科技创新。为增强竞争力，企业必须加快科技创新的步伐，提升企业技术水平。随着市场经济体制的逐步完善，公路建设市场逐步实现规范化，公路施工行业内的竞争日益激烈，逐步迈进了"微利"的时期，公路施工企业已经不可能依靠较高的标价去获取利润。因此，科学时代的施工企业成本管理必将与施工生产、技术工艺、企业信誉等交融在一起，在改进技术，提高工艺，降低成本消耗的同时，有通过强化成本控制，提高经济效益来促进科技进步。

一方面，要重视施工方案的优化、工艺技术的创新、新材料的运用、设备技术的改进、员工素质的提高和采用计算机管理等措施，实现管理手段、方法的科学化，进而把降低成本与技术进步有机结合起来，由此形成了一个比较完整、系统的、能够适应市场经济发展要求的现代成本管理体系。

另一方面，在实施成本管理时，要时刻以市场为导向，通过优化企业资源配置，把企业的各种生产要素有机结合起来，运用现代科技方法和手段，建立以科技驱动为核心的成本管理体系，使企业生产组织更趋现代化，资源配置更加合理，从而加快企业从劳动密集型向技术型转变，并确定合理的组织结构和责任制度以及完善的激励机制。

二、成本管理方法的选择

（一）作业成本法的应用

（1）作业成本计算的基本原理是：成本对象消耗作业，作业消耗资源。即成本对象引起作业需要，而作业需要又引起资源的需求。

用作业成本法计算产品成本时，需要将着眼从传统的"产品"上转移到"作业"上，以作业为核算对象。首先根据作业引起资源的消耗，将资源成本归集到作业。作业耗用资源的过程意味着成本发生，也就是说，作业是导致资源消耗的直接原因；其次，根据作业动因把作业成本分配到成本对象，而成本对象耗用作业，这个过程意味着有作业的实施才形成具有价值的产出。用成本归集与分配的术语来说：①资源价值由于作业的需要归集到作业上；②由于产出需要作业的消耗，才将作业成本分配给成本计算对象。

因此，作业成本计算不仅仅对成本对象的成本进行控制，而是把成本发生的前因后果作为着眼于找重点，并以作业为核心，以资源的消耗为导线，研究和分析所有作业活动，对最终成本对象形成过程中所发生的作业成本进行有效的控制。所以，作业成本计算并不是"就成本论成本"，而是把重点放在作业及其动因上，充分体现了战略成本管理的思维。

（2）将作业成本法运用到公路施工项目成本管理中，体现了战略成本管理的思想。其优点具体表现在以下几个方面：

①它是一种全面管理的方法。

它是对施工项目全过程的管理，在施工项目实施的过程中，每一道工序，都伴随着价值的形成，而作业链—价值链的不断完善和优化过程，就是对施工项目成本的全程管理过程。第二，是对公路施工项目成本进行全员管理的一种方法，在对施工项目实施的过程中，人始终是处在主体的地位，每道工序的进行、每种资源的消耗，都是由人来操作和进行的。因此，作业链的优化过程，是施工项目全体员工共同进行成本管理的过程。第三，作业成本管理是一种全面质量管理。由于公路施工项目具有单件性和一次性的特点，每个分部分项工程的价值集合为项目的总体价值，对施工项目中每个不增值作业的消除和每个增值作业的优化，就是对每个分部分项工程进行质量管理的过程，因此，作业链—价值链的优化过程，就是施工项目全面质量管理的过程。

②作业成本法体现一种系统管理的观念。

作业成本法在公路施工项目成本管理中的实施，不是哪个部门、哪个班组或者哪个岗位能独立完成的。它要求项目从管理层到施工操作层，从资源采购消耗到价值形成，以及各部门、各岗位的相互协调，形成一个从上到下，由此及彼的循环过程，直至施工项目的最终完成，形成一个完善的系统工程。

③作业成本法是一个动态管理的过程。

施工项目中作业链—价值链优化的整个过程都体现了动态管理的思想。在以作业为起点和核心的管理过程中，要求施工项目把重点放在每一作业的完成及其所消耗费的资源上，并通过作业分析，溯本求源，根据技术与经济相统一的原则，不断改变作业方式，重新配置有限资源，从而达到持续降低成本的目标。这种不断消除不增值作业，优化增值作业的过程，正是全过程的动态管理。

（3）公路施工项目开展作业成本管理的具体步骤：

①建立作业中心，认定增值作业，消除不增值作业。第一，在熟悉施工生产流程的基础上识别和认定作业，并根据同质性原理归集相关作业，建立作业中心；第二，认定增值作业和不增值作业，并计量每项增值作业、不增值作业成本；第三，努力消除非增值作业，降低增值作业成本。

②建立作业成本控制标准。这里的作业是指增值作业，标准的讨论是针对低效、高效而言。作业成本控制标准的确定，实质是确定了增值作业的资源耗费水平。

③计算实际作业成本。实际作业成本是指一定期间内作业中心归集的实际资源费用之和，它与标准作业成本的计算期、计算口径应保持一致。实际作业成本不全是增值作业，它可能包含着不增值作业，例如返工作业成本、废品作业成本、库存作业成本等。

④作业成本差异计算与分析。一般来讲，由于生产经营内外条件偏离预期，实际作业成本往往与标准作业成本发生偏离，这种偏离称为"作业成本差异"。为了寻找差异的原因，判定施工作业减耗增值的实际效果，需要进行差异分析。差异分析的一般步骤是：计算差异数额并分析其种类；差异调查，寻找原因；判明责任，采取措施，改进工作。

⑤业绩评价、持续改进。建立的作业成本控制机制可以用于业绩评价，下一步应建立动态控制目标。并辅以相应配套的激励措施，来保证施工作业过程的持续进步。

（二）目标成本管理法的运用

1. 目标成本管理的基本内容

目标成本管理是现代企业管理的重要手段之一，是将目标管理的一套思想和方法，应用于成本管理中，形成成本管理的一种新思想、新方法，是指企业在成本经营活动中，把成本目标从企业目标体系中抽取出来，用它来指导、规划和控制成本的发生和费用的支出，借以达到降低成本管理，对于严格限制项目的各项成本支出，提高企业的经济效益，提高工程项目的管理水平，发挥员工的积极性等，都有着重大的意义。

施工项目目标成本管理的基本思想是：从工程项目中标开始，即处于目标锁定状态，工程施工的一切活动都以目标为导向，而工程施工的最终结果也是以完成目标的程度来评价的，目的在于从企业内部挖掘潜力，节约资源，降低消耗和增加效益，使广大员工增强成本意识，充分发挥积极性、主动性、创造性，为增强企业竞争力，提高企业经济效益做出贡献。

公路施工项目目标成本管理可以分为三个阶段：目标成本确立和分解阶段、目标成本控制阶段、目标成本的考核阶段和改善阶段。根据工程项目的施工特点，整个施工项目的成本是以工程项目为中心展开的。因此，施工项目成本的目标制定、实施以及达成都应是一个完整的系统。从根源上限制了施工成本的支出额度，通过不断地设定目标、分解目标，最终实现对施工成本的有效控制。

2. 目标成本管理的步骤

（1）成本目标的确定

成本目标的确立是施工项目实施成本管理的起点，目标成本制定的科学性和合理性直接影响到目标成本管理的有效性。

首先，在项目实施之初，项目经理部要充分掌握市场动态和国家有关的方针政策，结合项目自身状况，对未来的施工成本进行科学的预测，并进行认真分析和研究，避免盲目性和减少风险性；然后再制订出切实可行的成本计划，进一步确定施工项目在计划期内的生产费用、成本水平、降低成本率和降低成本额所采取的主要措施和方案。

（2）成本目标的分解

成本目标确定后，将目标成本分解到部门、分包单位、班组、岗位等各个层次上，并根据项目的工期要求，按时间分解为年、月、季度、旬的成本目标，按费用项目标体系分解为人工费、材料费、机械费、管理经费等成本目标，形成各自的成本目标体系。其基本分解方法是自上而下、由粗到细，将施工项目成本依次分解、归类，形成层层保证、相互联系的分解结构。在进行成本目标分解的同时，应注意与各部门和个人的岗位责任制和经济责任制结合起来，做到责权利相互结合。而且，分解到各个部门和个人的目标成本必须是部门和个人能控制的成本，具有可操作性，否则，将失去成本管理的意义。

（3）成本目标的控制

成本目标的控制即对成本发生和形成的过程进行全过程控制。目标成本能否实现取决于目标成本的实际执行情况，即目标成本的控制。根据设定的目标成本，选定合适的施工技术与方法等，采用各种控制手段，进行指导、调节、限制和监督，保证目标成本的实现。既要找出影响目标成本实现的重点因素，采用科学的方法，对这些重点因素进行重点跟踪控制，又要对发生的偏差或出现的问题，及时进行分析研究，查明原因，并立即采取有效措施，以保证所发生的成本在预定范围内。

（4）成本核算

目标成本管理要求成本核算过程不仅能够反映成本的实际发生情况，更应将所设定的目标成本在一定时期分解的目标与实际发生情况表示出来，供下一步的成本控制使用。成本的核算工作一定要及时，以便准确地进行成本分析。

（5）成本分析

成本分析主要是将通过成本核算获得的实际成本结果与设定的成本目标进行比较分析，帮助成本管理部门了解成本节约或超支的情况，为分析原因并找出改进措施提供信息。成本分析作为成本管理工作的重要组成环节，对成本降低起到极其重要的作用。尤其是对于那些占成本比重很大、经常发生波动并且控制比较困难的目标成本更要经常性地进行检查，并在此基础上深入分析主观因素和客观因素、有利因素和不利因素以及主要因素和次要因素，对比差距，揭露矛盾，充分挖掘项目内部潜力，为今后制定目标成本提供新的依据。

（6）成本考核

成本管理绩效的好坏，需要按目标责任考核对象进行考核。将经济责任与目标成本控制水平紧密联系在一起，用经济责任来保证成本目标的实施，使目标责任制度化、规范化，有利于成本管理的深化。其基本做法是：首先，层层签订责任状。即由项目部将成本目标责任分解到各具体施工人员，明确目标责任与经济利益的考核措施，充分体现施工成本目标管理责、权、利相结合的原则。其次，要定期检查。由项目部组织有关人员进行目标执行情况的检查。检查成本实际支出情况是否符合目标要求。同时检查目标责任的落实情况，为最终考核提供依据。最后，对成本目标的相符率和达成率进行能够考核和评价，运用有效的激励手段，奖优罚劣，从而调动各方面降低成本的积极性。

管理方法的选用，必须根据项目自身特点和实际情况，全面考虑企业的经济实力、技术状况、人员因素以及项目的工期、质量要求等各方面的因素，合理选用科学的方法，认真贯彻落实，才能真正达到降低成本、提高效益的目的。

（三）价值工程在施工项目成本管理中的应用

1. 价值工程的定义及基本原理

价值工程是以功能分析为核心，使产品或作业达到适当的价值，即用最低的成本来实现其必要功能的一项有组织的活动。

价值工程的目的是力图以最低的成本使产品或作业具有适当的价值，亦即实现其应该具备的必要功能。因此，价值、功能和成本三者之间的关系是：

价值＝功能（或效用）／成本（或生产费用）

用数学公式可表示为：

$$Y=F/C$$

式中：Y 表示价值；F 表示功能；C 表示实现功能的成本。

根据上述公式，我们可以从下列途径提高产品或作业的价值：

（1）功能不变，成本降低；

（2）成本不变，功能提高；

（3）功能提高，成本降低；

（4）成本略有提高，功能大幅度提高；

（5）功能略有下降，成本大幅度下降。

从价值工程的定义我们可以看出它包含四方面内容：

（1）着眼于寿命周期成本。寿命周期成本是指产品在其寿命周期内发生的全部费用，包括生产成本和使用成本两部分。

（2）价值工程的核心是功能分析。功能是指研究对象能够满足某种需求的一种属性。也即产品的具体用途。

（3）价值工程是一项有组织的管理活动，价值工程研究的问题涉及产品的整个寿命周期，涉及面广，研究过程复杂。

（4）价值工程的目标表现为产品价值的提高。价值是指产品对象所具有的功能与获得该功能的全部费用之比，即价值是单位费用所实现的用途。

价值工程与一般的投资决策理论不同。一般的投资决策理论研究的是项目的投资效果，强调的是项目的可行性，而价值工程是研究如何以最少的人力、财力、物力和时间获得必要的功能的技术经济分析方法，强调的是产品的功能分析和功能改进。

2. 价值工程的优点

通过价值工程活动，可使企业确定最佳施工工艺、施工方法，在保证质量的前提下，为业主节约投资，提高功能，降低寿命周期成本，增强企业市场竞争力；价值工程活动可以把施工环节各工序以及后勤、财务等部门和各类人员的活动，都以提高公路的价值为目标，有组织地结合起来，从而提高工作效率和工作质量；通过价值工程活动，可以使企业充分利用已有的生产条件，合理使用各类资源，在保证质量的前提下，提高功能，降低成本，提高效益，同时，还可以提高施工项目人员的整体素质，改善内部组织管理，降低不合理消耗，提高企业自身的价值，增强企业的市场竞争力，从而提高企业自身的社会知名度。

3. 价值工程的运用步骤

（1）确定价值分析对象，进行功能定义和评价。以施工项目中具体的施工方案、施工方法、人员配备、机械设备选型配备、物料采购等项内容为对象，综合建设单位和监理单位的要求，进行功能定义和评价。功能指标应准确全面、能够量化，并把功能指标、权重量化标准及评价方法予以明确。

（2）方案创新。

（3）计算各施工方案的功能系数。

功能系数 = 分部工程得分数 / 施工项目总得分数

（4）计算各施工方案的成本系数。

成本系数二分部工程预算成本／总成本

（5）计算各施工方案的价值系数。

价值系数二分部工程功能系数／分部工程成本系数

（6）确定价值分析的对象，制定改进措施。凡价值系数小于1者，均可作为改进对象，诊断存在问题，制定改进措施。

（7）成果验收和总结。

在公路工程项目施工生产管理过程中，我们应多运用价值工程来衡量施工方案、施工方法是否有益于提高工程质量和保证工期，有效地避免因盲目地投入资源，而造成公路建设产品功能不足或功能浪费的现象发生。

三、建立科学的成本管理保障体系

（一）建立完整高效的组织机构

任何管理工作的顺利进行都是以组织为保障的。只有一个完善的、运行有序的严密组织管理体系，才能保证管理工作沿着既定的目标前进。成本管理体系中组织结构是指企业员工为实现相应的成本管理目标，按照其相应的管理岗位在工作中进行分工协作，在职务、责任、权利方面所形成的结构体系。组织结构的本质是权利分配和员工的分工协作关系。

施工项目管理组织结构可以分为三个层次：一是项目管理决策层，它是项目管理的核心，从总体上把握施工项目的施工生产和成本管理，它掌握着施工生产要素的调配权；二是中级管理层，它是由一批施工、生产管理和技术方面的复合型人才组成的，包括各类专业技术人员、财会人员和其他管理人员，负责实施项目决策层的施工、管理决策，并从不同角度对劳务作业层的施工操作过程进行控制；三是劳务作业层，这是为工程项目的施工输出劳务的一级组织，包括施工队一级的管理人员和操作人员，是现场实际操作的执行者，并对其任务目标负责。项目经理部必须结合本项目的实际情况和特点确定成本管理的组织及人员，负责本项目部所承担工程的施工项目成本管理，对本项目的施工成本及成本降低率负责。而且，随着成本管理活动的展开，根据不同的管理范围和管理特点，各部门、各岗位的权力和责任也有不同。因此，在确定成本管理的职权结构时，要注意权力要有层次，严格分清决策、落实和执行层次的责任和管理权限，职责要有范围，分工要明确，关系要清晰，防止责任不清造成相互扯皮推诿，影响成本管理职能的发挥。只有建立完整高效的组织机构，才能保证成本管理活动的有效运行。

（二）建立合理可行的成本管理制度

明晰的运行程序和严格的管理制度是成本管理工作顺利进行的基础。制定合理的成本管理制度，用来规范、指导项目的成本管理工作，在成本管理体系中是极其重要的。尤其是对一个独立的工程项目而言，为了保证成本管理的有效性，项目成本管理制度必须是可操作性较强的执行文件，要求每个员工都要严格遵循。因此，在编制成本管理制度时，要做到以下几点：

（1）要选择结合时间的成本管理方法，采取的措施要具有可操作性。

（2）成本管理目标的制定要明确。成本管理范围的界定要清晰、简明，方便操作，否则将失去指导意义。

（3）各部门、岗位的职责要具体，人员分工要明确。只有分工明确才能使各部门、各岗位的人员明确各自的职责。并做到各司其职，发挥项目管理的整体优势，确保项目成本管理目标的实现。

（4）要有明确严格的工作程序。包括原材料供应、劳务分包、机械租赁等要素的供应时间、供应方式、组织方式等都要给予认真设计和准确描述。成本管理不仅涉及成本生产的全过程，而且涉及对成本管理成果的测定。因此，对施工生产过程成本费用数据的收集、整理、核算等都要有明确严格的规定。

（5）要制定严格的考核制度和奖惩办法，对各部门、各岗位职工管理工作成果与其目标进行比较，对其成本管理活动效果做出评价，并做出奖励或者处罚。考核内容包括施工项目成本考核和成本管理体系及其运行质量考核。施工项目成本管理是施工项目施工全过程的实时控制。因此，考核也是全过程的实时考核，要以全过程的实时考核确保最终考核的通过。同时，要将考核与奖惩办法挂钩，根据考核的结果确定奖惩，以调动职工进行成本管理活动的积极性。

（三）建立完善的信息沟通体系

成本管理的信息来源非常广泛，要从企业内部、外部市场、竞争对手、顾客、供应商乃至政府等多处搜集信息。所提供的信息也要求全面而多样化：既包括企业内部生产经营信息，又包括企业外部环境信息；既包括货币性的财务成本信息，又包括诸如市场供求量、顾客满意度等与企业战略管理相关的非财务信息。而成本管理的过程也同时是对各类信息体系进行处理的过程。要想加强成本管理，保持成本优势，提高企业效益，就必须建立完善的信息体系。

公路施工项目的成本管理活动，也是离不开对信息的收集和处理的。不仅要注意收集市场供求、竞争对手、供应商等外部信息，也需要项目内部各部门之间信息的准确传递。上至管理决策层的指令任务的下达、中间各部门对目标任务的分析及落实，下到施工操作层的具体实施等各环节工作的有效完成，都有赖于对信息的准确、及时地传递和处理。

建立完善的信息体系要着重注意以下几点：

（1）信息来源要准确。无论是外部市场信息还是内部管理信息，如果不准确则会造成成本管理决策失真，导致不必要的成本费用的发生。

（2）信息收集要及时。及时对相关信息的收集，有利于项目抓住先机。对各种有利和不利情况做出快速反应，继而采取相应措施。

（3）信息传递要完整、准确、及时。信息传递是上下级之间或者部门之间互相协作，共同完成目标任务的前提条件，若不能做到完整、准确、及时，施工项目的整体目标就难以实现。

（4）充分利用办公自动化系统和 Internet 技术，构建企业内部的管理信息网络，使有关管理信息能规范化、标准化、及时、准确地互相沟通传递，同时有利于内部管理信息保密的要求。

第六章 公路工程施工技术管理

第一节 公路工程施工技术管理概述

目前，我国公路施工技术管理方面依旧处于粗线条、放任的管理状态下，公路施工技术主要表现在施工参数控制和技术文件管理两个方面，不能更好地使用公路施工技术的管理职能，施工技术要求得不到满足。施工企业在承接工程之后，将工程分包给多个承包商，许多承包商资质及技术管理参差不齐，对规定的公路施工技术管理不能更好地实施。加大中标企业对施工技术的集中管理难度，公路施工技术管理得不到实质性的开展，给公路施工质量及完成工期造成严重考验。面对严峻的施工技术管理问题，与对企业经济效益的影响，施工企业既要正视当前现有问题，又要认识公路施工技术管理的重要性。企业要健康长久的发展，提高公路工程施工的质量，就要清楚企业经济效益、企业综合管理水平都受到施工技术管理的影响。在保证施工工程质量及工期能按照合同的规定内完成下，要最大限度的满足企业施工的最大利润，并在施工过程中降低成本。企业在公路工程施工管理过程中，做好施工技术管理工作，就能达到更高的工程质量，大大提前完成工程工期。为了施工企业的经济利益与公路施工质量得到保障，公路施工技术管理作为公路施工管理的重要组成部门，就要在公路工程施工过程中全程指导与管理。

一、公路施工技术管理的概念

企业所有的技术组织管理工作的总称就是技术管理。公路技术管理，根据合同条款和技术规范，通过一定的组织系统，把规定的程序作为参照，将各种有效和必要的方法进行运用，促使工程可以满足质量标准的要求，针对设计的要求也会满足，能够在一定程度上实现设计目标，同时还可以进行管理活动。它所进行的管理活动，大都相关于技术保障、技术数据、技术文件，一般情况下，编制方案、施工过程中日常技术管理、工程测量管理、工程试验管理、工程变更管理、工程技术档案管理等工作都是包含在其中的内容。施工技术管理，企业的经济效益、企业信誉乃至企业存亡的问题，都是由它在一定程度上进行决定的，所以，针对技术管理工作一定要进行重视，但是想要把技术管理工作做好，就应该对科学尊重，施工的时候也要按照科学的要求来进行；应该将技术管理工作结合经济效益，在对质量有保障的情况下，对于经济效益也要有一定的保障；应该将国家的技术发展政策贯彻落实，让它可以在公路施工中发挥最大作用。

二、公路工程施工管理现状及存在的问题

（一）管理体制问题

公路工程项目在施工建设中涉及的内容和要素较多，因而需要重点分析其影响公路工程施工管理效率的主要原因，并在此基础上重点研究和制定出有效的管理措施。在公路工程施工管理中由于项目管理人员受传统思想管理的影响，对于施工管理的重视度不够，对于其中管理的要素掌握不足，对管理效用的认识也不够深刻。在公路工程施工管理中，相关人员对于施工现场的相关情况调研不足，因而未能制订出有效的管理机制与计划，导致公路工程施工中出现的多种突发问题难以得到有效解决。在公路工程施工管理实践中没有建立完善的制度，导致相关人员在工作中执行力不强，对于公路工程项目施工建设中出现的材料短缺问题、人员配置不足问题、工期延误问题和质量问题等频发，公路工程施工管理工作总体上处于"空架子"状态，实际管理效用不强。

（二）施工秩序问题公路

工程项目在施工建设中，由于长期以来形成的管理体制落后、管理模式落后，导致相关人员的专业化知识学习和掌握不足，对于整个施工现场的管控水平不高，对于工序安排等不合理，直接影响工程建设的效率。公路工程施工管理中对于施工内容的把握度不够高，管理秩序混乱，在人员、设备和材料等配置上存在不合理，前期施工效率过低，影响中后段的工程施工效率。在公路工程施工管理中，项目管理人员由于自身的能力和水平跟不上，导致总体的工作素质不高，在对施工现场的工序安排上存在较多的条理性问题，例如，在施工过渡阶段，对于相关材料和机械设备未能及时调入现场，导致出现施工间断期。公路工程施工工序安排方面，项目管理人员不能灵活运用平行施工，导致工期协调不当，耽误施工进度。

三、公路工程施工安全管理的特点和原则

通常情况下，我们认为公路工程施工安全管理工作主要具有以下四大特点，即长期性、复杂性、精细性和社会性，所谓的长期性就是指在公路工程施工建设的全过程中，施工安全管理工作都是贯穿其中的，甚至是到最后的缺陷责任期和保修期阶段，都必须有安全管理工作的参与；而复杂性则是指公路工程施工管理工作的施工技术、施工环境以及施工工

艺都是较为复杂的；精细性是因为现阶段我国公路工程的施工过程都是强调规范化和精细化的，每一类工艺以及每一道工序都应是遵照相应的规范要求来精细施工的；最后，所谓的社会性就是指在公路工程施工的全过程中，必须保证施工人员的人身安全和工程实体的质量安全。只有准确的理解了公路工程施工安全管理工作的这四大特点，才能确保公路工程的施工安全。

四、公路施工技术管理的重要性

（一）提高公路施工技术管理有利于增强企业整体管理水平

施工企业要想健康长久的发展，科学管理是必备的条件。其中施工技术管理是公路施工管理的重要环节，施工技术管理水平的高低直接影响整个施工工程的成败，更是企业对外展现整体管理水平的重要指标。

要加强整体管理的综合水平，就要有效实施科学的公路施工技术管理，为企业健康快速发展打下基础。

（二）公路施工技术管理有利于减少企业施工成本

有效的公路施工技术能大大提高施工材料的利用率，达到节约材料的效果。减少企业施工成本，提高企业工程资金利用率，完成企业实现可持续发展的社会责任，保护环境，减少材料污染。企业通过现场交流、组织学习、收集信息资源、开展专题辅导讲座等形式大力宣传"节材环保"，让每一个施工者都能正确地树立节约使用材料意识，如何正确地计算材料使用量，减少施工过程中材料浪费。

（三）保证施工工期顺利完成

在公路施工过程中，对公路施工技术严格管理，确保公路工程施工质量的前提下，查看每天施工进度是否符合施工标准，施工技术是否规范，如发现工期延误的情况，能更好地发现原因，针对问题开展有效措施，确保工期能如期进行，保证工期能按照计划竣工，交付使用。

（四）提高施工队伍对安全与质量意识

公路工程施工前，组织相关人员开展安全教育培训和技术交底。现在许多施工人员年龄偏大，文化水平偏低，这就要求企业施工管理人员要从根本上进行辅导与宣传，提高工作人员安全思想认识，确保公路施工人员掌握各项技术要领，在施工中能够灵活使用，加强施工人员的安全性。同时，在施工技术中，做到精益求精，完善每一个施工步骤，确保工程质量符合工程标准。

五、公路工程施工技术管理要点

（一）施工的准备

1.首先要用合适材料

公路路面在整个施工过程中是一个很重要的阶段，所以在施工开始前，我们必须选择好原材料，在原材料的选择方面，我们一定要考虑到以下几个方面的因素：（1）当地的地质；（2）气候特点；（3）测量荷载；（4）交通量；（5）公路施工所处的区域。

2.选择符合要求沥青作为路面原材料

首先，讲到沥青路面，顾名思义就是指的采用多种体积各有差异的集料、矿石材料和沥青等不同材料所合成的搅拌料，之后，在进行充分的加热，使得料的温度进一步提高，最后借助当代的先进的摊铺工艺来进行压实处理。

3.水泥混凝土作为原材料

除了沥青，公路路面还常采用另一种材料，即水泥混凝土。此材料具有诸多优势，如原料容易获得，成本较低，承载力大，具有良好的耐磨性和抗冻性。其物理性能和化学性能也能满足国家规定标准，在公路施工中有着广泛应用。在挑选路面原材料时，施工单位务必要严把质量关，确保出厂的路面混凝土强度符合要求，且要出示质量检验报告单和出厂合格证。

（二）路面施工技术

1.施工准备阶段

准备阶段起着基础性作用，务必要严格按照规定标准进行每一项操作。施工前通常会开展两个试验，即击实试验和土液塑限试验，主要是为了进一步了解公路路面的含水量和干密度。试验之后可开展下一项工作。

2.具体施工流程

公路工程的施工应该有其特有的工程流程图，并且在施工的过程中要严格遵循该种流程。其大致的施工流程应该如下：（1）进行施工路段的测量工作；（2）清理所要施工路段的杂物与垃圾；（3）对路段进行土料的填充、压实工作；（4）前期施工的设备机械全部到位。（5）使用相应的施工设备。在路面的施工过程中，通常所使用的设备一般都比较大型，比如：平地机、装载机、推土机、压路机、摊铺机、搅拌机等一些公路施工设备。

3.施工测量工作的开展

一般在路面的施工工程的正式开展前，首要的工作就是对工程路段的数据测量和放线工作，而且要使用中线来对主要的控制桩固定好，接着通过中线桩位，来把路基的边缘段的桩位的具体位置固定下来，在施工的期间，我们的施工人员一定要做到不改动所有的桩位的标准，最重要的是对原始控制点的固定。

4. 布土工作的开展

布土这一环节，在整个施工的过程中，也是很重要的一个步骤。因为施工单位在施工中，一定要充分地考虑并且把握住填土的厚度和其用量，同时，我们还应该把卸土车之间的相对距离控制住，随后一定要进行整平土层的工作，在机械平整的同时，我们还可以辅助人工平整，但是一定要注意在平整的过程中，要严格控制土料的厚度，以及保证土料中不能混入其他杂物。

5. 压实作业

路基的压实极为关键，若密实度不能保证，则在冬季可能会出现土体回缩现象，或被地下水侵入发生不规则沉降。碾压机械体积通常较大，需提前记录机械的碾压强度等信息，在试运行后，根据路基压实度最终确定碾压次数。公路等级不同，对压实度也有着不同的要求，实际施工中需根据公路用途和工程要求具体而定。

6. 路面的压实

在对路面填土、平整之后，就要进行路面的压实工作，现今的压路设备已与过去不同，现在的压路机大多都是大吨位的，这样的压路机，在碾压的过程中，所起到的作用也好很多，目前，我国一级公路与其他公路的路面压实度通常不得低于95%，并且它的验收标准通常也是根据一级公路与其他公路验收标准进行验收的。

第二节　公路工程施工安全管理及施工技术
存在的问题

一、公路工程施工安全管理存在的问题

（一）公路工程安全管理意识淡薄

意识是行为的首要前提，对于公路工程，管理的安全意识是公路系统安全运行的保障。现今的公路安全管理意识主要有以下几点缺陷：

（1）工作人员对日常的公路运行监管意识不够严谨，包括酒后驾车，超速超载，以及违章车辆的监管检查工作不够细致，有些情况下造成公路上的人员伤亡，甚至可能会导致公路系统的暂时性瘫痪。

（2）公路工程的部分决策人员自身的安全管理意识薄弱，在日常的工作当中放松对工作人员的安全意识的监督，酝酿了不够严谨的工作环境。

（二）公路工程安全管理机制不够完善

公路工程安全管理机制是日常工作的行为准则，机制不够完善直接影响公路安全管理的实施。主要存在以下几点：

（1）管理机制并没有完全契合时代的发展，机制较为陈旧，对工作人员的任务分配，仪器的使用都不够科学，造成有些紧急情况下的工作慌乱。

（2）公路工程安全管理机制在突发情况下，理论不能够与实际工作结合，甚至有些时候行为准则与机制不符，架空了理论的安全管理机制。

二、公路工程施工技术的弊端

（一）公路工程施工技术烦琐

一项公路工程的施工会比较烦琐的步骤，在部分情况下复杂的施工会延误公路工程的工期，浪费不必要的人力物力财力，影响公路工程的正常进行，烦琐的技术步骤也相对容易出现差错，造成公路工程的质量相对偏低，对公路的安全埋下隐患，导致非天灾的经济损失。

（二）对实况路面的施工技术不够全面

在不同的路段，不同的地理位置，不同的气候条件等自然条件下，公路的施工技术不够全面。相对简单的施工方案在不同的条件下没有得到适当的改进，施工技术也没有相应的契合，在公路的安全中是相对较为严重的隐患。

第三节　公路施工技术管理措施

公路施工技术管理与人民群众的日常生活息息相关，如果管理不好，会影响到国家经济社会的发展。因此，作为施工企业，在施工的过程中，一定要保证工程的正常运行并提高工程的质量。在施工过程中，对人民生命财产安全负责、对经济社会发展负责。

一、按照标准施工，减少施工隐患

技术标准是质量的基础。质量专家石川馨教授认为，没有科学的技术标准，就没有质量的成功；技术标准执行不力，质量控制将以失败而告终。

交通部颁布的《公路工程技术标准》（JTGB01—003），对各等级公路建设的技术指标和参数有着严格的规定，施工企业必须严格遵守，确保该标准得到贯彻落实，坚决杜绝"豆腐渣"工程。例如，沥青路面摊铺时，必须严格按照设计方案执行，厚度、压实温度、初压吨位、复压吨位等技术参数要做到精确，以免出现质量隐患；用石渣填筑土基时，石渣的厚度不能小于50cm，砾石含量不能小于70%，必须使用大吨位振动压路机进行碾压；在新旧路基的连接部位，要严格执行错台填筑、分层填筑、分层压实、每隔lm进行一次补强压实的技术标准；桥（涵）洞填料，砾石含量不得低于70%，每层的压实度厚度不能大于20cm。

二、规范管理机制，确保施工安全

科学、规范、高效的施工技术管理，是施工安全的重要保障。通过分析公路施工中屡屡出现的各种安全事故，发现许多施工事故是由于安全技术管理机制不规范，对公路工程施工安全技术规程执行不力造成的。施工企业要最大限度地杜绝事故的发生，就必须规范施工安全技术管理机制。比如，在工程开工前，施工单位要制定相应的安全技术措施；要对施工人员进行安全技术教育，使他们熟知和遵守安全技术操作规程。在施工现场，要制定出合理的平面布置图；易燃易爆品要放置在离生活区50m以外的地方，并外设围栏；要配备防污染设施。在施工中，施工人员必须按规定穿戴和配备安全帽等防护用品；在陡坡及危险地段施工时，应腰系安全带，脚穿软底轻便鞋；大风、大雾和雨天不得进行伐树作业；发现山体有滑动、崩坍迹象时，应先排除险情再进行施工；石方爆破作业要严格按国家现行的《爆破安全规程》（GB 6722—2011）执行。施工结束后，要整理施工现场，勿残留杂物；所有材料要集中存放在安全区域内，并专派人看守。

三、更新施工技术管理理念，提高管理效率

（一）更新管理理念

科学的管理理念是企业施工技术管理的行动指南。虽然改革开放已经过去30多年了，我国却仍有为数不少的公路施工企业管理者，管理理念仍停留在计划经济时代，未能摆脱以往的陈旧管理思维，缺乏创新的勇气和锐气，技术管理工作常年停留在"技术文件管理"和"施工参数控制"的层面，对"施工技术管理"的重要性认识不足。因此，企业要实行公路施工技术管理，首先必须更新施工技术管理理念。

（二）提高施工技术管理效率

施工技术管理效率影响企业的效益，施工技术管理的终极目标是最大限度地为企业创造经济效益。提高施工技术管理效率，能提升企业的经济效益：在人工费控制管理方面，可以压缩非生产用工和辅助用工的人数，严格控制非生产人员比例，减少窝工浪费；在材料费用控制方面，可以提高材料采购、运输、保管、使用等的效率，减少损耗；在机械费控制管理方面，可以提高机械的完好率和利用率，降低机械使用费；在间接费控制方面，可以精减管理机构，节约施工管理费。另外，在公路工程施工过程中，提高施工技术管理

效率，广泛运用新技术、新工艺，还能提高施工部门之间以及施工人员之间的沟通与配合，提高施工设备的有效利用率，防止返工、工期延误、人工费用因工期延误而大幅增加、材料乱领乱用、积压浪费、违约等现象的发生，从而提高工作效率，降低工程的时间成本、事故成本和人工成本，有效提高企业的经济效益。

四、提高施工队伍的综合素质

公路施工技术管理是一项很专业的工作，其管理人员担负着计划、组织、指挥、控制工程实施等多方面的重任，他们的素质决定着施工技术管理的效果。因此，公路施工技术管理人员必须具备编制完善的管理制度和作业指导书、建立健全施工技术管理体系、贯彻执行相关的技术政策和法规、对施工过程进行控制管理、处理好与监理和施工单位关系等多方面的能力。要提高施工技术管理人员的综合素质，施工技术管理人员自己不能故步自封，要经常走出去进行学习交流。此外，施工企业还应通过"请专家进来培训，送员工出去深造"等方式，将技术培训、技术学习、技术交流、新技术推广列入管理人员的日常工作中，通过开展形式多样的学习、培训、实践活动，使管理人员熟练掌握施工中各个分项、分部施工技术要求、施工方法和质量标准等，从而提高他们的管理水平和业务素质，提高他们履行岗位职责的能力，使他们在工程施工中能及时发现问题、高效处理问题，把技术、质量、安全等事故隐患消灭在萌芽状态。

五、完善施工管理制度

要提高公路施工技术管理效率，必须参照国家以及相关主管部门颁布的各项公路施工规程、规定、规范和标准，针对企业承建工程施工的具体特点，建立和完善本企业的管理制度，将公路施工技术管理纳入制度的轨道，使技术管理工作有章可循、有法可依，并在生产实践中不断完善和补充，用制度来对公路施工技术管理进行强制性规范，从根本上为公路施工的监督管理奠定坚实的基础。施工企业要建立和完善技术负责制度，使管理人员各尽其职、各负其责，防止和杜绝责任不清或无人负责的现象；要建立和完善技术核定制度，及时解决施工过程中发现的图纸差错，或与实际条件和地质条件不符的问题；要建立和完善日记制度，为公路施工监管提供依据；要建立和完善技术交底制度，使施工人员做到心中有数，确保施工管理有计划、有组织地完成；要建立和完善验收制度，完成交工报告和技术总结，确保工程质量。

六、加强公路施工图纸会审

公路施工图纸，是施工企业用来指导公路工程施工的图示依据。公路施工图纸的内容包括路线、路基、桥梁、涵洞、路线交叉、路面、筑路材料、执行规范标准、材料数量、安全消防设施、沿线的区域规划及其设施等，对于工程的实施具有很强的指导作用，是工程的施工依据。如果施工图纸出错，会给工程造成重大的损失。因此，未经会审的施工图纸不能用于施工。公路施工图纸会审要有组织、有领导、有步骤地进行。参与施工图纸会审的人员必须包括监理单位、施工单位、设计单位、建设单位、供货单位的专业人员。参审人员要对图纸进行查缺补漏和优化完善，尽可能提高施工图纸的设计质量。各方意见统一后要形成决议，作为施工依据。

第四节　公路施工安全防范措施

一、明确安全管理的主要内容及目标

在进行公路施工以前，必须要明确安全管理的主要内容以及目标，要充分了解在施工过程中的安全隐患问题。要认识到安全隐患的问题所在，对潜存可能发生的安全隐患进行排查，尽量避免安全事故发生的概率，并且应提前采取的紧急措施，要把安全生产的责任制落实在每个施工人员的身上。并且在施工以前要签订公路施工安全管理合同，在合同的内容上要针对安全生产的措施以及人员做出具体的工作要求，制定责任制，要坚决避免安全事故问题的发生。

二、提高公路施工从业人员的安全素质

只有对安全管理人员开展继续教育和成人教育，才能使低重心的学历组成情况发生改变，但若要使安全管理人员的职称结构发生改变，增加中级和高级职称人员的数量，安全管理工作就不应该让无专业水平的技术人员来负责。一部分职称和学历都比较低，且已从事安全管理工作的安全管理人员，对其进行专业知识的培训，使其具备过硬的公路安全技术知识及专业知识，且整体水平得以提升。此外，使工人素质得以提升的措施首先就是对农民工开展更多的安全教育及职业技术培训，使其具备过硬的安全操作技能及安全生产意识。也应该根据具体的工种开展相应的专业技术培训。

三、加大施工设备的资金投入

保证施工安全设备操作人员应按照机械操作指南妥善操作，避免违规操作。对于机械设备要按照相关的保养手册或者保养制度，进行定期保养，防止机械出现老化或者故障隐患。在施工现场，有些设备利用率高，容易出现损坏，对于这些设备，工作人员就需要做好定期检查工作，跟踪诊断，保持预防性修理状态，避免事后修理。如果机械设备发生突发性异常，应及时停机检查，并向技术人员报告，以便组织人员进行现场检修。

四、改善施工作业环境

（一）预防生产性粉尘和噪音的危害

想要预防粉尘和噪音的危害，首先要加强对这方面的组织和宣传工作，培养大家的防范意识，做好预防工作。对于粉尘和噪音危害出现较多的施工阶段，建立起相关的危害检测制度，要求相关的检测人员做定期的检测，医务人员对工作环境做出评价和指导，如果不达标，则需要及时地进行整改，改善施工人员的工作条件和工作环境。其次，对于一些工作岗位，不可避免地会出现粉尘危害。在这样的工作环境下，技术人员应采取相应的措施，降低施工环境中的粉尘浓度，保障施工人员的人身安全。一般的做法都是采用湿式作业，这种方法既经济又能很好的抑制粉尘的飞扬效果。湿式作业通常都应用于湿式凿岩，冲刷巷道，净化进风等。对于噪音的危害，一般都需要在设备上下功夫，降低噪音源。

（二）防暑降温

对于夏季的高温，建议采用小换班制，多频此段时间的作业；延长午休时间；休息点应设置风扇、清凉用品等；有条件的也可安装空调。

五、切实加强安全意识教育

巩固施工安全防范措施要加强对建设单位专职安全管理人员、施工企业"三类人员"、特种作业人员以及新上岗人员等的安全教育和业务培训，使从业人员具备必要的安全生产知识和技能。所有参加营业线施工人员都要经过三级安全教育（民工队、项目部、施工单位），各专业工种要督促所属施工单位建立安全教育台账，凡未经安全教育的一律予以停工处理。要开展施工现场安全生产事故应急、"三防"应急等预案的应急演练，进一步检验预案的针对性、实用性和可操作性，完善事故应急操作流程，规范应急指挥程序，加强应急物资、器材、装备和技术保障，锻炼管理人员及救援队伍应急能力，确保一旦遇险能有效自救互救，及时疏散撤离人员，减少事故损失，避免人员死伤。除此之外，要坚持"安全第一"的思想，加强施工组织管理，务必做到"五不四无一有"，即安全不出事、运输不混乱、作业不过头、施工不延误、配合不缺位；把关无盲点、协调无盲区、质量无隐患、工完无散料；应急有预案。同时，要认真落实施工"三会"，即在每天施工结束后召开点评会，对当天施工安全、质量、正点和配合情况进行小结，对次日工作进行安排；每月召开一次施工专题会议，每旬召开一次施工分析会。

总之，在公路施工过程当中，以新形势下的施工企业必须要认真地研究探索出可以作为安全施工管理的运行体系，加强提高安全防范的管理意识，避免安全事故的发生，树立安全管理的责任意识，并且牢记在每一位工作人员的心里，从面可以保证安全施工。只有这样，才能促使公路施工企业可以创造出更高的经济效益，与此同时也提高了施工企业在行业中的竞争力。

第五节 公路施工技术精细化管理

一、管理制度精细化

公路施工中因工程项目的设计标准和验收标准不同，管理细则也因各施工企业性质不同存在差异，所以在施工中应把具体的技术管理制度精细化，这不但可以提高公路建设的质量，还是公路建设和发展重要依据。在公路建设中应把每个标段施工单位的工程进行细化，通过分部工程和分项工程进行细化和分解，以便把各项施工工艺、施工标准、施工措施落实到位，促进公路施工技术的完善，提高公路施工各环节的质量，如：路基施工、桥涵施工、路面施工。

二、质量管理精细化

公路施工质量影响到公路的维护成本、使用年限、行驶安全、环境保护，并且对所在区域的经济也会产生深远的影响，所以在施工中要把质量管理放到首位，通过精细化管理来促进公路施工的质量。质量管理的精细化要从完善质量管理体系出发，并结合质量责任备查制度进行管理。质量的精细化管理应将参与建设的各单位责任人、质量质任人、施工技术责任人、工程师、监理工程师进行登记管理，以此来保证质量问题能够追溯到质量责任人，进而提高相关责任人的质量意识。

三、考核制度

考核制度是公路施工技术精细化管理中不可或缺的一项措施，因公路施工技术管理中所涉及的问题和内容较多，精细化管理中需要强化考核制度，以此提高施工技术管理的效能。考核制度管理中需要对人员履约、工程质量、工程进度、施工工序、内业资料以及现场施工操作进行综合性的考核，并且在管理中制订出适合本工程和本施工单位工作特点的考核评分标准，以便按期对监理单位、施工单位、分包单位进行考核与评价，并且可以通过量化评分全线排名的方式进行对比。

四、现场施工精细化

公路现场施工所占用的场地较大，设备较多，原材料较多，这就给现场施工和材料调拨带来了一定的困难，所以对现场施工应实行精化细管理。首先对施工现场的驻地建设进行标准化管理，各施工项目部应成立相应的管理职能部门，实现生产管理、办公管理、材料管理、设备管理的精细化；其次对使用场地及材料存放地进行规范化管理，并按着施工进度要求结合现场施工环境进行拌和站、预制场和原材料堆放场的规划，同时对施工工序和施工方法进行规范化管理。

五、施工安全精细化

公路工程的施工机械较多，现场施工中往往存在一些安全隐患，所以公路施工管理中要做到施工安全的精细化管理。公路工程建设过程中应完善安全管理制度，并将安全管理责任进行细化，强调安全管理规章制度的落实，同时建立一套适合此工程项目的安全管理精细化体系，确保公路施工的安全性。同时还要建立相应的安全事故处罚机制使安全管理形成一道屏障，保证公路工程顺利完成。

第七章　公路施工生态保障技术

第一节　生态公路概述

一、生态公路产生的条件和背景

党的十七大报告中提出并深刻论述了生态文明建设问题，强调在全社会牢固树立生态文明观念，努力提高全社会生态文明程度。这对推动生态文明建设理论在我国的研究和实践有着重大的历史和现实意义。

人类来源于自然，生存于自然，自然界对于人类发展的重要意义不言而喻。但是，长期以来人类无视自然界的承载力，盲目滥用自己的智慧和力量，给自然界造成了严重的生态破坏。特别是在经历了数百年的工业文明之后，在21世纪的今天，严峻的生态危机已使人类真的面对"生存还是毁灭"这一严峻现实。但是，人类终将继续发展下去，特别是对于我国来说，我们要在21世纪建设全面的小康社会，实现中国特色社会主义现代化，继续创造造福于人民的更高级的文明成果，就必须在发展的道路上摆脱环境污染、能源短缺、人口膨胀、耕地减少等工业化带来的严重后果。我们必须努力创造一种人与自然相和谐的文明模式。正是在此背景下，党的十七大上提出了建设生态文明的新要求。

生态文明建设的提出是党中央站在更高层面上，对文明建设体系的深化，是深入贯彻、落实科学发展观，全面建设小康社会，实现社会和谐的必然要求。科学发展观的第一要义是发展，核心是以人为本，基本要求是全面协调可持续，根本方法是统筹兼顾。这就要求我们必须坚持生产发展、生活富裕、生态良好的文明发展道路。只有实现了生态良好，小康社会才有坚实的生态基础；只有人与自然和谐，社会和谐才能得以实现。因此，必须从全局的高度认识生态文明的意义，并把生态文明建设摆到更加重要的战略地位。

公路建设是人类发展与社会进步的内在要求，随着人类社会的进步，人们对公路服务质量的要求越来越高。然而传统的公路发展只注重公路的技术指标，强调公路运输的服务能力及服务质量和对国民经济产生的效益。公路规划、设计人员主要以满足交通功能要求、降低建设造价和维护费用、节省交通时间和运行费用、减少交通事故损失等为目标,进行路线方案论证及勘测设计;施工期间对项目的施工组织设计只注重工期的长短,而对施工活动过程挖方填土、借土弃方、改移河道、清理表土、开采料场等造成地表植被破坏、地形改变、沟谷大量消失,恶化生物栖息的生态环境,加速地表侵蚀,增大地表径流,增加水土流失,改变自然流水形态,加剧水质恶化,从而直接导致对自然环境的破坏常常被忽视。

公路在建设施工过程中,由于各种原因,包括施工方法和组织管理措施不当,在早期由于经济力量有限,只是把公路里程作为第一要务,延伸公路通达深度,人们往往只是追求公路的数量,而忽视了公路的综合质量。在当时也是符合历史条件和特定的环境,于是由于公路建设破坏沿线环境,污染水源,施工中带来的有害物质和施工原因都会影响公路沿线树木花草等植物生长,同时也会对周边原有生活习性和人们的居住环境形成一定的影响和改变。甚至有时公路在选线时不当,建设中会带来很多难度和采取一些措施,加大沿线环境的破坏力度,如深挖深填的原因,对原有的生态环境造成一定影响,引发局部自然生态失调,加之公路建成营运后,由于大量的人流和车流的作用,人们活动增多,同时随着公路沿线经济带的开发,也会使原有生态平衡被打破,从而成为局部地区生态环境失调新的诱发因素。

分析产生公路生态性问题的实质,主要在于人们对生态理念的认识不足、重视不够。纵观人类以往的发展,主要存在以下两个问题:一方面人类从自然索取的资源只有少部分转化成产品并参与生态循环,多数滞留在环境中形成污染如大气污染、垃圾污染和噪声污染等。另一方面人类从大自然索取过多而投入过少,导致生态退化如水土流失、景观破坏、生物多样性减少等。公路建设也不例外,公路环境问题的根源是单纯追求经济效益,对环境的重视不够,对公路所产生的环境问题估计不足。公路的外在形式是公路的网络结构、线形等技术指标,而其内涵是公路环境总体对人类运输活动的服务和支持,把环境与公路割裂开来考虑是不全面的,因此建设与环境协调可持续发展的公路发展模式应运而生。

我国是一个多山国家,大部分地区生态环境脆弱,公路建设与营运对生态环境的影响较明显。所以,只有科学评价公路交通对生态环境的影响,并采取有效的防治措施,将公路交通的建设、管理与保护生态环境密切结合起来,才能使公路交通与区域环境实现可持续协调发展。

长期以来,对于公路的环保问题如何解决没有给予足够的重视,忽视了公路对环境的负面影响,对其设计、建设和运营过程中所产生的污染和破坏认识不足。近年来我国经济的快速发展,公路运输业发展迅猛,公路里程(特别是高等级公路)有了明显的增加。然而公路发展的非生态性产生了严重的公路生态负效应,如气候热岛、环境污染、能量耗散、景观割裂、生物多样性减少、廊道效应等,对生态环境产生了巨大的破坏作用。

二、生态公路的发展及现状

（一）国外公路生态保护情况

当前国外一些发达国家在公路生态保护方面做得很好，充分体现了自然的观念，很值得我们国家借鉴和学习，比如说"尊重自然、恢复自然"的理念在加拿大、美国、德国、英国、法国、日本等一些发达国家中的公路建设中得到了充分的体现，那就是非常重视公路生态环境的恢复，在路域绿化的生态工程实施方面，依靠高新技术，形成了路域环境综合治理、有限的水土资源合理利用、配套完善的持续整治及集约化发展经营的技术和管理体制。表现在设计、施工中，将对自然的扰动、破坏努力控制在最小的限度内，如在施工前先将树木或树桩移走，建成后搬回原地栽植；在动物出没的地段建设动物通道，避免对动物栖息地的分割；尽量避绕森林、湿地、草原等重要生态区域等均已成为公路从业人员的自觉行为。

在公路生态环境保护方面，为保证公路建设与环境保护持续健康发展，如加拿大在环境战略计划中，将最大限度地减少公路对自然和人文环境的负面影响作为公路建设的重点目标。加拿大是森林、植被覆盖率相当高的国家，公路线形设计基本按照原地形、地貌走向设计，尽量避免高填、深挖，因而很少发生水土流失现象。对边坡、急流槽、挡墙的处理均采取以石块或箱石处理方式，因此，看不到国内最常见的浆砌片石结构。

为避免生态环境在公路建设和维护中遭破坏，加拿大交通部门在承包合同中明确规定承包商必须承担的环保义务。对施工中受影响的地区，事后要通过选种适宜的花草树木等措施使其恢复生态平衡。针对野生动物经常出没的路段，有针对性地设置了环保标志。采取一切措施，尽快地恢复原来的自然群落。尽量避免人工痕迹，使路域植被与周围环境融为一体。公路绿化以保护沿线生活环境和自然环境，提高行车安全性和舒适性，提供和谐的公路景观为根本目的，不"哗众取宠"。因此，在其公路上见不到"行道树"等明显的人工绿化痕迹，一般的立交也没有树木，一切回归自然。

此外，在高速公路服务区为避免生活污水排放污染环境，服务区都建立了污水处理系统。服务区污水的排放必须达标，对无排放去向的污水，则经处理后采用漫灌方式在地下通过渗管排入地下。

对要进入河流的路面径流则经沉淀和过滤后排入天然水体。

国外一些发达国家在公路环境保护与生态维护方面有许多成功的经验归纳起来主要有以下几点：

（1）线路布设尽力避开环境敏感区域，随地形地势布设，以减少对植被的破坏。

（2）加大投入，增大桥隧比例，避免深挖路堑和高填路基。

（3）被破坏的植被，尽快予以恢复。

（4）顾及野生动物栖息地，按动物习性布设迁移通道。

（5）加强立法，树立全民自然保护意识。

（二）我国生态公路发展现状

我国近年来也十分重视对公路建设沿线生态环境的保护，并把此事作为一项重要任务来落实，特别是在当前构建和谐社会的进程中，以生态文明全新理念的提出将会把生态环境的保护放在重要位置，过去由于体制和经济的原因，国家处于经济快速发展的阶段，由于社会发展的需要，交通条件的改善是经济发展的重要瓶颈，如何用最少的经济发挥最大的公路交通经济和社会效益一直是困扰我们公路建设部门的难题，然而随着国家"五纵七横"大公路布局的形成，交通条件得到了显著改善，国家综合国力的增强，社会财政基础的加大，已经有了一定的经济条件对公路建设进行宏观冷静的分析，充分认识到保护也是发展的最直接环境生态效应。

交通部 2002 年实施的川（主寺）至九（寨沟）公路可以说是我国第一条环保示范样板公路，第一条舒适、美观的高原生态公路。四川省川主寺至九寨沟公路拿长 94.14 公里，概算投资 4.1 亿元，主体为山区二级路标准，于 2002 年 10 月动工，2003 年 9 月完工，也是交通部重点向全国推出的第一条环保示范样板公路。

川九路在设计和建设过程中.以保护生态环境为核心,坚持以人为本的理念,积极探索,取得了许多宝贵经验，在行业内具有示范意义，其主要做法是：

（1）以"保护自然、融入自然"作为项目的基本准则，提出"三最"的建设原则，即设计上最大限度保护，施工中最小限度破坏和最大限度恢复。

（2）施工中采取"三同时"的原则，即主体工程和绿化工程施工同时招标、同时入场、同步进行。

（3）遵循"保证质量、贴切自然、平整美观、安全舒适"的原则。采用土质碟形边沟、贴切自然的缓边坡及圆滑边坡，减少和避免生硬高大的挡防结构；采用有旅游特色的指路标志；强调与自然景观相协调，引种花草树木与当地植被生态一相致；引入园林绿化的小品设计，克服大色块景观点单调性；借鉴家装工艺，装饰美化呆板厚重的挡土墙等。

川九公路建设中也形成了普通公路生态环境保护的部分新理念，这种理念概括起来体现在以下各方面：

①川九路的建设，探索了山区旅游公路建设的新理念。体现了以人为本的观念，实现了公路建设与旅客运输安全性、舒适性、愉悦性的和谐统一；体现了可持续发展的观念，实现了公路建设与环境保护的协调发展；体现了公路文化的观念，实现了公路建设与自然景观和人文景观的完美结合；体现了开拓创新的观念，实现了公路建设与时俱进。

②探索了山区旅游公路设计新理念。路线设计遵循"随弯就势、标准灵活、合理优化、保护环境"的原则；路基路面设计遵循"保证质量、贴切自然、平整美观、安全舒适"的原则；交通工程设计遵循"突出特点、协调环境、保证安全、形式多样"的原则；环境保护与景观设计遵循"突出个性、自然协调"的原则。

③探索了公路建设管理的新模式。业主定位从管理型业主转向管理服务型业主；设计

单位从封闭式独家设计转向开放式动态设计；施工和监理单位从被动接受管理向主动参与管理；专家组从局部咨询服务转向全过程咨询服务。

④公路施工新理念。在环保上坚持"整洁、灵活、细致、节约"的原则；在绿化上坚持"露、透、封、诱"相结合的原则；质量上坚持"高标准、严要求、抓重点、抓细节"的原则。

虽然以上粗浅的理念或者做法只是我国生态公路建设理念的雏形，但是这些思想对以后公路建设的生态保护和恢复起到了积极的推动作用和深远的影响，重要的是人们已经意识到了生态环境的保护对公路建设来说，是一个非常有必要而且必须去做的一件事情，如果不去做，建设再多的公路虽然方便了群众出行，繁荣了经济发展，促进了社会进步，相反所带来的损失也是非常巨大的，付出的代价也会很大，因为稳定的自然生态系统一旦遭到破坏，会形成很多灾难，如山体滑坡、泥石流、山洪等。

由川九路的建设经验可得出，公路建设一定要体现人性化的理念，一定要保护所经地域的生态环境；在设计中要考虑到不破坏生态，在建设中要切实保护好生态环境，在建成后要尽快恢复生态环境；对穿越景区的交通设施，不仅要保护好生态，还要利用好生态，建设观景设施，满足人们对出行更高层次的需求。人性化的理念，结合自然来说就是要体现自然特色，公路作为自然的一部分，虽然是人为因素形成的，在给人们带来便利的同时，我们要注重对自然界的保护，因为公路涉及占用土地，破坏沿线相应的生态结构，对于建设者来说如何最小限度地破坏自然生态环境是最重要的，将生态环境放在第一位，在公路的设计和施工中尽量做到少破坏水土资源，不影响周围环境要素。

另外宁杭高速公路也可以说是我国第一条生态高速公路，在其建设过程中，在国内首次提出了"生态高速公路"的建设理念。宁杭高速公路是中国首条依据可持续发展观修建的高速公路，引进了英国伟信公司"珠链"设计理念，通过"借景、引景、造景、遮景"等一系列手段使高速公路与周围环境有机结合，为广大使用者提供了安全舒适、畅通快捷、赏心悦目的行车环境。

正因为在公路建设过程注重对环境的保护，充分体现人与自然、路与自然的有机统一，努力做到和谐、有序、健康、自然，把公路建设和生态环境保护作为同一内容一起实施，在公路建设中做到自然生态的充分利用，减少对大自然的无序破坏，实现路与自然的共处，展示生态公路的魅力。交通部把宁杭高速公路江苏段作为向全国大力推广的又一条生态公路。

宁杭高速公路在建设中一些新观点的提出很具有代表性，对今后我国高速公路的建设和发展有着重要的参考意义。

首先在公路建设中第一次提出生态高速公路理念，对于路面中分带，一改往常清一色的蜀桧品种，而是分别以紫薇、棕榈、龙柏、朋季桂花为主要树种，辅之以白三叶、金叶女贞、丝兰、木兰、葱兰、美人蕉等多类景观植物。

在开挖土方的路段，建设者们从优化环境考虑，把填筑路堤尽可能做成放缓坡度，通过绿化、美化使大道两侧更加贴近自然生态环境，使沿线裸露地段的植被覆盖率达到96.1％。"生态高速公路"理念可以理解为：以尊重生态为原则、运用生态方法设计的高速公路，主要特点是不破坏自然生态系统的连续性和周围环境的生物多样性，将高速公路融入良性自然生态环境系统之中，以有特色的生态环境作为高速公路的主要景观，以使高速公路成为自然环境中的一道景观。

其次充分体现以人为本的精神，对收费站、服务区、跨线桥的外形设计上做到以人为本。宁杭高速每一个收费站、服务区都进行了专门的景观设计，使其与自然和谐统一，并具有一定的象征意义。

每一座跨线桥外形设计都全然不同，新颖别致，并与周围景观和建筑融为一体，每座跨线桥都成为道亮丽的风景。

就目前我国生态公路建设的情况来看，虽然取得了一定成果，但与西方发达国家相比仍有差距，通过近七八年的发展，我们在生态公路建设方面也积累了一定经验，主要是：

（1）三同步和三同时的原则。在工程设计时，景观设计与景观保护、景观恢复同步；在施工中，采取同时招标、同时施工、同时竣工。

（2）灵活运用技术指标，合理优化设计。

（3）营造和谐公路运营环境。

（4）重视对自然环境保护。

三、生态公路概念辨析

"生态公路"这一概念虽出现不久，但已受到多方关注。许多以生态公路为名的公路建设项目也已陆续上马。然而关于"生态公路"的概念，目前并没有一个比较公认的确切定义，围绕着这一概念存在很多争论。对这个概念的不同理解直接影响到公路建设的思想、理念和实践。因此，首先明确这一概念正确的、合理的、全面的内涵，是非常必要的。

"生态"一词源于希腊文"Oikos"，原意为"家"和"住所"。德国学者赫克尔（Haeckel）首次提出生态学是一门研究生物之间、生物与环境之间相互关系的科学。人类生态学把生态学的研究领域从传统的动植物领域扩展为人与环境之间相互关系的研究。生态城市、生态建筑理论的发展即是生态学原理在规划建筑领域的应用。之后，"生态"这一概念不断地被丰富拓展，现已更多被用来描述一种和谐、健康、可持续发展的状态。英国生态学家坦斯利在1935年就提出了"生态系统"的概念，他把物理学上的系统整体性概念引入生态学，认为"生态系统"既包括有机复合体，同时也包括形成环境的整个物理因素的复合体，它的组成结构主要有生物群落和自然环境，生态系统的这种结构决定它的基本功能，即物质生产、物质循环、能量流动和信息传递。在生态平衡受到破坏后，由自然环境的生态调整系统开始一种信息的传递，并通过相应的能量变化得到生态平衡的目的，然而当今社会由于自然被破坏的原因众多、程度之重，破坏的自然生态系统短时间内很难进行恢复，于是生态修复作为一种理念被很好的应用开来，生态修复的提出就是调整生态重建的思路，摆正人与自然的关系，以自然演化为主，进行人为引导，加速自然的演替过程，遏制生态系统的进一步退化，加速恢复地表植被的覆盖，防治水土流失，从而保护自然使其得到一种自我的平衡，这也是生态学的基本思想。

"生态公路"中的"生态"二字，实际上就是"生态"概念的发展与深化。"生态"二字首先唤起一种新的生态意识，是人类向自然生态系统学习的过程，是把生态学思想注入公路体系。从生态学的角度来看，生态公路系统作为按人类的需要建立起来的人工生态系统，是对原有自然生态系统的入侵，形成了以交通运输为主体的新的生态系统，它是一个开放的不完整的生态系统，生物因子主要由消费者构成，非生物环境也主要是由人类为了满是自身需要而建造的人工构造物所组成，这样的系统是不能自身维持的，它只有从其他系统输入能量，才能维持其自身的运行。经过长期的生态演替处于顶级群落的自然生态系统中，其系统内的生物与生物、生物与环境之间处于相对平衡状态，整个生态系统中没有废物和污染产生。公路生态系统作为一个以消费为主的人工生态系统，如果按传统的发展模式，单纯考虑公路对人类运输需求的满足，则它的发展方向是反自然、高投入与开放性，并且以现在的科技能力和人类的意识形态，人工生态系统所产生的环境问题如对非生物资源的消耗，物质循环的不完全性、系统的开放性与不稳定性是不可避免的。生态公路的提出是强调公路的生态性，并不是要求也不可能要求生态公路向健康的自然生态系统那样能够自维持稳定性，而是以生态学的理论指导生态公路的发展，注重其在现有条件下最大生态化的实现。

生态公路系统是建立在交通发展与环境相互协调的基础上，以自然生态系统的良性循环为基本原则，综合考虑决策、设计、施工、运营、管理的全过程，在一定区域范围内结合环境、经济和社会发展状况而建立起来的公路系统。它是生态学与公路建设相结合的产物，其发展应遵循自然生态规律与区域公路的发展要求。

2002年，美国景观生态学之父——哈佛大学Forman教授，出版了专著《道路生态学：理论与实践》。目前，公路生态学的理论体系尚未成熟，多是借用其他学科理论，如景观生态学、生态学、美学、水文学、交通规划、生物学等方面的学科知识，加以应用和发展，并形成公路生态学的基础。

从宏观角度来讲，生态公路是由生态环境、社会经济和建设技术等多种构成因素相互作用、相互影响、相互制约而形成的综合体，是可持续发展战略在公路领域的具体体现，与区域的环境承载力相适应。

从微观（公路实体）角度来讲，生态公路是以生态学原则为指导，以生态环境和自然条件为取向所进行的一种既能获得社会经济效益，又能促进生态环境保护的边缘性生态工程和建造形式。

从实施过程来讲，生态公路是指在公路的设计、施工运营中与自然环境相融合，尽量减少对环境的破坏与污染。

针对公路的"路域生态系统"，明确以提高安全和舒适性以及美化、生态恢复和优化等为目的，按照事先设计的步骤，主要采用生物材料，这样进行的设计与实施，被称为"公路生态工程"。

其范围从仅限于原来的路侧扩大到包括公路征地范围内的用地，有中央分隔带、土路肩、上下边坡、排水沟、隔离栅隧道、桥梁、声屏障等构造物及其周围，以及立交区、服务区、管理所等，还有取弃土场地、临时道路等需要复垦的土地。

生态工程应注重层次感和长期效果，注重多样性。以生物防护为主，尽量减少人工支护痕迹。对不得以采用的满铺浆砌片石防护、隔离栅等也考虑采用攀缘植物覆盖，使道路与环境融合。

虽然目前关于生态公路建设没有形成统一的学科体系，但就西方国家和我国关于生态公路建设的情况而言，将众多议论综合分析，对"生态公路"的理解目前国内外主要有以下几个观点：

一是绿化说。这是目前大多数从事公路建设实际工作的人员所持的观点。他们认为生态公路就是要在路界范围内绿化美化，以草皮护坡、绿树分割防眩为特点，再加以大面积的路旁行道树减噪吸尘。持这种观点的人首先应肯定他们已认识到绿色植物作为生态系统初级生产力的重要性和由于人类所具有的与生俱来的绿色情节而产生的景观生态效应。这种观点其可操作性和现实性较强，然而却具有片面性和局限性，从而大大地弱化了生态公路的内涵。

二是质疑说。很多学者认为公路作为一种带状的人工构造物，如果以自然生态系统的结构标准衡量，公路是一个失衡的生态系统，它在建设过程中已经破坏了原生态结构，是不可能实现生态的自然调节的，因此生态公路的提法是不科学的。这实质上是一种形而上学的观点，这里的"生态"不是简单地把公路看作生态系统，它是一种新的发展理念，是以生态学的理论与规律指导公路这一人工生态系统的建设，使公路的发展与环境相协调。如果死抠"生态"二字的生物学意义，那么任何受人工影响的地方或事物都不能称为"生态"，像生态城市、生态建筑甚至生态农业等概念都不具有严格的科学意义。

三是替换说。这些人认为"生态公路"这一概念有些含糊不清，主张用"生态化公路"或"生态型公路"代替生态公路的概念。"化"强调转变过程，"型"强调状态模式，二者都有一定道理，但又都不全面，因为公路的建设与营运既有过程又是状态。还有人干脆不提生态公路只提公路生态工程，从工程的角度研究环境保护。这种提法概念具体，含义明确，易于操作，然而却根本无法代替"生态公路"。因为首先它们是针对两个事物的不同概念，一个是公路而另一个是公路工程；其次公路生态工程与生态公路的关系是子集与母体的关系，前者从属于后者，生态公路工程是实现生态公路的工程手段，公路生态工程的有益研究和实践必将对生态公路的发展起到了良好的促进作用；再次"公路生态工程"只是一个点或至多可称为一条线，却难以形成面的概念，难以形成系统和体系也必将局限于狭小的空间发展，用"生态公路"意义更全面，也与现存的"生态城市""生态建筑"

等相近学科的提法一致。"生态公路"在概念上具有一定的含糊性，也许这正是其力量所在，因为定义过于精确反而限制了它的扩展空间和影响力。

事实上，把握生态公路并不应在表面上死抠字眼儿，而主要应深刻理解它的思想精髓，要把握住它的神而不是形。生态公路主要是为我们指明了未来公路发展的方向，从这一点来看其基本思想和总体思路是相当明确的，具体的细节问题要由我们在实践中不断探索和充实。因此，称谓和说法倒是次要的，关键在于在公路建设中要充分体现生态的发展标准，坚持人与自然相和谐的思想，树立可持续发展的战略意识，使公路既能高效、快捷、安全、舒适地提供良好的行车环境又能与自然生态系统和谐相容。因此，与其说"生态公路"是一个类型概念，不如说他是一个评价性的概念，即它主要不是指某一种、某一类公路，而是指一种公路营建的思想和理念，是公路建设的方向和目标。

从哲学观点来看"生态公路"有三种主要的哲学思想。

其一是可持续发展的宏观理念。"可持续发展思想"是生态公路最高的指导思想，是贯穿于生态公路建设全过程的思想。可持续发展就是要实现发展的可持续性，他要求公路建设必须从全局出发，从"既满是当代人的需求又不影响后代人的利益"的思想出发，从代际公平、代内公平、物种公平的生态伦理出发在满足社会发展对其更高要求的同时（包括适度超前），既能满足公路交通运输系统内部和综合运输体系的协调发展，又使公路与经济、环境和社会各系统的长期动态协调发展。最终目的是保证公路交通的发展能力和持续的发展状态，以满足和促进国民经济的需要和社会的全面进步。

其二是"天人合一"辩证的自然观。这里的"人"主要是指"公路"这个人工构造物。即公路与自然达到最大融合的思想。这一思想要求人们要充分地尊重自然，正确认识自然，合理而有效地利用自然规律去建设、管理公路，使公路建设对自然产生的破坏最小，人工恢复自然生态系统的效能最大。一方面使公路从景观上与自然融合，做到"路中有景，景中有路"，将代表自然的绿色植物引入路界，弱化公路的界限，并根据周围地形、地貌以及本土植物的生长特点选择植物种类、设计景观格局；另一方面更要使公路与自然生态系统相互融合。如公路产生的廊道效应一面使系统更为开放，起着通道作用，促进景观间的物质和能量交换；另一面，四通八达的道路网将均质的景观单元分割成众多的岛状斑块，在一定程度上影响景观的连通性，阻碍生态系统间物质和能量的交换，导致物质和能量的时空分异，增加景观的异质性。"天人合一"的自然观就是运用自然规律，根据生态学的原理设计公路，减少公路系统对自然生态系统的不良影响。

其三是辩证的系统观。公路系统是一个由多层次、多变量组成的时间和空间相协调的系统，是一个与环境、资源相联系的开放系统。公路运输系统与社会经济系统及自然生态系统之间的关系是辩证统一的。公路构筑于自然系统之中，其本身受到自然条件的制约，但同时公路建设又极大地改变着自然，当两种系统产生冲突时，谋求一种平衡发展则是生态公路最终要达到的目的。这里我们必须明确一点，虽然公路系统是人工系统但他并不完全是自然生态系统的对立面，从某种角度来说，应用哲学观点把他们看成一对既对立又相互统一的矛盾则更为贴切。如果公路建设无视生态环境，破坏超出了环境的承载力阈值，那最终必将受到自然的惩罚，由于不合理的高填深挖破坏植被、改变地貌、改变自然排水系统而造成的边坡失稳、路基塌陷、水土流失甚至泥石流冲毁路段就是非常惨痛的教训。相反如果能够充分地尊重自然，利用公路建设的契机改良不利的自然条件，则是对自然生态系统平衡稳定的促进和贡献。将公路系统置于整个区域系统之中，确保在公路建设的同时，充分维护自然生态系统和社会系统的协调统一，尽量减少对自然生态环境的破坏和扰动，实现区域经济、生态环境和社会系统健康可持续发展，这也是生态公路建设的主要宗旨。

基于上述分析，可将生态公路界定为：生态公路是指建设者在公路规划设计和建设过程中，将自然、人和公路进行有机的结合，融入了生态设计方法，不会以牺牲生态资源为代价进行开发和建设，不仅考虑到人的活动和公路之间的相互影响，而且也特别注重维护人们与生存的自然条件相互融洽和遵循其自然发展规律，形成行车安全舒适，运输高效便利，景观完整和谐，保护自然的可持续的公路发展模式。

生态公路的内涵是非常丰富的。由于认识的原因，理解会有一定的区别，但生态公路要达到公路与自然环境相互协调发展从而实现人类的可持续发展的基本思路却是人所共识的。有了这样一个共同的基点，就不难完成探索生态公路真谛，指导生态公路实践的理想和目标。

四、生态公路的特征

事物的内涵是其特征的最本质、最集中、最突出的表现。要界定生态公路的概念，不能忽视对生态公路特征的明晰。生态公路与传统公路相比，从思想理念到实践行动都存在着较大差别。从侧重公路的功能因素（安全、迅速），强调经济效益传统的狭隘的建设思想转变为整体考虑区域经济、环境、社会综合系统的可持续发展思想；由传统的以填方为主节约工程造价的建设模式转变为利用各种高新技术、生物工艺、材料以减小对生态系统影响的建设模式。从单纯注重公路经济合理性、技术可行性的陈旧的评价方法转变为综合经济、线形、环境、景观、可持续发展的多目标评价体系。因此，生态公路的出现标志着人类公路建设的生态意识从觉醒走向自觉的里程碑。然而由于它的宏观性和抽象性往往使人不易去理解和把握，因此需要分析生态公路的具体特征。

生态公路从字名来看，其本身就有生态二字，这说明公路的生态属性不是自然产生的，它是随着公路建设过程中人的努力和对自然环境的考虑，需要从生态技术方面和人为方面对公路建设过程中给自然的破坏进行一种恢复和保护的所采取的相应措施。因此说，这种公路与普通的公路是有一定的区别，主要表现在生态公路的生态性，可见生态公路具有生态性和人工性的双重属性。

良好的生态环境：生态公路就是要在现有条件下，综合运用各种工程措施、生物措施、农艺措施、管理措施将公路建设的破坏限制在最小范围内，降低到最小程度。对于已经造成的破坏，采取最大可能的恢复措施，重建新的生态系统，使其与原群落相容，并对占用土地进行补偿。

整体协调性：生态公路最终要实现经济效益、社会效益和环境效益的统一和综合最大化。在公路规划、设计、施工、营运、管理各个阶段统一思想，把研究对象放在地球环境、生物、资源、污染等诸要素构成的"公路—自然—经济—社会"复合系统中进行全面考虑，把性质不同的生态环境系统与公路经济系统研究有机结合起来，把对技术、经济、环境分析放在同等重要的地位，协调公路项目实施过程中遇到的各种关系和问题。

对生态环境最小破坏和最大恢复：公路建设受到地质、地形、水文等自然条件的制约，又受到现有生产力水平、生产工艺、生产工具等技术条件制约，还受到社会经济水平的制约，使公路建设不可避免地对沿线的生态环境造成一定的影响，如植被破坏、水土流失、土地分割等。生态公路就是要在设计施工中充分调研论证，进行优化选线，少破坏环境，努力做到对公路沿线龋丈限度恢复生态表征。当前我国对建设项目引起的自然资源破坏（如侵占森林、草原、湿地等）通常采用经济补偿措施，这虽可限制小合理的开发活动但却解决不了实质性问题。欧洲国家普遍实行生态补偿政策，即占怎样的林地在邻近的地方营建同样的林地，这种方法值得我国在建设生态公路中学习借鉴。

良好的景观效应：生态公路在景观层面上的特征是最直观、最易被人感知的特征。生态公路给行者的印象不应只是钢筋网、混凝土墙和沥青路面，生态公路要营造的是"脚下是路、周围是景"的行车环境。因此，生态公路必须通过合理选线和利用路线特点，使公路路线最佳地适应于景观，通过公路的布局和设计来展示和加强公路景观，通过科学的绿化美化来改善公路景观。一方面给行者带来美的感受，另一方面维护自然生态系统的平衡。

安全性与高效性：生态公路要求行车安全舒适、运输高效便利。因此，生态公路基础设施应该为货流、客流、能源流、信息流、价值流的运动创造必要的条件，并且在加速各种流的有序运动过程中，减少经济损耗及对公路沿线生态环境的污染。"生态"一词本身就代表着和谐与健康，生态公路自然也应是和谐健康之路。因为公路的基本职能就是为运输服务，所以这种"和谐健康"首先就应是公路系统的运输环境的和谐健康。

五、生态公路建设的模型

理解了生态公路的基本概念和特征后，如何通过对生态公路知识的领会和理解，在实际公路建设领域中，把对公路沿线的生态保护和生态恢复作为一项重要工作来对待，并结合工作实际提出一整套符合公路建设程序的生态恢复研究模型或者说是生态公路建设概念模型，对于公路生态技术研究和发展会起到积极的推动作用，公路生态技术就是要最大可能和最大限度的保护和恢复原有的生态环境，最小限度地减少因为公路施工所带来的环境破坏，一条路从设计到施工到建成，如何将路与自然有机的结合，使之成为自然的一部分，并充分融入自然非常重要。一条路从可行性研究到设计到施工到运营，有着非常紧密的运作体系，那么作为公路生态建设的范畴，我们也可以尝试运用一种体系来把公路生态建设固定下来，并在此基础上去升华它、运用它。

因此结合公路建设的模式，考虑到公路施工的实际情况，我们可以建立一种生态公路建设的模型，就是在公路建设中同步考虑公路生态工程研究和实施方案，通过这种模型的建立，来进一步明确在公路建设中如何把公路生态建设也一并纳入到公路建设中去，从而有效地对公路生态建设提供最佳实施方法，考虑到公路建设中也要进行相应的综合体系，来完善公路建设的各种程序，做到有章可循，有法可依。同样对于生态公路的建设也要考虑一定的程序和办法，并努力形成生态公路建设的综合体系，为以后类似情况积累宝贵经验，形成中国公路建设中生态保护和恢复的一门重要学科，研究和分析并解决公路建设过程中所带来的环境破坏引发的一系列问题，从而更好地更加节约地在公路建设中少走弯路，以减少浪费和减少对自然的破坏，合理地有效地保护我们生活的环境。

这种模型的主要思想就是体现生态公路建设的模式，在公路的建设中一开始就要有准备地将公路生态融入进来同步考虑，就是在项目之初要将生态公路作为一种建议来考虑并提出来，否则生态公路将无从谈起，提出了生态公路的建议后，就是要做一些相关的基础性工作对生态公路的可行性进行研究，分析其投资、生态保护和恢复等一系列的社会经济效益，通过了项目的可行性研究后，接下来就是要对公路工程的生态项目进行初步设计，按照相关的要求和结合当地的自然环境，对生态公路的项目进行符合自然思想的设计，同时组织有关专家技术人员对设计方案进行审查，并提出建议和修改措施后，根据公路施工的情况对生态公路项目也进行同步施工，这样便于公路工程的节约和环保效益，有利于公路工程的建设和生态建设，整个公路工程建设完成后，相应的其生态公路建设也会随之完成。从而一条完整的体现生态特色的生态公路项目就会一同呈现在人们面前，接下来就是公路建设项目运营后，会附带着对公路生态项目管理运营维护同时进行，经过一段时间的管理和运营后，会发现生态公路项目中还存在哪些问题，取得的社会经济效益有哪些，在经过相应的分析比较后，进一步修正和完善生态技术，再提出生态公路的综合评价，并为以后的生态公路建设项目提供有益的经验积累。

六、公路交通对生态环境的影响

我们常说的公路施工对环境的影响主要是指对生态环境和水文环境的影响、对社会环境的影响、对大气环境的影响、对景观环境的影响等，在这里我们主要探讨的是前者。一条公路施工期和营运期对生态环境的影响主要表现为土石方挖填、占用沿线大量土地、施工中临时用地等工程行为对沿线地形地貌的改变用原有植物的破坏，施工期间的爆破作业及工程机械产生的声音使动物远离原来的公路沿线栖息地，此外由于有的工程量很大，甚至很多高填方路段，会因工程施工破坏沿线森林、土壤、植被自然状态，使得原有地表产生变化，容易产生边坡不稳定和坍塌，这种现象在公路施工中非常普遍，同时大量的弃方堆积在山沟和山坡等处，一方面会造成新的植被破坏，另一方面如果处理不及时，也会引起水土流失，存在滑坡等安全隐患，还有的路线会经过湖泊和河流区域，很容易造成对水生植物的环境破坏。还有就是在公路施工、运营与养护过程中，路基施工造成的排水、桥梁施工的排水、清洗车辆的排水、施工期的石料及混凝土搅拌产生的生产污水等有害物质进入土中，污染地下水，导致饮用水和农业用水质量下降；由于地下水位变化和土壤遭到污染，可能使农作物减产，使用消冰雪的盐对水、土壤和农作物都有不良影响；汽车尾气和盐类有害物质影响公路沿线树木花草等植物生长，公路附近的动物容易被汽车撞伤、压死；公路选线不当，会破坏地貌、休息场所、风景名胜、文化古迹和自然保护区等。

公路建设与营运过程中，对沿线一定范围内的生态环境因所处的地域不同会产生不同程度的影响。通常，山区公路建设难度大，对自然环境的影响远比平原地区大。而平原地区公路建设对人工生态系统影响明显，选线不当及施工中引起局部自然生态失调，会对沿线生态环境产生不良影响。公路建成营运后，沿线经济带开发引起人类活动的增加，也将成为局部地区生态环境失调的新的诱发因素，正因为如此，我们在公路施工中要高度重视原生态的保护。

七、我国公路交通环境保护的现状及存在的问题

谈到公路生态问题，就不能不说说公路的环境保护，从一定层面上说公路环境的保护正是生态公路研究的重要组成部分。近20年来我国虽然在公路交通环境保护方面取得了一定的成绩，在与公路交通环境保护相关的多个领域取得了许多进展，但从发展现状和发展趋势看，公路交通环境保护形势仍相当严峻：①机动车排放指标过高，对大气构成严重污染。②公路交通噪声日益严重，已成为主要公害之一。③一些地区公路交通干线环境地质问题日益突出。④一些地区公路路域生态环境恶化加剧。

通过对我国公路现状的认识和了解，存在以上主要原因是：

（一）管理体制不相适应

由于公路管理体现的原因，在公路的建设过程中，很少主动地去考虑公路对环境的影响，对环境造成的破坏，加之受国情的影响，重要的把公路建设放在重要位置。具体来说表现为：公路环境的基础性研究薄弱，科技储备少；公路环保事业的科技创新不足。生物技术，信息技术和新材料技术等在公路环境保护方面缺少突破性应用；交通公路科技队伍总体实力薄弱，人员流失严重，特别是公路的环保型人才偏少；公路环保科技进步贡献率低，在大规模，大范围内推广，应用少。

（二）交通法规建设滞后

就公路交通环境保护而言，虽然交通部已制订出《交通环境保护管理办法》《交通建设项目环境保护管理办法》《公路建设项目环境影响评价规范（试行）》等法规及技术规范性文件，但从总体来看，一是已出台的法规，技术规范数量太少，无法满足公路交通环境保护快速发展的需要；二是已出台法规因一些条款未能及时修改与调整，使得有的内容比较陈旧，难以适应当前环保形势发展的新要求，急需更新与补充；此外，有的条款因规

定过于笼统，缺乏针对性，致使执行过程中适应性差、管理力度不够。

（三）环保科技投入不足

多年来，我国对公路交通环保科技的投入主要依赖于政府拨款，由于拨款数量少且渠道单一，致使其投入严重不足。加之投入公路环境保护行业后的回收效益低，致使我国公路交通环境保护技术发展潜力不足。与世界发达国家相比，我国公路环保科技的总体水平落后20年左右。

公路环保科技投入的整体水平偏低的现状既与人们的认识有关，也与环保科技的投入体制相关。首先，在过去很长一段时间里由于汽车数量少，行驶车辆废气排放对环境的影响较小，使得我国广大民众的公路交通环境保护意识淡薄；另一方面，由于对公路环保科技投资体制的研究，建设重视不够，致使一直未能形成多渠道、多形式、多层次的公路交通环保科技投入体制。

八、我国公路交通环境保护的基本目标

（一）公路交通环境保护内涵的扩展

人民群众对公路交通环境保护的理解过于狭窄，仅将公路交通环境保护主要局限于行驶车辆废气排放和噪声控制方面，加之汽车数量少，行驶车辆废气排放对环境的影响较小，导致对公路交通环境保护重视不够。随着社会、经济的发展及汽车的普及和公路交通环境保护问题的日益突出，保护和改善环境、促进公路交通运输与环境协调发展已成为公路交通运输行业共识的条件下，公路交通环境保护问题受到了越来越广泛的关注，从而使得公路交通环境保护的内涵得到广泛扩展和延伸。首先，公路交通环境保护既是可持续发展的基础产业，也是公路交通行业不可分割的一部分；第二，公路环境保护兼有多种功能，多种效益和多种价值，既是环境资源，又是基础资源，对促进国民经济发展，保障国家安全，防灾减灾，消除贫困，对外开放等方面都具有不可替代的作用；第三，公路作为一种文化、旅游、景观资源，在满足人民精神需求，增进人类身体健康，促进人类和自然和谐相处等方面具有重要作用和价值，是精神文明建设的重要组成部分。

（二）我国公路交通环境保如护的基本目标

当前我国公路交通环境保护不尽如人意，没有上升到一定的理论高度来考虑研究公路交通环境关系。欣慰的是已经有人提出"公路交通资源、环境、产出"的三位一体，它是以公路交通资源为核心以公路路域环境为主体，以公路交通环境保护产业为龙头的相互关系。鉴于目前我国公路交通环境保护的现状，要使公路交通环境保护行业有一个根本性改变和跨越式发展。必须以科技进步为先导，通过实施三位一体综合发展效应，形成公路资源、公路交通环境、公路交通环保产业和科技相互促进、相辅相成的持续发展格局。为此，我国公路交通环境保护的基本目标为：以现代科学技术为基础，以加速公路路域环境的整

治和绿化为手段，建立起较完备的公路生态保障体系，以推动公路交通环境保护行业进步为出发点，通过实施"公路交通资源、环境、产业"的三位一体可持续发展战略，建立起与社会主义市场经济要求相适应的较发达的公路环保产业体系，实现公路资源、公路交通环境、公路交通环保产业与科技的可持续发展和技术目标与国家的经济、社会、生态目标的有机统一。

九、西方国家与我国公路环境影响评价体制区别

公路环境是公路建设中不可忽视的重要问题，由于公路建设必然影响环境，特别是高等级公路建设，其施工、营运期造成的环境问题会更加严重，比如说公路选线不当破坏沿线生态环境；防护不当造成水土流失；公路带状延伸破坏路域的自然风貌，造成环境损失；公路施工带来的环境污染以及车辆通行营运期间车辆所造成的沿线污染等。对于出现的公路环境问题，如何通过有效的措施和方法进行评价就显得至关重要，环境影响评价是环境保护的一项重要工作，它是实现建设和开发活动的可持续发展战略的重要手段。公路环境影响评价就是通过对公路建设所产生的环境影响进行识别、预测和评价，以提出合适的清除或减轻不良环境影响的措施和对策。通过环境评价对公路建设项目活动可能带来的各种环境影响进行定量分析，为合理选线提供科学依据，通过损益分析，提出可行的环保措施并反馈于设计，以减轻和补偿公路建设项目活动所带来的不利影响。目前无论是在西方发达国家还是我国对公路环境影响评价都有实质性的操作，但相对而言西方国家在环境保护和环境影响评价方面更为注重。

（一）西方发达国家环境评价制度与管理情况

在发达国家如美国、加拿大的环境法中，有关环境评价的法规占有重要的地位，因此，有必要重点对其环境评价制度进行了解。

环境影响评价又称环境影响质量预测评价，是指在某一地区进行可能影响环境的重大工程建设、规划或城市建设与发展、区域规划等活动之前，对这一活动可能对周围环境地区造成的影响进行调查、预测和评价，并提出防止污染和破坏的对策。其目的在于使环境保护与经济发展相协调，使行政机关对环境价值的考虑科学化、民主化、制度化、职能化。

环境影响评价制度是美国环境政策的核心制度，在美国环境法中占有特殊的地位。美国自20世纪70年代初至今，不论是联邦一级还是州一级法律都建立了较完备的环境影响评价法律体系。

美国的环境影响评价制度，不仅为实施国家环境政策提供手段，而且为实现国家环境目标提供法律保障。美国环境影响评价的对象是很广泛的，凡是联邦政府的立法建议或其他对人类环境有重大影响的联邦行动，都必须进行环境影响评价。即是说，由联邦政府行政机关向国会提出的议案、立法建议、申请批准的条约，以及由联邦政府资助或批准的工程项目、制定的政策、规章、计划和行动方案，都必须进行环境影响评价。谁提出立法议

案、规章、政策、计划或项目，谁就要进行环境影响评价。该环境影响评价报告无需经过环境保护管理部门批准，但必须经过他们审核或提出修改建议，最后由批准该议案、规章、政策、计划或项目的行政机关来批准环境影响评价报告。

加拿大的环境管理与美国的基本相似。加拿大的环境管理分为联邦、省和地方三级。在安大略省，根据省的《规划法》和省的《环境评价法》，与土地使用和开发有关的活动都必须进行环境评价。其《规划法》主要是指导省内地方政府准备一个官方计划，按照《规划法》开发商和政府必须准备一份环境影响报告（environmental impact statement，简称 EIS），对 EIS 的要求类似与《环评法》类别评价下提供的 ESR 报告。安省的《环评法》于 1977 年生效，根据《环评法》对类似大型新建公路项目要进行个别评价，要求有综合的咨询程序、对路线及替代方案详细的环境检查以及对所有环境影响减缓措施的综合分析。个别评价要求首先完成工作大纲并提交环境与能源部长，在大纲批准后要进行包括咨询在内的详细的环境评价研究，并提交环境与能源部，在报纸上要发布消息，公众有 30 天的时间来发表意见，同时包括其他机构意见的政府检查也将被执行。

类似省级公路拓宽及地方道路项目只需进行类别评价，类别评价不要求进行个别评价那样详细的调查，其工作周期也较短。

（二）我国的环境评价制度与环境管理

我国 1979 年《环境保护法（试行）》最先引入了环境影响评价制度。现行《环境保护法》（1989 年）第 13 条和其他环境法律对环境影响评价制度作了进一步规定。1986 年颁布的《建设项目环境保护管理办法》及 1998 年 11 月颁布的《建设项目环境保护条例》，对环境影响评价制度作了修改、补充及更明确的规定，从而在我国确立了环境影响评价制度。1994 年国务院批准颁布的《中国 21 世纪议程》中提出：“在有关立法中，规定建立‘可持续发展影响评价制度’，要求政府部门对可持续发展可能产生的影响做出评估。”。为促进环境与发展的综合决策，实现经济、社会和环境的协调发展，我国《环境影响评价法》已于 2003 年 9 月 1 日起施行。

我国环境影响评价制度的评价对象主要是建设项目。但目前法律、法规对区域开发如何适用环境影响评价制度缺乏具体规定，实际操作很难。新通过的《环境影响评价法》扩大了环境影响评价制度的适用范围，将对环境有显著影响的区域开发、产业发展、自然资源开发等制定了政府规范性文件，编制国土规划、土地利用总体规划、城市规划、区域、流域和海域开发利用规划以及工业、农业、林业、能源、水利、交通、旅游、自然资源开发的专项规划，列入环境影响评价之列，不能不说是环境立法的一大进步。

迄今为止，国家共颁布了 7 部环境保护法律、10 部相关资源法律和 30 多件环境保护法规，发布了 90 余件环境保护规章，制定了 427 项国家环境保护标准，地方性环境保护法规达 1020 件。

可以说，我们已建立了一套较完整的、有中国特色的环境保护法律法规体系，也制订了成套的较齐全的环境标准体系。环境保护工作的地位空前高涨，环境保护的意识已逐步深入人心，这也为今后的公路环境保护提供了有益的基础和制度规章的保证。因为时代要求无论何种行业，都要重视对环境的保护，对自然的保护，作为生活的这个世界的人们，任何一个人有责任也有义务来共同保护好这片蓝色的天空和生活的土地，正因为公路建设会对自然生态环境产生很大的影响，如果不加重视对生态环境的恢复和保护，那么全国的大规模公路建设可想而知对自然的破坏有多大，其负面作用会让人类深受其害。对此只要人人有了环保意识，相应的法律法规健全，生态公路作为公路建设中必不可少的程序和内容，并予以明确规定，同时人们去研究它关注它，对于公路建设来说，将会成为合理地利用自然的一种方式，为人们带来前所未有的方便和快捷，也会推动社会不断前进，并不断创造更加美好的生活。

第二节　公路建设对生态环境的影响

20 世纪 50 年代以来，日趋严重的生态环境问题引起了国内外工程界的广泛关注，各国都采用不同手段和措施进行环境保护与环境污染治理工作。与此同时，各国开展了对环境保护与污染防治的理论、技术、政策、法规等的研究，逐步形成了环境科学及各门类学科，以寻求人类社会与环境协同演化，持续发展。

一、公路对路域环境的综合影响

高速公路是社会文明和经济发展的产物，公路建设和营运在不同程度上对沿线的生态环境产生直接或间接影响。如何减少和消除这种影响所带来的负面作用，实现发展与保护的可持续，必须充分认识公路对路域综合环境的影响，并提出相应的措施和对策。

（一）噪声污染

噪音是指对人的生活、工作、心理和生理产生不利影响的声音，噪音污染具有分散性、地域性、时间性和无残留性等特点，是一种感觉性公害。公路建设过程中噪音来源主要是各种施工机械产生，对施工人员与附近居民的正常工作和生活造成影响。经济学家分析，高速公路噪音直接影响路域沿线的经济，特别是土地价格，交通噪音每增加 1dB，土地价格就会下降 0.08% ~1.26%。在公路环境影响评价中对高速公路路域环境内噪音有强制性规定，噪音污染超标情况下必须制定防护措施。

尽管目前公路施工的机械化水平已经相当高，但是，各种施工机械施工时仍难免产生噪声，对施工人员与附近居民的正常工作和生活造成影响。

（1）施工现场的运输机械、筑路机械和其他施工机械以及进行爆破等作业时产生的噪声。

（2）稳定土拌和站、水泥混凝土拌和站和沥青混凝土拌和站工作时产生的噪声。

（二）水污染

建设过程中水污染主要有：

（1）道路施工中的弃土弃渣等固体废物直接排放水体，造成水污染；

（2）桥梁施工对河流的污染；

（3）施工时产生的施工、生活污水所造水污染。

（三）水土流失

高速公路每 km 建设占地约 $5.3hm^2$，在平原地区会占用大量的农田。建设初期由于公路线形需要根据设计要求在施工过程中需要进行大量路基挖填和土方异地运输，对原地面植被和地貌破坏较大，导致地表裸露，而在短时间内无法用植被方式进行有效覆盖，在重力、水力和风力作用下极易造成水土流失。

公路建设离不开土方石方作业。在施工过程中造成的水土流失有以下几点：

（1）破坏地面植被和原有地貌，导致地表褙露，造成新的水土流失。

（2）弃土、弃渣不采取适当措施妥善处理，而随意倾倒，加剧了水土流失。

（3）施工中使用的临时便道以及建筑材料，若不采取响应的水土保持措施，遇到暴雨或大风都会造成一定的水土流失。

（四）对土壤环境的影响

高速公路建设对土壤最重要的影响源于公路建设引起的水土流失，水土流失将导致土壤中有机质含量减少，大量无机元素流失，土层厚度变薄，土壤粒度变大，土壤结构和质地变差，最终导致土壤朝沙土和大团粒结构转化，对动植物和微生物产生直接或间接影响。另外，通过大气的迁移和扩散，水迁移和机械迁移等途径形成商高速公路对路域范围内土壤环境的污染，土壤环境污染的结果主要表现在：土壤理化性质和结构的改变，土壤微生物数量减少，土壤重金属、有毒有害元素含量增加和土壤肥力和保水力降低等。在高速公路施工期间，由于土方的频繁挖填和运输，严重破坏原肥沃表土层。裸露面土壤以生土为主，有机质含量低，土壤费力差，土壤不疏松，不利于植被的生长。

（五）对动植物的影响

由于赤通鲁高速公路选线需要，道路通过草原、沙地、河流和湖泊等，引起路域范围内的生态环境发生很大的变化，从而导致当地部分生物种群由于生态环境变化而发生迁移和死亡等现象，种群数量、种类和种间交流也会发生相应的变化。

公路建设中的土方挖填和结构物施工及人的因素都会对路域环境内的植物种类、种群密度，植被覆盖等造成破坏，公路施工期产生的空气、水源、噪声和重金属污染给路域环境内的植物生长和繁殖产生很大的影响，严重时将导致部分物种消失，影响生态系统的稳定性。对公路建设破坏的生境进行植被恢复的过程中，还可能由于外来植物种类引进不当造成新的物种入侵现象。英国一项研究表明，固沙林释放出的含氮物能够影响100-200m范围内的植物生长，附近农田带来的富氧化可以促进大量农田杂草的生长，并成为乡土植物种群的主要胁迫因素。

二、各类具体施工项目对路域环境的影响

在公路建设过程中，必然会对沿线一定范围内生态环境产生不同程度的影响。赤通鲁高速公路穿越生态环境脆弱的科尔沁草原。草原地区公路建设对自然生态系统影响明显，施工不当会引起局部自然生态失调，会对沿线生态环境产生不良影响。公路施工过程中因施工人员活动增多也将成为局部地区生态环境失调的新的诱发因素。

（一）路堤、路堑施工对自然环境的影响

公路施工有时需取土填筑路堤，开挖山丘形成路堑，必将破坏原有植被，干扰动物栖息环境，破坏土体的自然平衡，引起边坡失稳、水土流失。在施工期取土、弃土场及暴露的工作面成为水土流失的主要发生源，丘陵坡面弃土可带来长时间的水土流失，给自然生态环境造成一定的影响。

在施工期将进行土石方的挖掘和填筑，裸露的地面在旱季引起大量扬尘，覆盖于附近的农作物和树木枝叶上，将影响其光合作用，导致农作物减产。在花期，还影响植物坐果，减少产量。另外，施工便道两侧的农作物和树木也容易受到运输车辆引起扬尘的影响，覆盖其枝叶花果，影响其生长。雨季施工雨水冲刷松散土层流入施工场区周围的农田，造成淤积、淹埋农作物和植被，对农作物的生长和周围植被会产生不良影响。

（二）桥梁施工对自然环境的影响

桥梁施工时，使河床过水断面受到压缩形成桥前局部雍水，水流速度减缓，泥沙下沉。桥下水流速度加快，造成局部冲刷。此外，施工期间基坑开挖、筑捣钻孔、打桩，使河床受到扰动，泥沙上浮以及泥浆废渣排放，致使下游局部河段水质变差。

第八章 生态技术在公路工程建设中的应用

众所周知，公路在建设过程中，会遇到各种自然条件的影响和制约，特别像山区自然环境优美，但地形、地质、水文、气候条件复杂，如不尊重自然，造成对环境的破坏，不仅是影响当地群众的生产生活，对工程安全、营运环境将带来极大隐患。同时所有公路的营运环境是关系到司乘人员安全与舒适的大事，因此，对生态公路的建设提出了非常高的要求，一方面在做好公路改建的同时，另一方面要注重公路和自然环境的协调统一，不破坏自然环境的本身美，使得公路和生态紧密相连，有机统一。因此必须高度重视环境的保护与创建工作。要搞好该项工作，作为生态公路技术的环保设计、工程实施、环境创建与环境监控等环节要格外重视，实行层层把关，全面监控。在公路建设过程中，确实做到认真贯彻落实科学发展观，实现可持续发展，从"经济、实用"跃升为"以人为本，安全、环保"的设计新理念，尽量符合生态的特殊设计，使自然景观、再造景观和人文景观和谐统一，为打造精品公路增添丰富的内涵。

公路的一般功能是方便车走人行，传统的公路建设往往过分体现人类"劈山修路""征服自然"的壮举，大开挖往往造成了对自然的大破坏，从某种角度而言，是人类文明的一种倒退。公路建设是线性工程，规模大，建设中对自然的破坏、对人的干扰在所难免，那么，如何妥善处理建设与破坏、干扰的矛盾，实现公路与自然、社会的和谐发展，便成为新时代公路人不能回避的一项实实在在的文明创建课题。近年来，在科学发展观的引导下，坚持"尊重自然、以人为本"的理念进行公路建设，取得了良好的成效。建设生态景观路，实现路与自然的和谐，逐渐被社会各界所共识。公路建设离不开环境与资源的支撑，也对自然产生一定的负面影响。为了在建设与保护这对矛盾关系中较好地找到平衡点，在公路建设中追求向自然"借道而过"的礼貌行为，坚持最大限度地保护、最低程度地破坏、最强力度地恢复，努力使工程建设顺应自然，融入自然。在道路建设过程中，注意保护自然，既合理利用地形、充分利用老路，又因地制宜，采取有效措施保护自然景观，体现以追求自然、朴实为导向，通过"修复"性的生态绿化强化景观设计，改"制作"公路为"创作"公路，将自然加以造化又回归融入自然。

第一节　生态技术在公路工程建设中的应用

一、景观设计在公路工程的应用

公路景观是指导公路用地范围内公路本身形成的景观以及对用地范围内一定宽度的带状走廊里的自然景观和人文景观的保护、利用、开发、创造、设计与恢复，使公路建设和自然景观、人文景观浑然一体，相容协调，共同形成一个良好的公路景观环境。对此在做好公路建设景观设计工作中就要加强前期准备工作，按照公路选线和当地特点并结合风土人情，充分考虑自然、和谐、人本理念。做到景观设计应贯彻以防为主、以治为辅、综合治理的原则，因地制宜，针对不同路段的特点及与周边环境的关系，有针对性地提出景观设计、环境保护、水土保持和生态恢复的防治措施与设计方案；坚持"不破坏就是最大的保护"和"最小限度破坏和最大限度恢复"的基本原则。具体说来在实际设计中要遵循以下几个原则：

安全性原则：所有的生态公路设计都要把安全作为重要的因素来考虑，安全是公路景观设计的基础和前提，路域防护首先要满是道路交通安全性要求，使行车视线良好，并有诱导驾驶员安全行车的功能。

恢复性原则：在公路景观设计运用多种科技手段来恢复因为公路施工等原因造成破坏的生态环境。针对高等级公路建设过程中形成的大量边坡，过去传统的做法是种植种类单一的草皮来固土护坡、减少水土流失，可是人工的种植的草皮看似整洁优美但却不符合自然规律的要求，经过一定时间后，要么是枯黄消失，要么是被当地的野生植物所吞噬，效果均不理想。在边坡植物防护技术较为领先的日本，已将植物防护的新技术即"生态恢复设计"技术作为主导，在公路边坡设计初期，设计人员对边坡的地质条件、气候、水文条件和周围植被情况等因素进行综合考虑和调查，在此基础上再模拟原有植被类型的绿化植物选择设计方案，目的就是使之与原有的生态系统相适应，做到与原有的植被尽可能的相融合。

保护性与自然性原则：保护设计是指公路路域内的生态因子和生态关系进行科学的研究分析，通过合理设计减少公路建设对自然的破坏，从而保护现有良好的生态系统。公路景观环境要素包罗万象，应重点体现对原有景观资源的保护、利用和开发，以及公路主体与原有自然及社会环境的相融，"不破坏就是最大的保护"，除非不得已，否则任何通过后天的人为绿化方式也无法与经过长时间的自然形成的结构功能稳定、物种景观多样的自然植被相媲美，所以在设计中应强调对原有植被的保护和利用，因征地需要，非移走不可的树木、植被可集中先移植保护起来，等到工程差不多时再移植到原先生长条件相似的地方，达到"事半功倍"的效果。从长远自然经济效益考虑，尽量避免破坏古树名木、文物古迹等自然原始的风景区，要想办法从设计和线形选择上考虑保护各种动植物和名胜古迹，合理的利用。在保护原有风景的同时，高等级公路它的设计要符合自然发展的规律，自然设计与传统设计相对应，通过植物群落设计，从形式上表现自然，立是于将公路景观充分融入自然环境中，创造和谐、自然、美观的新景观。自然式设计的核心就是运用生态的原理和技术，借鉴地域植物群落的组成情况、结构特点和演绎规律，科学而艺术地再现地带性群落特征的公路路域生态景观，它是顺应自然规律发展、能够实现自我维持和更新调节的一个生态小系统，增强植物群落的稳定性和抗变性，实现人工低度管理和景观的可持续稳定发展。

融合与协调原则：公路是一个有机整体，公路是一个具有线性特征的工程，纵向跨度大。在景观设计时既要注意内部各组成部分之间的协调，使其有机地融合在一起，又要注意与地形、环境等外部因素相协调。沿途景点、附属设施以及绿化植物要有统一性和连续性，使公路在满足运输功能的基本前提下，其生态功能基本恢复和完善到原有景观环境水平。

服务社会原则：公路建设应有利于社会进步和发展，对社会环境有重大影响路段，应根据可持续发展原则进行方案论证，主旨是服务经济发展和方便人民群众出行需要。

尊重地区特性原则：景观设计中要与当地风土人情、历史文化相协调，展现出当地的文化内涵与韵味，体现乡土特色和气息，使设计切合当地的自然条件，反映当地的景观特征，特别是植被选择上要遵循"乡土树种为主""适地种树"的原则，否则绿化树种引入不当，会带来灾害性的后果，这一点在我国华东、华南作为饲料引进的水葫芦等大量蔓延，开始对本地的生物多样性造成了巨大威胁，已经到了难以控制的程度。因此说在公路路域生态树木的选用上更要考虑实际情况和生长环境，要符合周围生态条件。

经济性与动态性原则：贯彻生态景观学的思想，走可持续发展之路。在公路景观的塑造过程中，坚持动态性原则，既要达到景观效果，又要经济合理。

统一与变化原则：公路的景观设计要在统一的主题下表现出各自的特色和韵味，适当的风格、造型、色彩变化及线形起伏等，都会使人感受到沿途景观富有韵律感、多变性，达到消除疲劳的目的，在统一中变化，在变化中统一。

精心设计和严格实施是生态公路付诸的重要内容，没有这两条，生态公路只能是空说白说。设计部门在结合地方规划设计取弃土石方案时，应综合考虑地质、水文、挡护等情况，做到不造成水土流失，不诱发地质灾害。在实施过程中，建设单位应责成施工单位严格按照设计方案的要求取、弃土石。

概括来说，在公路设计中对景观生态的研究要注重实际，将应用与理论相结合，正确分析和掌握第一手资料，搞清情况，结合经济发展现状，做到切实坚持以人为本，按照科学发展观的要求，既结合当前我们国家公路建设的实际情况，又兼顾目前社会经济发展的现状，对于适当完善改善公路生态体系建设会大有益处，从而在公路建设中能够做到从优从快。在公路设计中要做到"七至"理念，即安全至上、目标至高、环境至尊、设计至优、质量至严、景观至美、成本至廉。如果都能做到以上几个观点，相信我们的公路在设计过程中会按照良好的态势发展下去，对公路生态的保护会有利无害。

对于设计中的环境保护要贯彻以人为本、保护优先、治理为辅、再生结合的原则，在公路建设中必须超前考虑，将环保工作贯彻于设计之中，切实把好工程设计这一关键环节，重点是优化设计方案，把建设项目对沿线自然环境和社会环境的不利影响降到最低，对沿线房屋、电力设施、通信设施、水利设施等的拆迁改建，要充分重视和听取公众合理意见，力求把影响降低到最低限度，以求长远协调发展，公路线位的选择尽可能调到离环境敏感点较远的位置，合理使用和规划公路用地，重视路基、路面的排水设计，桥梁位置和结构不宜明显改变河道流向，加强设计过程中的水文调查和分析，尽可能掌握详细的资料，设置适当的排水构造物，保护较好的生态环境。在考虑公路景观设计的同时，更要在公路设计特别是干线公路设计中环境保护与创建中重点抓好以下工作：

（一）自然环境的保护

路线的选择要综合考虑地形、地质与环保情况，合理利用地形既可减少工程量又减轻对环境的破坏，规避不良地质可避免地质灾害的发生，上述两个方面与环保紧密相关。湖北在沪蓉西高速公路设计中提出了"地形选线""地质选线"与"环保选线"的设计原则，三者互为条件、有机结合，有利于减少路基填挖，规避地质灾害，保护自然环境，创建优美的公路营运环境。

路基设计应视地形、地质情况合理选取断面形式，避免大填大挖。在山坡陡峭的坡面尽可能采用半路半桥或路基分幅形式，减少路基土石方的挖填；路基的石方开炸应进行科学爆破，尽量减少对岩体的扰动；路基深挖地段应根据路基边坡的稳定情况采取不同的防护形式，对于顺层、滑坡等不良地质地段应对边坡稳定性进行定性与定理的分析，确定边坡的防护形式，应把工程防护和生物防护结合起来，并尽可能减少工程防护；路堑的边坡建议不拘于相同的坡比，应根据具体的情况作适当的调整，对于开挖边坡地段为荒山荒地时，应尽可能降低边坡坡度，有利于进行生物防护，减少或取消工程防护，既可减少工程造价又可最大限度的恢复原始地貌。

隧道洞口设置要遵循"早进晚出"的原则，尽可能与自然保持一致，减少对山体的切割；隧道选线应充分考虑水文地质情况，通过钻探、物探等多种形式超前探明地下水联通及流通情况，对影响环保、人畜用水的隧道，宜贯彻"以堵为主、限量排水"的原则对隧道内涌水进行治理，确保隧道开挖不影响当地群众生产生活，不影响山体的稳定，不影响工程的安全。

桥梁要视地质情况选取合理桥型和基础以及施工工艺，避免地质灾害的发生，当桥基位于山体完整性、稳定性差的斜坡上时，应对斜坡的稳定性进行分析研究。如桥基位于顺层坡面时，应选择对坡面扰动小的桥基形式，桥基的开挖或钻孔应选用对坡面振动小的施工工艺。

（二）生态环境与营运环境的创建

生态环境的创建：山区公路特别是高等级公路所能利用的地形往往是当地群众赖以生存的宝地，在设计中，一是尽可能减少占用耕地，要对修建路基与架设桥梁两个方案进行比较，如建桥对工程量增加不大时尽可能采用建桥方案，少占耕地；二是要充分利用隧道、路基的废方为群众造地，要结合当地的规划，对弃渣场的位置、规模、地形、地质、排水、挡护、绿化及复耕等方面进行全面科学合理的设计，做到变废为宝，变害为利。

营运环境的创建：由于地形地质条件复杂，公路线形难以达到理想的水平，小半径、长大纵坡不可避免。加之高等级公路重车比例大，山区气候条件复杂，驾驶员操作失误等多方原因，极易引发交通事故。因此，创造山区高等级公路良好的运营环境十分必要，对以下几个方面应引起是够的重视：

（1）要设计完善的引导标志、警示标志与禁令标志，引起驾驶员的注意；

（2）长、大纵坡下坡路段应考虑安全避险车道；

（3）公路设计除平、纵、横立体线形外，尚需引入"时间"要素，形成顺畅、连续和可知性的优美三维空间；对连续下坡路段平曲线半径不宜过小，应控制在 600 米以上；

（4）应对长、大纵坡路段的路面抗滑进行研究，确定路面的结构形式；

（5）长大隧道设计中，应以司乘人员的安全、舒适为目标，其线形不宜设置过长的直线段，以减少司机因注意力降低而渐渐不觉得加速所带来的风险。同时有必要采取变化的灯光或投影景观等措施消除司乘人员在隧道内运行时因视野局限所带来的烦躁和单调感。于 2000 年建成的世界上最长的挪威来尔多公路隧道（长达 24.5 公里），自 1990 年起就开始了对长公路隧道内司机行为的研究，他们认为解决隧道内给司乘人员带来的"烦躁和单调"的最好办法是寻找和运用刺激物，在该隧道的设计中设拐点 15 处，隧道内的任意点安全视距在 100 米以上，隧道线形以短直线和缓和曲线相接，另辅之以灯光综合作用，以此减少在隧道内运行的单调感。

（6）对公路营运安全环境进行综合研究，确定合理的安全技术指标。

公路运行所需的时间，一般习惯于以"绝对时间"来计，往往忽视"相对时间"，运行时间应该是两者有机的结合。大家在旅途中都有这样的体会，如果一路风景会让人感到时间的短暂。若在行进中环境单调甚至给人一种严重的不舒适感，便感到时间的漫长。建议在公路设计时有必要引入"相对时间"的设计理念，不能把绝对运行时间作为衡量某路段行车时间的唯一标准。创建优美的营运环境，会让司乘人员感到旅途愉快，心态平和，不知旅途疲倦，觉得时间短暂。要创建优美的公路环境，一是要把周边环境与公路线形相结合，与动中观景相协调。静止观察的美景，在高速的车上观察可能会让人眼花缭乱，甚至有头晕之感，必须通过三维动画设计出动态的景观环境；二是要考虑隧道中噪声、废气及视野的局限给司乘人员不良的影响，特别是长大隧道与隧道群带来的不舒适感，建议尽可能少设隧道，对隧道中路面应进行降噪设计，减少或降低噪声源的噪声能量；对大隧道和隧道群应进行隧道内景观设计研究，要充分利用现代的光电技术创建隧道景观，达到能在洞中见景又能实现景观引导视线的目的；三是路基边坡的防护、绿化及隧道进口的设计应有特色，富于变化；四是路基、桥梁、隧道应与地形相协调，左、右两幅路基应有分幅的变化，实现分与合的巧妙的结合，消除行车的单调感、疲劳感，让驾驶员始终保持清醒的意识。

二、生态管理制度在公路工程的应用

搞好环境保护与创建的关键在于设计，抓实施是搞好该项工作的重点。在以往的公路建设中，对环境保护工作强调多，具体抓得不细，责任不明确，约束机制不力，没有环保专职管理，基本上是兼职管理，更谈不上对生态公路技术的研究和掌握，公路施工中只管建设，不顾环保。现行的公路建设就是要在现有的体制下，建立一套适合我国国情的公路建设生态指标硬性要求，从制度上予以保证和完善，注重对生态管理机构的约束和建立，重点是建立生态管理制度体系，把生态公路的制度和公路建设纳入到一起实施，在审查公路设计的同时，也要审查公路生态工程的设计方案，认可后方能进行下一步的工作。着力从机制上、制度上、机构上给予保证和约束，形成强有力的管理措施。不符合生态公路工程技术指标要求的一律不得开工，只有待各项准备工作妥当，通过专家验收认可后再开工。在以后的公路建设中应从完善管理机构和管理措施入手，重点抓好以下几方面的工作：

（一）加强合同管理，强化环境保护与创建责任

施工单位主要是以创造利润为目的的，环境保护与创建意识一般较淡薄，业主必须在承包合同条款中明确环保的具体内容与有关的责任，形成约束机制。

（二）制定环境保护与创建行动计划

在工程尚未动工之前，按照设计要求制订明确的实施计划，以此指导工程施工。如在不稳定山体上爆破石方时，应明确爆破方式及相关的规定要求，实行科学爆破，避免扰动山体；在路基清除表土时，应要求施工单位对地表沃土集中存放，用于取、弃土场复耕。

（三）成立环保管理专班

业主、承包商及监理单位应安排足够数量的环保管理人员，成立环保专班，建立管理制度及管理措施，明确职责和义务，对环保工作进行动态的管理。

（四）加强环保工作检查

要适时的开展环保工作检查，及时予以纠正环保工作中存在的问题，不能以环保验收代替管理，避免造成难以弥补甚至无法弥补的缺陷。如在弃土不及时处理防排水问题，以致无法恢复水土流失后造成其他土地沙化。有些施工单位在路基及取土场清表时，对地表层土随意弃放，以致在取弃土场复耕时难于找到适合耕种的表层土。

（五）尽快实施环保监理

要切实搞好环保工作，必须进行严格的环保监理。但目前公路环境保护监理工作刚刚起步，管理体制、办法不健全，须尽快形成环保监理机制，形成完整的环保监理规范，对工程环保工作实施规范性管理。

在保护自然生态环境的同时，要以人为本创建环境，优美与安全的营运环境可由公路建设单位要求设计部门完成，而生态环境的创建则需要地方政府、设计单位与施工单位及相关部门的密切配合，存在着较多的组织、协调、管理工作。

要树立把握公路建设契机创建生态环境的意识。在以往的公路建设中，建设单位只是从环保出发对公路取、弃土石方案提出原则性的要求，基本上由施工单位从有利于自身利益出发确定取弃土石方案，对利用废弃的土石方创建新的生态环境考虑较少。而地方政府对此基本上不予关心。但实际上公路建设大量土石方的取、弃在对自然环境造成影响时也对创建环境带来了很好的机会，可取土蓄水、弃土造地，是变废为宝、变害为利、造福子孙后代的大事，应当引起有关方面的高度重视。

科学规划，共商创建。公路建设单位应与当地政府及相关部门沟通有关创建情况，地方政府应组织有关部门积极与公路建设单位配合，共同商定取、弃土石的方案。对在创建生态环境时可能增加的工程费用，地方政府应从长计议，组织必要的人力、财力抓住公路建设的契机创建生态环境。

三、生态监控与环评在公路工程的应用

山区较之平原、丘陵地区的公路又有着许多不同的特点，公路建成后，工程安全与运营安全及环境污染上可能存在着某些不安定的因素，因此必须通过现代信息技术加强监控，完善监控系统设计，及时掌握有关的情况，以便对不利情况进行处理：

（一）环境污染监控

除对沿线收费站、停车区、服务区及隧道内污水和噪声污染进行监控外，更重要的是要对隧道内受污染的空气进行监控，汽车排放的 CO 是一种无色、无味而人体感觉器官又不能分辨的毒性较强的气体，对隧道内该气体超过人体的承受能力时应实行自动报警控制。

（二）营运安全监控

山区公路营运安全受多方面的影响，必须对有关方面监控，应对雾区的分布、路段的冰冻情况、隧道内火灾等情况及时提供信息，让驾驶员预知前进方向的道路状况，以便提前采取相应的处理措施。

（三）工程安全监控

山区公路高、陡边坡较为多，顺层、泥石流、滑坡等地质病害较普遍，应对影响路基

稳定和危及桥梁、隧道安全的隐患建立信息化管理，掌握工程安全动态，以便及时采取有关保护措施，避免重大事故的发生。

公路与环境是有机的结合体，公路建设离不开环境的影响，因此应将公路建设与环境影响评价有机结合起来，尽量做到"三个同时"，那就是在项目前期施工阶段，坚持公路建设项目与环境影响评价同时立项、同时建设、同时运营的制度。在工可研究阶段委托有相应资质的环评机构对项目沿线的弃土、弃渣、噪音、尾气、灰尘、生态恢复等进行综合评价，预可、工可、施工图设计等方案的审查论证都邀请并认真听取部门专家的意见，并把节约耕地和有利于环保作为方案评比的重要指标，在项目招标文件中明确约定中标单位的施工行为必须符合环保要求，否则将采取相应措施，项目开工前，可以聘请有关环保专家讲解环保要求和注意事项，特别是在项目实施过程中要经常加强环保检查和巡查，一旦发现问题要及时处理和整改，项目完成后，组织有关人员进行验收，达不到要求的一律不准参加交工和竣工验收，从制度上进行严格约束。

四、公路边坡的生态防护应用

考虑公路施工对周边环境的影响很大，特别是如果处置不当，很可能因为施工本身的原因造成对公路沿线本身地质的破坏，比如边坡不稳定导致沿线自然环境的破坏，如塌方、滑坡、泥石流等诸多破坏因素对公路造成的损害，由于公路施工中难免会有大量的填、挖方，甚至桥梁、隧道、新改线路段的存在，必然会在一定程度上给原来的生态环境造成破坏，当然破坏的程度会有所不同，如何有效地把生态破坏以后的路段适当恢复，或者加大对公路本身的抗灾害程度，通过一些手段的运用，来达到对公路沿线环境的最大保护和恢复，本身也就是对公路生态保护的最好应用，主要来说在技术上目前分为生态防护和工程防护两种，生态防护是对自然环境的拓展，而工程防护是对生态防护的最大保护，并通过一定的技术处理，让工程防护和生态防护相互运用，相互作用，相互结合，两者相辅相成，相互补充。

（一）公路边坡的生态防护

边坡生态防护即边坡植被，主要是靠植物根茎与土壤间的附着力以及根茎间的互相缠绕来达到加固边坡、提高坡表抗冲刷的能力，保护路基边坡免受大气降水与地表径流的冲刷。公路边坡生态恢复技术目前较为成熟，概括起来有以下几类措施：人工植被、植生带、液压喷播、厚层喷播、锚固三维网复合植被、框格工程、挖沟钻孔工程、有机基材喷播。生态防护不仅可以涵养水源，减少水土流失，而且还可以净化空气，保护生态，美化环境，保证行车安全，具有良好的经济效益、社会效益和生态效益，在我国越来越重视环境保护和人们生存质量的今天，生态防护已成了公路边坡防护的一种趋势，代表着边坡防护的发展方向。因此，对公路边坡用植物的选择进行探讨是必要的，它必将促进我国公路边坡生态防护事业进一步的发展，具有重要的现实意义。

采用植物防护，增加植被面积，减少地表径流，可从根本上减少路基的水土流失。植物覆盖对于地表径流和水土冲刷有极大的减缓作用。枝叶繁茂的树冠能够截留一部分降水量，庞大的根系能直接吸收和涵蓄一部分水分，还可稳定地表土层。而没有植被覆盖的地方，降水量全部落在地表面，形成径流，造成水土侵蚀和冲刷。植被的根系能与土层密切地结合，根系与根系的盘根错节，使地表层土壤形成不同深度的、牢固的稳定层，从而有效地稳定土层，固定沟坡，阻挡冲刷和塌陷，起到很好的防护作用。

在我国温暖多雨的南方地区，植物防护已较多地用于土质上下边坡的防护中，既保护了边坡，又美化了环境。在北方地区，植物防护措施还仅限于下边坡的防护，上边坡经常干旱缺水，不易养护，况且坡度较陡不利于植物生长。在西北黄土地区，黄土路堑边坡往往陡于1∶0.75，边坡较高时才放缓到1∶1。在河北，土质边坡坡度一般采用1∶1，靠边坡自然降水维持植物生长往往比较困难，因坡面较陡，水分难以保持，植被成活率较低。

近年来有不少绿化专家试图在北方较陡的上边坡搞公路的绿化防护，像辽宁的抚顺市就对东部山区公路的植物生态防护技术进行了课题研究，取得了较好效果，他们主要是以公路边坡坡面防护为切入点，针对不同的地域特点，利用植被涵水固土的原理稳定岩土边坡同时美化生态环境，根据不同土壤性质分别栽种火炬树、青杨等不同树种，采取既经济又适用和环保的生态植物坡面防护措施，以提高公路的整体减灾、抗灾能力，同时改善公路绿化效果。与传统土木硬防护相比，植物防护虽然材料及其强度不同，但在防护功能上却一点也不逊色，对于降低公路的养护成本、减低公路养护的资金压力有着重要意义，同时对于在全国范围进行推广也有广阔前景。另外有的采用三维土工网等措施，但没有在公路上大面积推广。因此，上边坡植物防护问题仍需进一步研究，给北方地区光秃秃的上边坡披上绿装。实践证明，对于路基冲刷和崩塌等病害，利用植物防护，通过选取不同的绿化树种，方案设计、特别地区路段的处理和栽植技术研究的应用，会对以上公路的边坡防护起到积极有益的保护作用。

植物防护包括在边坡上种草、植草皮、植树等。在河北，由于一般地区供挖取使用的草皮缺乏，所以，种草、植树更便利一些。种草一般选取多年生、耐寒、耐旱、根系发达的草种，植树优选容易成活的树种（包括灌木）。黑麦、小冠花均是耐寒、耐旱植物，黑麦、小冠花联合种植技术在北方较寒冷、干旱的一些地区获得了成功，较适用于北方地区的气候条件。黑麦生长快，当年就能长成，但其扎根较浅，适宜短期防护；小冠花生长慢，一年以后才能长成，但扎根较深，尤其耐旱，并且其蔓延繁殖能力强，适合于路基边坡的长期防护，二者结合起来就能达到短期防护与长期防护相结合的目的。

公路沿线植树我们习惯上称之为行道树，一般是指沿公路两侧带状用地范围内所栽植的乔灌木等植物的总称，是公路绿化系统的重要组成部分，具有促进交通安全、维护路基稳定、保护路域环境、改善公路景观等作用。应该说我国沿道路两侧栽种植物的历史十分悠久，近年来交通行业的发展特别是生态公路理念的提出对公路两侧绿化也提出了新的更高的要求，其重视程度也是逐年提高，科学发展及与环境和谐统一发展的新思路新理念也是深入人心，仅公路绿化而言行道树的选择也是十分重要，并得到充分的利用和体现。近年来河北省在多条公路边坡上栽种紫穗槐，已经取得了许多宝贵的经验，比如京石高速公路、石黄高速公路等，都采用了这种防护措施，并取得了成功，既防护了边坡，又美化绿化了公路。行道树的功能主要有以下几个方面，向驾驶员及时预告公路线形的变化、增进行车安全，同时也具有防眩、防撞、缓冲事故车辆的效果，还有稳定路基，防止水土流失，丰富公路景观，改善行车环境，一定程度上消除司乘人员的视觉和旅途疲劳，吸收日光辐射，减少路面光的反射，使路面温度下降，延长公路的使用寿命，此外还可以种植一些经济作物，从而产生一定的经济收入等等。然而在沿线种植植物的同时，传统的公路行道树也存在一些共性问题，主要有树种单调，千路一树，没有地域特色，能反映地方优。良树种得不到很好的应用，栽种的形式也非常单一，有的栽种不考虑当地的气候和土质条件，所栽种的树木难以成活，甚至部分不规范的栽种。当树木长大的时候，大的枝干侵占路面或者挡住标志牌，十字路口因为树木过多导致视线不良等情况时有发生，带来了一定的交通安全隐患。此外有的公路两侧栽种树木没有系统考虑公路所处的环境，为了增加绿化的视觉效果，大量征用土地，将公路和周边的环境分隔开来，既浪费了大量的可用土地，也使整个公路景观协调性差，公路内的过往车辆人员很难有效看到沿线美丽的风光和风土人情，一定程度上降低了公路的使用舒适度，如何解决此类问题，使得公路沿线的绿化也能遵循科学发展的理念，使道路真正意义上成为美丽的风景线，单就公路绿化而言现在也形成了一定的发展理念值得我们注意。综合来说目前有以下四种理念，一是以人为本的理念，那就是行道树的栽植不能仅考虑路的主体因素，而是充分体现人的因素，主要是为公路沿线的居民和过往的司乘人员提供良好的公路绿化环境；二是尊重自然的理念，按照自然发展的规律办事，体现在公路植物的选择上充分考虑公路原有沿线的物种，这一点后面还将强调，将体现地方特色和乡土、适合当地生长的好的植物作为行道树的第一选择，比如在西北干旱的地区、南方水网地区、北方平原地区、热带地区、山区和丘陵地区的树木选择和种植的方式和方法都有所区别；三是最大化保护理念，不破坏就是最大的保护同样也适于行道树的发展理念，那就是在公路建设过程中也充分保护原有的公路沿线植物，最大限度的利用原有植物，使其成为公路行道树的有机组成部分，达到事半功倍的效果；四是和谐统一的理念，在选择能够体现地方特色的行道树的基础上，科学合理的设计行道树的栽种方式成为决定一条公路绿化风格的重要环节。与传统的公路两侧栽种植物行道树不同的是新的绿化理念更多地强调公路绿化与公路线形和公路周边环境的和谐统一，在平原区可引入"景观走廊"的手法，隔一定距离可以取消行道树栽植，提供一定区域的观景区；在以自然景观为主的微丘和重丘区，可以结合用地情况和周围自然植物的分布生长情况，采用仿自然生长的效果方式进行种植，在树种的选择和搭配上都以自然植物群落为目标，从而形成和谐统一的公路行道树绿化带，并完全地融入到自然环境之中。

公路植物防护简单的理解也可认为是一种公路绿化工程或者说是一个生态绿化系统，是交通环境的重要组成部分，当前我们国家公路建设中公路绿化往往是以种植乔木、灌木、藤本、花卉等植物为主要手段，其树种的选用非常重要，一般来说是根据公路的地理位置及植物的生态性、公路的功能要求、针对性、长远性、经济性的原则进行选择。就植物本身而言，它们在公路绿化中体现的效果也会不同，因此选用时要"适地而树、适树而树"，所选树种间树形、色彩、线条、质地等方面要有一定差异，也要有一定的配合和联系，在统一中变化，在变化中统一，从而通过多样性、相似性，产生出自然协调、鲜明突出的感受。了解了树种的特点后，我们就要结合有关公路的实际情况合理的选取树种，大致说来是要结合公路的地理位置及植物生态特性、公路的使用功能、公路的特点和经济性方面来选择树种。其选择应充分考虑到因地制宜、适地植树和自然生长环境特点以及长远规则等因素。种一片成一片，能够适应沿线环境并能很好的融入原有的生态体系中去，便于管理和养护，使之适应自然的成长。

公路边坡植物选择的依据，主要是气候条件和土壤条件。光照、气温、湿度、降水、风等气候条件都影响着边坡植物的生长发育，但是在选择边坡植物时主要应考虑的气候因素是气温和降水。最高气温和最低气温决定着植物能否正常生长发育，能否顺利越夏、越冬等；降雨（雪）的时期及雨量也是决定采用植物种类的重要依据。

目前我国公路边坡坡度一般都较大。由于边坡坡度较大，降水落于坡表后，极易由于重力的作用，沿坡面往下流失，造成坡体土壤缺水干旱，直接影响植物的正常生长发育，甚至导致植物的死亡，这一点在北方干旱地区的边坡上表现得尤为突出。

土壤成分、肥力、土壤结构、酸碱性、盐碱性、土壤厚度等土壤因素与植物的生长发育密切相关，从而决定着边坡植物能否良好地生长。其中，在选择植物时比较重要的因素是土壤肥力状况、土壤结构和土壤 pH 酸碱度等。

公路在施工过程中，因开挖使地表植被完全遭到破坏，原有表土与植被之间的平衡关系失调，表土抗蚀能力减弱，在雨滴、重力和风蚀作用下水土极易流失，植物种子定植困难；公路边坡土壤一般为没有熟化的生土，养分含量一般很低。同时由于坡度大，土壤渗透性差等原因，边坡土壤对降水截流较小，造成水土和养分流失，使坡面土壤变得贫瘠，立地条件差，不利于植物生长；另外，公路边坡土壤有机质含量一般很少，结构不良，经过一定时期的沉降作用后，容重增加，孔隙度降低，不利于土壤中水分和空气的有效运移以及肥料的协调转移，从而对草坪植物正常生长产生不利影响。

公路边坡植被的主要目的是固土护坡，防止公路边坡水毁，稳定公路路基，以及美化公路沿线景观环境。因此，要求边坡植物根系深，能快速覆盖地表。

公路边坡植物应具备的条件：

植物品种选择应以本土化为原则，根据公路沿线的自然条件，合理确定物种配置方案。根据公路边坡的特点和边坡种植的目的，边坡生态防护的植物一般应满是以下要求：适应当地气候，抗旱性强；根系发达、扩展性强；耐瘠薄、耐粗放管理；种子丰富，发芽力强，容易更新；生长快，绿期长，多年生：育苗容易并能大量繁殖；播种栽植的时期较长；不会在当地恶性生长，造成生态危害。价格低，无需养护或便于养护；草灌花结合，点缀乔木。

绿化物种选择的原则：

顺利实现公路路域植被恢复，科学合理地利用植物。物种选择原则应遵循生态适宜性原则、生物多样性原则、经济适用性原则、交通安全性原则、道路美学性原则。达到空间绿化和三季常绿、四季有花的效果。护坡植物的选择首先要分析不同种类护坡植物，然后再讨论有关植物的选择，这对正确选取适合公路沿线植被是非常重要的。

公路边坡可用的植物种类较多，主要有草本植物、灌木、藤本植物，以及乔木等。目前我国的公路边坡一般坡度较大，坡比一般为 1：1，即45°，有的甚至达到60°以上，栽植乔木会提高坡面负载，增加土体下滑力和正滑力，在有风的情况下，树木把风力转变为地面的推力，造成坡面的不稳定和坡面的破坏，同时，边坡栽植乔木还可能影响司乘人员观测公路两侧景观的视野，因此一般不宜在公路边坡栽植乔木。

目前，我国公路边坡生态防护用植物在多数情况下是采用草本植物，在国外草本植物也仍被广泛使用。草本植物的选择：可用于护坡的草本植物大部分属于禾本科和豆科。禾本科植物一般生长较快，根量大，护坡效果好，但需肥较多。而豆科植物苗期生长较慢，但由于可以固氮，故较耐瘠薄，耐粗放管理。其花色较鲜艳，开花期景观效果较好。根据各草种对季节性温度变化的适应性，可分为暖季型与冷季型两类。冷季型草比较耐寒，但耐热性和耐旱性较差。而暖季型草较耐热耐旱，但不耐寒，以地下茎或匍匐茎过冬，故冬季景观效果较差，但其管理较冷季型草粗放。草本植物的繁殖可采用营养繁殖，也可采用种子繁殖。

草本植物的优点在于：

（1）草本植物种植不仅方法简便，而且费用低廉；

（2）早期生长快，对防止初期的土壤侵蚀效果较好；

（3）作为生态系统恢复的起点，有利于初期表土层的形成。

但是，草本植物与灌木相比具有以下缺点：

（1）草本植物具有根系较浅，抗拉强度较小，固坡护坡效果较差。在持续的雨季里，高陡边坡有的会出现草皮层和基层剥落现象；

（2）群落易发生衰退，且衰退后二次植被困难；

（3）开发利用的痕迹长期难于改变，与自然景观不协调，改善周围环境的功能差等；

（4）坡地生态系统恢复的进程难于持续进行，易成为藤本植物滋生的温床：

（5）需要采取持续性的管理措施等，维护和管理作业量大。因此，单纯的草本植物用于公路边坡的绿化并不理想。

由于草本植物作为护坡植物的缺点，因此在某些发达国家已开始重视灌木的护坡作用，并做了大量研究。灌木的选择：日本对灌木护坡进行了大量研究，且在边坡防护中得到了大量的应用。我国目前在边坡生态防护中使用的灌木较少，目前已使用的灌木主要有紫穗槐、柠条、沙棘、胡枝子、红柳和坡柳等。灌木的种植可以采用扦插的方式，也可采用播种的方式。灌木宜和草本植物混合种植，以充分发挥两者的优势，又避免两者的弊端，达到快速持久护坡的效果，同时具有良好的景观效果。灌木作为护坡植物主要的缺点是成本较高，早期生长慢，植被覆盖度低，对早期的土壤侵蚀防止效果不佳。但是可以通过与草本植物混播，草本植物早期迅速覆盖地面防止土壤侵蚀，后期由灌木发挥作用的方式解决。

当草本植物和灌木采用种子混合播种时有时会遭到失败，主要原因是由于草本植物生长比较快，在草本植物生长茂盛的状况下，引起以下几种后果：

（1）灌木的幼苗被草本植物所覆盖，其后由于光线不足而死掉；

（2）有些灌木在其幼苗期对于枯萎病的抵抗力很差，在过分潮湿状态下会因菌害而致枯死；

（3）由于土壤含氮过多引起枯萎病菌为害致死；

（4）在草本植物的根部和灌木的根部处于同一土层时，由于彼此进行竞争，所以灌木会枯死。

对于以上情况可采取限制草本植物株数和采用含氮量少的肥料类型限制草本植物生长的方法加以控制解决，通常情况下草本植物株数应控制在 $200 \sim 500$ 株 $/m^2$ 范围内。

藤本植物主要应用于坚硬岩石边坡或土石混合边坡的垂直绿化，垂直绿化是公路边坡生态防护的特殊形式。藤本植物的选择：目前，我国的垂直绿化主要应用于城市园林中，公路边坡采用垂直绿化的还较少。藤本植物宜栽植在靠山一侧裸露岩石下一般不易坍方或滑坡的地段，或者坡度较缓的土石边坡。可用于公路边坡垂直绿化的藤本植物主要包括爬山虎、五叶地锦、蛇葡萄、三裂叶蛇葡菊、藤叶蛇葡萄、东北蛇葡萄、地锦、葛藤、扶芳藤、常春藤和中华常春藤等。藤本植物主要采用扦插的方式进行繁殖，用藤本植物进行垂直绿化的好处是投资少，用地少，美化效果好，缺点是由于边坡一般较长，藤本植物完全覆盖坡面的时间长。

（二）公路边坡的工程防护

公路边坡对公路路基的稳定性非常重要，一旦遇到边坡破坏，对公路的损害和影响是非常之大，甚至导致公路交通中断，影响行车安全，从目前有关情况看，公路边坡破坏的主要形式与机理有以下几种。

1. 公路下边坡

路基下边坡一般为填土路堤。受力稳定的路堤边坡的破坏，主要表现为边坡坡面及坡脚的冲刷。坡面冲刷主要来自大气降水对边坡的直接冲刷和坡面径流的冲刷，使路基边坡沿坡面流水方向形成冲沟，冲沟不断发展导致路基发生破坏；沿河路堤及修筑在河滩上、滞洪区内的路堤，还要受到洪水的威胁，这种威胁表现为冲毁路堤坡脚导致边坡破坏。

边坡破坏还与路基填料的性质、路基边坡高度、路基压实度有关系。一般来说，砂性土边坡较黏性土边坡易于遭受冲刷而破坏，较高的路基边坡较较低的路基边坡更容易遭受坡面流水冲刷，压实度较好的边坡，比压实度较低的边坡耐冲刷。

2. 公路上边坡

上边坡是人工开挖的斜坡，其强度应满足稳定边坡的要求，这样的稳定边坡在降雨、融雪、冻胀及其他形式的风化等作用下，容易发生病害，其主要破坏形式为冲刷、崩坍等。

冲刷破坏一般发生于较缓的土质边坡，如砂性土边坡、亚黏土边坡、黄土边坡等，在大气降水的作用下，沿坡面径流方向形成许多小冲沟，如不采取任何防护措施，有逐年扩大的趋势；在边坡坡脚，冬季往往发生积雪，造成坡脚湿软，强度降低，上部土体失去支撑，发生破坏；同时，高速行驶的汽车溅起的雨雪水，也冲刷坡脚。总之，土质边坡的坡脚部位，是边坡的最薄弱环节。

边坡的崩坍，一般分为三类：落石型、滑坡型、流动形，有时在一次崩坍中会同时具有这三种形式。

落石型崩坍一般指较陡的岩石边坡，易产生落石的岩层必然是节理、层理或断层影响下裂隙发育，被大小不一的裂面分割成软弱的断块，这些裂面宽而平滑，有方向性。落石和岩石滑动易沿陡的裂面发生。裂隙张开的程度用肉眼不一定就能识别，但能渗水，由于反复冻融，长时间的微小移动，裂缝逐渐扩大，由于降雨，裂缝中充满水，产生侧向静水压力作用，造成崩坍。一般裂隙发育岩体，更易发生落石现象，此外硬岩下卧软弱层时，也会发生这种现象。此类破坏形式必须严格控制，崩坍滚落的岩石极易对行车构成威胁。

滑坡型崩坍，指岩层在外力作用下剪断，沿层间软岩发生顺层滑动，多发生于倾向于路基、层间有软弱夹层的岩体中。另外，当基岩上伏岩屑层、岩堆等松散的堆积物时，堆积物也易沿岩层的层理面、节理面或断层面发生崩坍。

流动型崩坍多因大雨的原因，砂、岩屑、页岩风化土等松散沉积土，多会受水的影响而产生崩坍，流动型崩坍没有明显的剪切滑动面。

很显然，边坡高度大时，以上边坡破坏的类型都较低边坡容易发生。

由上面的分析可知在边坡的防护设计中，既要做好坡面防护设计、排水防水设计、控制好水的问题，又要根据地质条件、岩体性质、岩层产状、边坡高度做好边坡坡面设计。

目前公路边坡主要有以下几种工程防护措施：

（1）框格防护

框格防护是用混凝土、浆砌块（片）石等材料，在边坡上形成骨架，能有效地防止路基边坡在坡面水冲刷下形成冲沟，同时，提高了边坡表面地表粗度系数，减缓了水流速度。一般冲刷仅限于框格内局部范围，采用框格防护与种草防护结合起来的方法，提高了防护效果，同时美化了环境。

框格防护多用于路基下边坡，是一种辅助性的防护措施，除具有对路基边坡的一定防护作用外，还有对路容的美化效果，尤其在互通立交范围内边坡应用最多，近年来人们越来越重视公路对环境的影响，重视路容美化，因此往往采用这种防护形式。

框格形状可根据人们的想象及人们对美的追求，做出各式各样的造型，如斜45度大框格，六角形混凝土预制块防护，浆砌片石拱形防护，浆砌片石或预制块做成的麦穗型等。

框格防护措施同时可用于土质上边坡防护，既增加美的效果，并可防止边坡出现冲刷，但由于框格需在上边坡中嵌槽镶进，施工难度大，仅在重要景点使用，一般较少采用。

沪宁高速公路部分路段和贵阳至黄果树高速公路下边坡均采用了浆砌片石拱形防护，北京八达岭高速公路下边坡部分路段采用大45度框格内镶六角形混凝土预制块的小框格，河北省石黄高速公路部分路段的麦穗型，都给人以美的享受。

（2）护坡

在稳定的边坡上铺砌（浆砌或干砌）片石、块石或混凝土预制块等材料以防止地表径流或坡面水流对边坡的冲刷称之为护坡。铺砌方式一般采用浆砌，冲刷轻微时，可采用干砌。

位于河滩或滞洪区内的路基，往往处于洪水的直接威胁之下，因此必须采用护坡防护措施，防护高度应至少在路基设计洪水位加浪高、壅水高及0.5米安全值以上。另外当路基沿溪，路基边坡侵占河道时，也要采取护坡防护措施。

在软土地基上的路堤护坡，无水流冲刷影响时，可采用干砌片石护坡，以适应地基沉降引起的路堤边坡变形。

（3）封面

封面包括抹面、捶面、喷浆、喷射混凝土等防护形式。

①抹面防护与捶面防护

抹面防护、捶面防护由于其使用年限较短，各等级公路上使用较少，尤其在高速公路的边坡上尚未采用过这样防护措施。不过当路基较低时采用抹面防护合理掺加草籽，既能起到建设初期的防护作用，又能起到运营期的防护与绿化作用，在今后的建设中可做尝试。

②喷浆防护与喷射混凝土防护

喷浆防护和喷射混凝土防护适用于边坡易风化、裂隙和节理发育、坡面不平整的岩石边坡，其主要作用是封闭边坡岩石裂隙，阻止大气降水及坡面流水侵入，从而阻止裂隙中侧向水压和冰裂，防止边坡岩石继续风化，保护边坡不发生落石崩坍。

在公路上广泛采用的封面防护措施是喷射混凝土，该防护要求在混凝土内设置菱形金属网或高强度聚合物土工格栅，并通过锚杆或锚固墩固定于边坡上，这主要是为防止混凝土硬化收缩产生裂缝或剥落。在河北石太高速公路及山西太旧高速公路上处理裂隙发育岩石边坡，效果很好，尤其是河北用于处理蚀变安山岩坡，非常成功，处理后落石崩坍不再发生。但在某段坡体采用喷射混凝土防护，亦产生了剥落现象。该岩体为全风化石灰岩，新喷射混凝土与之结合不好，接触不均匀，局部强度很低，加之喷射混凝土未加设金属网或土工格栅，整体性不好，从而在内部与外界双重因素作用下，产生局部剥落。

由此，在施工喷射混凝土防护前，坡面不应有风化碎渣、风化土层，全风化岩石不宜采用喷射混凝土防护措施，为防止喷射混凝土硬化收缩产生裂缝或剥落，加设防裂金属网或高强聚合物土工格栅是必要的。当岩体具有沿倾向路面的岩层顺层滑动的潜在危险时还应采取加抗剪锚杆的锚固措施。

（3）护面墙

为了覆盖各种软质岩层和较破碎岩石的挖方边坡以及坡面易受侵蚀的土质边坡，免受大气影响而修建的墙，称为护面墙。

护面墙多用于易风化的云母片岩、绿泥片岩、泥质灰岩、千枚岩及其他风化严重的软质岩层和较破碎的岩石地段，以防止继续风化。可以有效地防止边坡冲刷，防止滑动型、流动型及落石型边坡崩坍，是上边坡最常见的一种防护形式。

护面墙除自重外，不担负其他荷载，亦不承受墙后土压力，因此护面墙所防护的挖方边坡坡度应符合极限稳定边坡的要求。护面墙有实体护面墙、孔窗式护面墙、拱式护面墙等。实体护面墙用于一般土质及破碎岩石边坡；孔窗式护面墙用于坡度缓于 1：0.75 的边坡，孔窗内可捶面（坡面干燥时）或干砌片石，拱式护面墙用于边坡下部岩层较完整而需要防护上部边坡者，用护面墙防护的挖方边坡不宜陡于 1：0.5。

为增强护面墙的稳定性，在护面墙较高时应分级砌筑，视断面上基岩的好坏，每 6 ~ 10 米高作为一级，并在墙顶设 ≥1 米的平台；墙背每 4 ~ 6 米高设一耳墙，耳墙宽 0.5~1 米。

护面墙顶部应用原土夯实或铺砌，以免边坡水流冲刷，渗入墙后引起破坏。修筑护面墙前，对所防护的边坡应清除松动岩石、松散土层。对风化迅速的岩层如云母岩、绿泥片岩等边坡，清挖出新鲜岩面后，应立即修筑护面墙。

在我国山区高等级公路的防护设施中，护面墙是上边坡采用较多的防护形式，而且多是实体护面墙，一般根据边坡的高度、岩石的风化程度及岩土的工程地质特性采取半防护或全防护措施。在半防护措施中，有时采用坡脚护面墙，由于路堑的开挖，改变了空气的流向，在路堑内形成旋转气流，雨雪天气，该气流携带着雨雪对坡脚的冲刷破坏能力最大，同时汽车高速行驶溅起的雨雪水也直接冲刷坡脚；自然降水自坡顶沿坡面向下流，流至坡脚时，速度最大，冲刷最严重，因此在坡脚处设置矮墙是最起码的防护措施。从另一方面讲，在坡脚设置护面墙还起到诱导行车视线的作用。对于土质边坡，技术、经济条件允许时，还可以搞绿化，种植一些藤本植物，美化环境。

做好公路的排水和防护设计。近年来，公路排水问题已成为公路建设中环保要求的主要制约因素，通常会因水的原因造成公路两边的破坏，进而影响到公路沿线的环境变化，作为公路的重要附属设施排水系统非常重要，其类型的选择应从安全、视觉效果及周围环境协调角度综合考虑，重点为做好路基排水、路面排水及中央分隔带排水，同时兼顾边坡防护工程的应用，使得公路的排水系统和排水工程防护有机的结合统一起来，防护工程的应用，确保了路基的稳定，减少了水土流失，直接起到了保护环境的效果，同时通过适当的绿化处理，改善了排水系统的环境状况。

总之，搞好公路建设，确保公路边坡稳定、安全、搞好环境保护是非常重要的，如何才能做到以上要求，这就要求我们在平时的公路边坡治理中要深入了解公路边坡破坏的形式与机理，并结合不同情况按照相关要求，加强分析和梳理，找准针对不同工程对象的土质、水文、气候等特点，灵活采用不同的防护形式，加强设计理念的更新和适应，加强施工建设管理，建安全之路、生态之路、优美之路。

五、公路"安全示范保障工程"的应用

坚持以人为本，树立全面、协调、可持续的发展观，对新时期公路交通工作提出了更高、更新的要求。公路行车安全与否事关人民群众的生命财产安全，事关人民群众安居乐业。加强和完善公路防护设施，保障人民群众生命财产安全，是实现好、维护好、发展好最广大人民群众的根本利益的实际行动。

2004年初，交通部决定在全国组织实施以"消除隐患、珍视生命"为主题的公路安全保障工程。计划用3年时间完成全国国省干线公路上的急弯、陡坡、视距不良、路侧险要等路段的综合整治工作，最大程度的减少公路交通事故伤害，降低事故死亡率，为人民群众的生命财产安全提供保障。

针对不同的路线特点，考虑交通事故类型，因地制宜地确定技术方案是安保工程的关键环节，只有提升设计思想与理念，才能将安保工程做得实用、具有特色。

安保工程的设计思想与理念是："安全、经济、环保、有效"。

这个理念体现着"经济上可能、技术上可行、方案上有效"的思想，即必须从实际出发，注重环境保护，因地制宜，采用合理的技术措施，达到"主动引导、突出重点、适度防护"的目的。

安全是一个复杂的问题，交通事故是由人、车、路、环境等多方面因素不协调而产生的。安全保障的工作应在没有发生事故前进行主动的安全引导；在发生事故后进行被动的安全防护，最大限度地保证道路使用者的生命与财产安全。

主动安全引导。通过（禁止、警告、指示）标志、标线、线形诱导标、轮廓标、主动降速设施的合理运用，提前将相关道路交通信息告知道路使用者，使其安全通过危险路段。部分地段可采用提高道路表面的摩擦系数、弯道处适当设置超高等方法提高道路的安全性。公路安全保障工程是在不同地理、地质和气候条件下，针对不同道路安全隐患实施的，具有较大的差异性，因而深入调查研究、注重工程质量是关键要素。

确定技术方案时，应在全面分析交通安全隐患的基础上，合理确定技术方案，注重环境保护和综合处治措施，充分考虑部分地区生态环境的脆弱性。重视现场调研和科学分析，采用主动与被动安全措施相结合的综合性方法，达到"安全、经济、环保、有效"的目的。由于安保工程实施的内容非常广泛，其采取的相应措施也很多，集中起来主要有：交通标志、交通标线、视线诱导设施、减速设施、安全护栏、其他综合措施等，这里面的安全护栏的选择和应用与公路生态环保的联系非常紧密。

护栏形式的选择。应针对每条公路的具体情况，充分比较各种护栏的性能，分析行驶安全感、压迫感、视线诱导、瞭望的舒适性，并考虑与公路周围环境的协调，结合经济性、施工条件及养护维修等因素，在综合分析的基础上确定。

——波形梁护栏刚柔相兼，具有较强的吸收碰撞能量的能力，具有较好的视线诱导功

能，能与道路线形相协调，外形美观，损坏处容易更换。较混凝土护栏具有一定的通透性，可用于美观性要求较高的一般路段和沙漠、积雪地区。

——混凝土护栏防止车辆越出路（桥）外的效果好。由于混凝土护栏几乎不变形，因而维修费用很低。但当车辆与护栏的碰撞角度较大时，对车辆和乘员的伤害大。可用于山区急弯路段外侧、路侧为深沟、陡崖，车辆冲出将导致严重伤亡事故的部分路段。

——缆索护栏属柔性结构，车辆碰撞时缆索在弹性范围内工作，可以重复使用。缆索护栏立柱间距比较灵活，受不均匀沉陷的影响较小。积雪地区缆索护栏对扫雪的障碍少，但缆索护栏施工复杂，端部立柱损坏修理困难，不适合在小半径曲线路段使用。缆索护栏视线诱导性较差，架设长度短时不经济。风景区公路采用缆索护栏较为美观。

——考虑到山岭重丘区的施工、材料运输、维修便利，可采用经验证的其他形式的护栏，如钢管护栏、木制抗冲撞护栏、石砌护栏等。

六、公路地质防治工程的应用

自然界内外动力的地质作用所产生的环境地质灾害，如地震、崩塌、滑坡、泥石流等，虽然是自然原因引起的，但它们与公路工程活动是相互联系、相互影响、相互制约的，而且直接影响公路的运营环境。从形式来看地质原因造成对公路的损害主要有一是自然灾害，比如因为泥石流和水毁期间的影响导致路基不稳定而造成的公路路基被冲毁、路基上下塌方等都是因为自然原因产生的公路灾害，这一类的灾害就本身而言，其公路沿线的边坡和护坡本身结构就很脆弱，一旦遇到其他外因的影响，地质结构会发生相应变化，加上内部的自然力作用，于是就会发生一系列公路灾害，影响公路的通行，这一点在山区公路特别是有地质灾害隐患路段极为常见。对此可以通过实施地质灾害防治工程对公路沿线环境进行有效治理，并采取相应的处理措施，交通部已经在着手建立干线公路地质灾害防治相关方面的工作和方案，目前正处于探索和试验阶段，从目前所实施的路段情况看，其理论应用大都来源于生态技术和相应的观点，并且获得较为明显的成效，通过实施相应的防治后，路段的环境得到了很大改观，路段的抗灾害能力大大提高，这也充分说明了生态技术和理论在公路灾害防治中的应用是有着重要的地位和作用，也对今后这样的路段提供了很多技术经验和借鉴。二是人为灾害，人为的灾害显然是人的原因造成的，是因为在公路建设项目中，没有采用正确的方法和措施，破坏了主要是公路建设过程中产生的地质变化，比如对地块的结构进行开挖，像公路的纵断面和横断面开挖，公路的降坡，路线的改线，软土路基的填筑等，因为这方面施工的原因导致地质结构发生相应的变化，破坏了原有的地质结构，在某些作用力的影响下，导致地质灾害的发生，影响了公路的沿线环境，甚至可以产生生态性的破坏。对于这一类的灾害，要求建设单位和设计单位在进行工程可行性研究前后对公路线形的选择要高度重视，同时对公路沿线的地质情况要进行深入了解走访，掌握第一手资料，便于为下步设计做好充分准备，在设计中尽量不破坏原有的地质结构体系。

从而在以后的工程施工中尽可能做到最小限度的破坏原有环境。当然对实在不能避免的公路沿线的地质灾害路段，那就要求施工单位和建设单位在公路建设的同时充分考虑到地质灾害可能产生的后果，提前准备并采取相应处治措施，保证不因地质原因而发生公路灾害，同时在后期施工中加强对公路生态的恢复。

七、公路交通噪声的治理

公路噪声的来源很多，有施工过程中机械工作的声音，也有车辆运行时发出的声音，同时也有车辆轮胎与公路路面接触摩擦所产生的声音等等。此类声音的产生对周边群众和行人及过往车辆都有很大影响。因此在公路建设设计时可以考虑采用声屏障、加强路面的平整度、改善车辆性能等一系列措施减少各类噪声产生的途径和分散声音传播路径。尽量减少这种声音源的产生，通过各种措施减小因公路建设运营后带来的噪声污染，影响到沿线和周边群众的生活，这也是生态公路建设的要求所在，同时也是路域生态公路恢复研究的重要课题之一，不能简单地把公路生态研究作为生态景观学的延伸和发展，因为还要考虑到美学、生物学、设计和环境保护的方方面面，对此就公路噪声的防治也显得十分重要。在施工期间对居民点较多的地点应合理安排施工场地、时间和运料通道，降低声音的影响，加强对路面的质量把关和控制，选用较好的路面材料减少公路施工和今后运营期产生的噪声，对于公路附近的居民处根据路线情况修建声屏障，其高度和长度根据影响居民区的范围而定。根据公路沿线的风貌和自然环境，还要结合当地的风土人情，所以就选择材料和形式而言，也要充分考虑生态环境的因素，借助声学的原理，科学合理的设计声屏障的建立和设置的问题。总的来说就是要通过一系列的技术处理和相应的声音减噪措施，来进一步美化和改善公路沿线的人居环境，为人们提供文明、健康、有序的生活作息环境，同时这也是符合建立生态文明和构建和谐社会的要求。

第二节　基于生态保障的施工网络编制与优化

要用生态经济学的理论指导进行生态经济建设和管理，首先要认识生态经济学的三个最基本理论范畴及其作用。一是生态经济系统，它是经济活动的载体；二是生态经济平衡，它是经济发展的动力；三是生态经济效益，它是经济活动的目的。取得生态经济效益是人们经济活动的出发点和落足点。按照生态经济原则，结合高速公路建设的特点，特别是在草原、沙地、农田地区建设高速公路的特点，对公路进行科学规划和合理建设，尽可能减少对脆弱的科尔沁草原生态环境的破坏。结合科尔沁草原道路建设中的特殊问题，按照有利于生态经济系统的物质流、能量流、信息流、人流和价值流合理高效运转的原则，运用系统工程的方法，进行系统设计、配套施工。要做到这一点，就需要与各个部门，如地方政府、环保部门、农业部门、林业部门、水利部门、施工单位等多家单位之间相互协调，树立生态经济建设综合管理的意识，在科尔沁道路的规划建设中尽量做到同步规划、同步投资、同步建设和同步管理。让道路建设与生态环境保护协调进行。

由于工程条件复杂，要想用一套完备的施工网络图将整条线路的施工情况贯穿起来，就必须掌握实际工程情况，有计划分步骤地进行，将不同施工单位所采取的不同施工方法有机地汇总起来，进行群体网络图编制，并使之贯穿于施工过程的始终，不仅对当前施工项目予以合理的指导还要为今后的施工提供宝贵经验。

一、考虑生态影响的施工网络编制

（一）公路施工网络计划技术基本原理

网络图是由箭头和节点组成的，用来表示工作流程的有向、有序的网状图形。常见的网络图分为单代号网络图和双代号网络图两种。在网络图上加注工作的时间参数而编成的进度计划，称为网络计划。用网络计划对任务的工作进度进行安排和控制，以保证实现预定目标的科学管理技术，即称为网络计划技术。

在工程项目施工计划管理中，可以将网络计划技术的基本原理归纳为：

（1）把一项工程的全部建造过程分解为若干项工作，并按其开展顺序和相互制约、相互依赖的关系，绘制出网络图；

（2）进行时间参数计算，找出关键工作关键线路；

（3）利用最优化原理，改进初始方案，寻找最优网络计划方案；

（4）在网络计划执行过程中，进行有效监督与控制，以最少的消耗，获得最佳的经济效果。

（二）公路施工网络计划技术的优点

（1）可以把整个工程项目的生产过程的各个环节有机地组织起来，并指明其中的关键所在，从而可使各级管理者和管理人员既能统筹安排，考虑全局，又能抓住关键，合理协调资源，实行重点管理；

（2）可反映整个生产过程各项工序（活动）之间的相互制约和相互依赖的关系；

（3）可以进行各种时间计算，能在工序繁多、错综复杂的计划中找出影响工程进度的关键工序，便于管理人员集中精力抓施工中的主要矛盾，确保按期竣工，避免盲目抢工；

（4）能够通过网络计划中反映出来的各工序的总时差（即机动时间）和局部时差，更好地运用和调配人力与设备，节约人力与物力，达到降低成本和加快进度的目的；

（5）在计划的执行过程中，当某一工序因故提前或推迟完成时，能够预见到它对工程的影响程度，便于及早采取措施以充分利用有利的条件或有效地消除不利因素，保证自始至终对计划进行有效的控制与监督；

（6）能够设计出许多可行方案，并从中选出最佳方案。

（三）考虑生态影响的网络计划编制程序

网络计划技术在计划管理中起着举足轻重的作用，其应用的程序为：

（1）准备阶段

①确定网络计划目标：时间目标；时间—资源目标；时间—成本目标；生态目标。

②调查研究

调查研究的内容主要包括：项目有关的工作任务、实施条件、设计数据资料；有关定额、规程、标准、制度等；资源需求和供求情况；制定生态环境保护和恢复措施。对地质不良地段采取的处理措施，对水土流失、环境影响的处理措施；施工方法、料场分布、运输方式、道路条件是否符合实际情况和环境保护要求；珍贵动植物和其具体的保护措施；有关经验、统计资料和历史资料；其他有关技术经济资料。

③工作方案设计

在计划目标已确定并做了调查研究的基础上，就可进行工作方案的设计，其主要内容包括：确定施工顺序；确定施工方法；选择需用的机械设备；确定重要的技术政策和组织原则；对施工中的关键问题的技术和组织措施的制定；确定采用网络图的类型。

在进行工作方案设计时，应遵循以下几项基本要求：尽可能减少不必要的步骤，在工序分析基础上，寻求最佳程序；工艺应达到技术要求，并保证质量和安全；尽量采取先进技术和先进经验；组织管理分工合理、职责明确，充分调动全员积极性；有利于提高劳动生产率，缩短工期，降低成本和提高经济效益。在公路建设中融入景观生态学的理念，采用生态保护和恢复技术，实现对生态环境最低程度的破坏和最大可能的恢复。

（2）绘制网络图

①项目分解

②逻辑关系分析

③绘制网络图

（3）时间参数计算

按照网络计划的类型不同，根据相应的方法，即可计算出所绘网络图的各项时间参数，并确定出关键线路。

（4）编制可行网络计划

（5）网络计划优化

（6）网络计划的实施

（7）网络计划的总结分析

为了不断积累经验，提高计划管理水平，应在网络计划完成后，及时进行总结分析，并应形成制度。通常总结分析的内容包括：

①各项目的完成情况，包括时间目标、资源目标、成本目标、生态目标等的完成情况；

②计划工作中的问题及原因分析；

③计划工作中的经验总结分析；

④提高计划工作水平的措施总结等。

二、全路段施工的特点

要将全线工程协调起来，必须把它作为一个整体看待，其施工计划必须优化编制、统筹安排，使工程不仅能够按时交付使用，同时在建设过程中顾及生态环境的保护。因此，首先应了解全线工程的特点。归纳起来，全线工程施工有以下几个特点：

（一）工程项目多

在全线工程中不仅涉及道路、桥梁、隧道而且在其中还有贯穿全线的防护设施以及附属设施等。因为不同的工程施工需要不同的工艺流程，因此要注意到不同施工任务之间的衔接以及大型机械的流水组织。

（二）整体性强

全线工程的项目虽然很多，但是它们都不是孤立的，彼此之间都有紧密的联系。路与桥的衔接、隧道与道路的连接等等都是相互联系，相互影响的。因此要考虑到它们的相互配合，协调施工。

（三）施工周期长

赤通鲁高速公路穿越科尔沁草原，而且沿途部分地区有风积沙，是目前国内地形、地貌及地质较复杂、工程较艰巨的公路建设项目之一。工程的难度以及地理环境的特殊性要求对施工计划按系统和分阶段进行统筹安排，对网路计划编制进行优化，并对全线工程的施工进行优化规划。

（四）施工单位多

承包商之间应积极配合业主的综合统筹，发挥计划协调作用。

对于优化的全线施工网络计划应能够适应工程项目多，整体性强，施工周期长和施工单位多的主要特点。优化编制工作应从整体观点出发，以全线施工总工期为前提，结合各合同段所在地段的特殊生态环境，进行全面分析，统一筹划安排。即使在局部有所损失的情况下也应服从总体需要，使全线工程达到理想的要求。

三、群体网络概述

对于这种时空跨越大、并有多家单位分头同时同地在特殊的生态环境中实施的大型工程项目。要想运用通常的网络计划技术进行管理比较困难。比如在同一时刻存在不止一个需要分头实施的网络计划，它们之间可能会发生冲突等，因此，需要考虑运用群体网络计划技术对全线工程进行协调，反复协商和优化。从表达形式上来看，群体网络技术与常规的网络计划技术的母子网络形式相似，但实质上是不同的。

群体网络技术是属于运筹学范畴，它以网络计划理论为基础。同时吸收其他新兴的科学技术和理论体系，通过运用群决策理论和方法，综合谈判协商理论。群体网络在形式上是一群利益彼此独立的网络组合，各网络间的冲突和协商是方案优化的基本内容。群体网络计划中的冲突主要表现在以下几个方面：

（1）群体网络中的各个网络在时间、空间、资源占用等方面相互之间都有着紧密的联系，存在着相互影响、相互受益之间的矛盾。

（2）群体网络中的各个网络由于存在着各自的利益，同时考虑全线特殊的生态环境要求，为了自己的最佳目标，在工序的安排上面会更多地顾及独立的网络计划进程而影响全局的优化问题，因此可能出现的变化的范围很大。

（3）从全局来看，群体网络在全线工程中所做的协商工作是整体与局部之间的优化协调。要使全局达到最优，同时要使得局部的网络计划满意，这样得到的结果往往有可能使得原有的施工网络计划显得不可行，协商又回到了最初。

（4）群体网络中局部网络的目标与准则应以全局的优化方案为先，又因为局部的网络计划目标影响到全局，使得群体网络优化总目标无法实现时，局部网络必须改变自己的目标和准则并适当做出牺牲。

四、全路段施工网络优化编制的原则

全路段的施工，由于工程项目不同，地理环境复杂，承包商多等因素造成要从总体到局部做到最优的协作配合较为困难。同时因为在施工过程中环境对施工的影响以及施工的环境的反影响都十分显著，且牵扯的范围广泛，在施工过程中情况也经常变化，组织与管理工作十分复杂。因此，要想将全路段的施工统一起来，在保证进度要求的基础上，将工程项目与环境和谐的融合起来，必须进行全面的统筹安排，使得局部的施工网络计划与整体规划环环相扣，不论从整体上或是局部上都将对环境的保护与施工紧密结合起来。也就是，在优先考虑环境的前提下，采取大统筹与小统筹相结合，建设项目的总体网络计划与各合同段的分项网络计划相结合。总体网络计划起调控作用，控制总工期与环境保护工作之间的协调。通过综合各家施工单位的施工网络计划汇总，编制能够起到调控作用的群体网络图，并结合生态环境要求进行资源、进度、费用的优化，然后再用到各合同段指导实际分项工程的施工，达到动态管理，动态优化的目的。

五、全线施工网络编制

运用群体网络技术对存在诸多限制的赤通鲁高速公路工程进行施工进度计划的精确编制和优化。赤通鲁高速公路工程是一个十分复杂的系统工程，不但要求施工中各个环节的配合，而且由于特殊的自然条件，也需要各个合同段之间的积极配合，此外，各种技术因素和自然条件均对工程施工的工期和经济效果有影响。只有综合考虑各种因素、使人、财、物在空间上和时间上充分优化配合，才能够正确组织施工。

通常群体网络图的编制分为四级编制，各级编制根据管理的角度不一而制定，它们分别是：

一级网络为项目的群体施工网络图，编制的内容主要是从整体出发，考虑全线的特殊生态环境，以便于协调各施工单位之间的施工工序，将全线施工对环境的影响降到最低，它属于控制性网络。

二级网络为各合同段内的工程网络图，主要由负责该合同段施工建设的单位根据自身的实际情况编制完成的网络进度图，属于指导性的网络，可以帮助施工单位在施工过程中调整和配合整体工程项目目标中使用。

三级网络图，该级网络图的编制主要针对的是单位工程或是专项工程项目，或是单位工程的分层、分段之间的施工安排等。它是现场施工人员借以安排施工和组织资源进场的计划安排，属于现场实施性网络计划。

四级网络图，既是细部工程网络图，是对较大工程的细分，如桥梁的基础施工，路基施工等，整个工程包括细部工程的施工网络计划图都在一张网络图上绘制，这种网络计划图达到了最细的程度。帮助工地直接安排人员施工，并帮助现场管理人员检查评价各个工序的完成情况，可借以作为下达下一任务计划的依据。

根据赤通鲁高速公路的建设规模和建设特点、管理机制和参加施工单位的多少，将该项目的群体网络图的编制分为三级编制。将二、三级网络图合并按三级的要求。然后通过将各合同段所属施工单位编制的实施性网络计划图汇总，并优化形成群体控制性网络计划图再反过来指导细部工程施工。

六、施工网络优化

现阶段的施工网络优化仅仅是从施工实际出发，以工程投资效益为立足点的施工网络优化，但是目前，随着可持续发展战略的提出，在大力发展经济建设的同时应做好对生态环境保护的要求已经深入到各行各业，基础设施建设也不例外。所以，要对施工网络优化就不能简单地从原有的工期、资源、成本三个方向去考虑，而应该同时结合生态环境保护这一目标来同时优化施工方案。即要从工期最短、资源用量最优、成本最低和生态破坏最小这四个原则来考虑施工网络的编制优化。

传统的网络计划优化主要是以三大目标的优化为目的，即在既定的条件下，对初步拟定的网络计划方案，利用时差不断调整和改善，使之达到工期最短、成本最低、资源最优的目的。但目前，要做一个能反映全面的数学模型比较困难，所以通常是在不同的限定条件下，使网络计划达到最优，即根据具体的条件进行单项指标的优化。

为了让施工过程中能够做到四个目标协调发展。在此利用多目标决策的理论进行分析并建立数学模型，通过求解分析获得最优的目标方案。

通常一个工程项目，施工是以网络计划图为计划指导的。但是一个初始的网络计划，可能会出现工期不符合合同规定、资源供应不均，费用消耗过大，并同时造成对生态环境较大破坏的情况。因此，施工网络计划优化的总目标主要为了综合考虑多方因素，协调它们之间的关系，尽可能地避免上述现象的发生。

（一）落实到各个单项，施工网络计划优化的目标为

（1）施工工期短。

（2）资源消耗合理。

（3）施工费用低。

（4）对生态破坏小。

在本研究阶段，主要讨论了采用多目标决策技术对施工网络图进行优化的方法。首先建立了关于工期、资源和费用的多目标模型。在通过对多目标模型计算得到的 n 个非劣施工方案的基础上采用模糊多目标决策进行优选，选出满意的施工方案。

（二）建立关于工期、费用和资源的多目标模型步骤

根据已编制的初始网络图，求出各工序的时间参数，确定关键线路。

根据网络计划的工期—费用模型计算步骤，对网络在一定工期下的直接费用和间接费用进行计算，在满是工期压缩条件下不断压缩工期，直到工期不可压缩为止，从而得到一系列工期及相应的总费用。

在以上得到的有限个工期和费用的组合下，根据网络计划的资源均衡模型计算各个组合下的资源均衡系数。

由此可以得到有限个不同工期、费用和资源均衡系数组合的施工方案。

七、群体网络图优化

对优化协调后的全线群体网络图校对其施工期能否满足总工期的要求，然后结合全线特殊的生态环境对群体网络图进行资源优化、进度优化和费用优化。

通过由局部到整体，最后形成的群体网络图可以在全局范围内进行资源、进度和费用的优化。比如说综合协调弃土场、施工便道的设置，而不是将每个合同段独立考虑。这样既有利于减少对生态环境的扰动，同时也能够减少资源的浪费。

（一）资源优化

通常提到的资源优化是指施工中所涉及的劳动力、材料以及施工机具设备等资源。对于赤通鲁高速公路，资源还涉及工程建设的载体——科尔沁草原，这一特殊的生态环境资源在施工过程中取和舍之间的优化。

（二）进度优化

进度计划既是时间的优化，时间优化的前提条件就是资源有限，在对全线的群体资源优化后，对比施工工期与要求的总工期是否协调一致，然后进行工程进度的优化，如通过缩短关键工作的持续时间来对时间进行优化。

（三）费用优化

费用优化也就是我们通常说的成本优化，既是在工期限定的前提条件下，将施工费用降到最低。因为如果在一项施工中，如果要加快速度，通常都需要增加劳动力、材料供应和机械设备等，而这些必会引起成本的增加。

由上面三个优化可以看出它们之间是相互影响，相互制约的。时间优化是以资源有限、工期最短为条件的；成本优化条件是工期限定，而资源优化是以工期最短为前提的，所以，在最初形成的群体网络计划基础上，根据不同的优化目标，通过不断地调整网络计划的时间参数，寻找出最优的网络计划方案。并根据工程的实际进度，对工程施工计划进行动态优化和管理。

第三节　路基、路面及桥梁施工生态保护技术研究

一、路基施工生态保护技术研究

（一）高速公路边坡坡面的特点

高速公路是全封闭、全立交四车道以上的干线公路。为适应车流量大、确保分道、安全、高速行车，路面设计要求达到宽、直、平。修筑高速公路的路基施工时，在地形起伏较大的地段，高出标高的地方要挖方，低于标高处应填方。相比其他工程建设边坡，高速公路边坡的坡面特点及立地条件有其自身特点。

1. 原有植被与表土遭到破坏，表土抗蚀能力减弱

公路在施工过程中，因开挖使地表植被遭到破坏，原有表土与植被之间的平衡关系失调，表土抗蚀能力减弱，在雨滴和风蚀作用下水土极易流失。公路施工过程中挖方及重力作用破坏了坡面原有的良好结构平衡，而雨滴的浸泡又增加了坡面的负担，加剧滑坡和崩塌的发展，严重时造成滑坡、泥石流、山洪等。

2. 公路边坡小气候复杂，限制因子多

据 Htrsh CR(1949)的研究，裸露的公路边坡风速比林地大15倍,比草地大8倍。风速大，风蚀往往严重，极其不利于水分保持。由于风速大，造成了水、热的重新分配。加上土壤

贫瘠、温度变化大等原因，形成了复杂多变的小气候，不利于植物正常生长。

3. 边坡坡度较大

由于坡度大，土壤渗透性差等原因，边坡土壤对降水截流较小，这一方面容易造成水土流失和光、水的再分配；另一方面由于水土流失导致坡面土壤贫瘠，立地条件差，不利于植物生长。目前，我国公路边坡比一般为 1：1，即 45°，有的甚至达到 60° 以上。

（二）高速公路的阳坡或半阳坡侵蚀更为严重

高速公路的阳坡接受的热能辐射量较大，土壤昼夜温度变化大，干湿交替较剧烈而频繁，物理风化强烈，水分蒸发快，湿度低，不利于林草生长，植被覆盖度低，土壤中植物根系和有机质含量少，团粒结构差，土壤干燥疏松，抗冲蚀性能差，抵抗雨滴溅蚀能力弱，故极易造成土壤侵蚀；另外，阳坡为迎风坡，降雨几乎垂直作用于坡面，击溅力最大，同时风又加速了雨滴的重力加速度，加速了土壤的侵蚀。

冬夏、昼夜温差大

由于高速公路路基通常较高，地形开阔，空气对流快，造成冬季气温很低，使植物冻伤死亡；春季地温回升慢，夏季温度较高，使植物灼伤甚至死亡。另外，白天气温升高快，夜间散热快，昼夜温差较大。

（三）边坡坡面侵蚀机理

公路边坡大面积暴露于自然界，长期受到自然因素（雨水、同照、气温、风力等）的反复作用，边坡岩土的物理力学性质常发生变化。土质边坡浸水后湿度增大，土的强度降低，饱和后的土体强度急剧降低；岩性差的岩体，在水温条件下，加剧风化，边坡表面在温差和湿差作用下形成胀缩循环、干缩循环，导致岩土强度衰减和边坡剥蚀；地表水流冲刷、地下水源渗出，使岩土表层失稳，产生"鸡爪沟"，易造成和加剧边坡的水毁病害。

边坡的失稳与许多因素有关，地质构造、岩土性质、地形地貌、气候条件、地表水作用、地下水活动、地震、人类工程活动等都可以引起滑坡等边坡失稳现象。在这些因素中，水是产生边坡失稳的重要因素之一。地表水的冲刷，地下水的活动与其水压力以及暴雨激发等往往是诱发边坡失稳的主要因素。许多在旱季稳定的边坡，会在降雨时期失稳。据统计，在国内大气降雨是绝大多数的滑坡的主要触发因素或促发原因。因此，研究降雨对边坡稳定的影响很有必要。

降雨对土质边坡的侵蚀包括使部分泥沙颗粒从边坡中分离及随后的坡面水流对其搬运而产生的面状侵蚀和沟状侵蚀。

1. 降雨溅蚀

降雨溅蚀是垂直降落的雨滴击溅边坡土壤将其搬离原位而产生的侵蚀。在边坡面上击溅起来的土粒大部分向下坡方向。雨滴溅蚀力的大小与雨滴到达地面时所具有的动能成正比。雨强越大，雨滴直径越大，其动能越大，溅蚀力越强。当雨滴离地而9m以上自由降落时，其到达地面时的速度将达到均衡，在坡面上，薄层水流的存在对溅蚀具有很大的影响。

2. 面状侵蚀

面状侵蚀是坡面发育中的主要侵蚀形式。它是指面流在流动过程中比较均匀地冲刷整个坡面的松散物质，使坡面降低，斜坡后退。长期侵蚀的结果，使边坡中部表土下移，中部凹陷而坡顶凸出。山坡面上搬运的侵蚀物质大都堆积在坡脚，久而久之，坡脚处形成深厚的堆积层。坡面剖面为上凸、中凹、下直的形态。影响面状侵蚀的主要因素有降雨、植被、坡面岩土结构、坡面形态及人类活动等。

（1）降雨量和降雨强度

降雨量和降雨强度是坡面侵蚀、塑造坡面过程的主要外营力。坡面侵蚀量的大小与降雨量、降雨强度成正比。其中尤以降雨强度影响最为重要，它不仅在短期内带来丰富的水量，而且还以强劲的雨滴对地面进行高速（7~9m）的冲击，溅起土粒，扰动土壤，使它向坡下蠕动。每次特大暴雨后，面状侵蚀的结果使坡面凹凸不平，沟谷交错，边坡变得支离破碎，难于形成整齐划一的坡面。

（2）植被

有效的植被覆盖是保证边坡稳定的必要条件。植被对地面具有保护作用，如树冠、树干、凋落物和草类等都可拦截雨水，避免雨滴对地面的直接打击。其中树冠即可截留降雨量的15%~80%。凋落物既能储存水分，又可阻滞面流的进行，它分解后还改良了土壤性质，增加了土壤透水性，减少了面流的发生。此外植物的根茎能固结土层，拦阻片流。所以在植被覆盖的边坡上，面流作用就较微弱。

（3）坡面岩土结构

组成坡面的岩土结构以及残积、堆积物的致密程度，都会影响坡面的抗蚀能力。如在页岩、泥岩分布区、黄土堆积区及花岗岩风化壳（残积）分布区，由于岩性软弱或土质疏松而抗蚀力差，面蚀作用都十分强烈。

3. 坡面形态

（1）坡度和坡长

边坡坡度和坡长分别影响流速和流量。从理论上讲，坡度越大则流速越大，侵蚀力也越强。但实际研究表明，坡度在400~500时侵蚀量最大，超过此坡度时，侵蚀量反而减小。原因是坡度越大，实际受雨面积减少，从而也减少了流量。从坡顶到坡脚，随坡长的增加，水流逐渐增大，侵蚀力逐渐加强，但在侵蚀力不足以克服抗蚀力前，侵蚀不会发生。当坡长增加使水流的侵蚀力超过抗蚀力时，侵蚀随坡长将逐渐增大。

（2）坡向

不同坡向的坡面接受阳光的多少和风力作用下坡面接受的雨量和受雨滴打击的强弱不同。一般而言，阳坡（东南坡）由于接受较多的阳光照射，土壤水分蒸发较快。早期土壤水分低下，不利于植物生长。因此不论在黄土高原，还是在南方地区，阴坡植被多比阳坡好。在炎热的夏季，我国南方某些地区光裸的阳坡由于受太阳暴晒时间较长，地表温度可高达70℃，夜晚又降到20℃左右，巨大的昼夜温差是地表物质风化的主要原因。风力作用使雨滴下落方向与坡面的夹角在迎风坡增大，在背风坡缩小。雨滴下落方向与坡面夹角在迎风坡的增大作用实际上增加了迎风坡的雨滴打击力，也就是增加了迎风坡的坡面侵蚀。

（3）坡形与坡面微形态

直形坡，愈向下坡水流汇集愈多，流速愈快，侵蚀随之加强。凸形坡，坡面上缓下陡，上部侵蚀冲刷较弱，而下部比较强烈。凹形坡，坡形上陡下缓，坡面上部坡长较短径流汇集较少，坡度较大但侵蚀冲刷不强烈。坡面中部坡度居中，侵蚀较强。坡面下部由于坡面减缓，流速降低，坡面水流的挟砂能力减弱，由上部搬运下来的泥沙易在下部沉积。复合坡形，迤形对坡地土壤侵蚀的影响较复杂，坡形愈多变为复合坡，坡面流路愈长，流速愈慢，水流的侵蚀愈小。

坡面微形态主要影响坡面水流的流态和水拐流速。凹凸不平的坡面水流向低凹处汇集，易形成股状水流而发展成细沟。但雨滴的击溅和水沥的搬运，会将凸出部分的土壤填到低凹处，逐渐使表面自然夷平，这种现象在刚开挖的边坡和填为边坡较容易出现。

4.沟状侵蚀

水流汇集于低凹处或浅状延伸的沟栖，在超过了低凹处或沟槽的蓄水能力后开始形成线状流。时分时合的线状流随着后续水流的汇集，逐渐聚集成股状水流，并产生细沟侵蚀，形成细沟。坡面一旦产生细沟，侵蚀即由面状侵蚀变成沟状侵蚀。水流的形态、侵蚀力等都发生变化。侵蚀沟是坡面最显著的特征之一，在侵蚀严重的边坡上，密布的侵蚀沟将坡面切割得支离破碎。沟状水流所具有的侵蚀和搬运力远远大于雨滴溅蚀和坡面水流的侵蚀和搬运力，因而是新开挖边坡破坏直至失稳的重要外力。

（三）内蒙古地区风化作用对公路边坡的危害

1.岩石强度大幅度降低

由于风化作用，减少了岩石中某些原生矿物或增加了某些新生矿物成分，风化矿物、改变了岩石的成分和岩石结构，增大了易于变形的可能性，从而降低了岩石的强度，同时由于风化作用，使岩石各颗粒间的联结力遭到破坏，导致岩石发生裂纹，山裂纹发展为裂缝，然后沿着岩层的软弱面深入到岩石内部，使岩石的完整性遭到破坏，强度大幅度降低。

2.影响边坡稳定

由于岩石风化的最后结果是强度降低，完整性遭到破坏，表层松散破碎，产生大量的碎石、碎屑或薄片。这不仅为形成岩堆和泥石流提供了物质基础，而且也促使了边坡及山坡坡面发生崩塌、落石的可能性。虽然岩石风化是缓慢的，风化剥落的块体小，一次剥落下来的数量亦不多，但如果让其长此以往，将使边坡出现较大的坑洼，坡面凹凸不平，形成探头，从而导致边坡崩塌、落石等，影响整个边坡的稳定性。

3. 影响排水，导致水害

土质（或岩质）边坡或山坡坡面风化剥落下来的风化物，零星地堆积在坡脚或平台上。日积月累，风化物越来越多，逐渐堵塞边沟、截水沟、排水沟、涵洞等排水系统，雨水不能从预定的排水构造物排走。雨水渗入路基路面，降低了路基路面的承载力，使路基路面出现病害，导致水毁；雨水渗透到边坡上，增加了岩石的重量，降低了岩土的内摩阻力，导致边坡崩塌、滑坡等路基病害。

4. 堵塞道路，影响交通

边坡表层土或风化岩层表面，在大气的干湿或冷热的循环作用下，表面发生胀缩现象，使零碎薄层成片状从边坡上剥落下来，而且老的脱落后，新的又不断产生。边坡剥落的碎屑，堆积在坡脚，越积越多。如不及时清理，将会堵塞道路，影响交通的正常营运。

（四）植物防护理论

1. 植物根系加固作用

范围边坡的灾害防治一直是工程建设者十分关注但又未完全解决好的问题。边坡的破坏按滑动体的厚度可分为深层滑动和浅层滑动（包括表层的雨蚀及风蚀的滑落）。如何判定边坡属于深层滑动或浅层滑动，目前并没有明确的界限值。本文规定的深层滑动指破裂面处于大多数林木的深根系影响（一般小于 2m）之外的滑动。

（五）植物防护的力学效应

植物的竖向根系穿过坡体浅层的松散风化带，锚固到深处较稳定的岩土层上，起到预应力锚杆的作用；植物的侧向根系在土壤表层形成网状构造物，将其周围土壤缚紧，使土壤成一个加筋的整体，与竖向根系一起形成一种立体防护结构，在土壤的结构上起到网结和桩固作用，增加了土壤的抗拉强度和抗剪强度，从而提高边坡的安全系数。根系对边坡土层的加固作用与根的分布形态、根在土中的含量和根的强度等因素有关。

1. 根的分布形态

生长在一株植物上的根可以分为三种：侧根、竖向（垂直）根和须根。植物根的形态决定了它对边坡稳定所起的作用，如垂直根和侧根所起的作用是不同的。一般来说，含有较多的竖直向下地穿过潜在剪切滑动面的强劲须根的根系，提高抗浅层滑坡的能力。

2. 土中根的含量

土中根的含量不同，根对土的加筋作用的效果不同，因而植物对边坡稳定性的影响程度就不同。随着深度增加，根在土中的含量越来越少。衡量根在土中的含量的一个常用的指标是"根的面积比率"（Root Area Ratio，简记为 RRA），它指的是在一个土层断面上（水平断面或垂直断面）根的截面面积与总断面面积的比率。还有一种衡量土中根的含量的方法就是"根的生物量集度"，即一单位体积土中根的质量，它和 RAR 存在一定的转化关系。

3. 植物防护的生态效应

高速公路的建设中占用了大量的土地、并且改变了原来的生态环境和植被及动物的栖息地。建设高速公路的同时，应尽可能最大限度地恢复被破坏了的生态环境，尽一切可能的保护动物、植物的多样性，这样才能最终体现高速公路的生态效益。高速公路的生态恢复后效益体现在：

（1）恢复被破坏的生态环境功能

边坡植物的存在为各种小动物、微生物的生存繁殖提供了有利的环境，完整的生物链又逐渐形成，被破坏的环境也慢慢地恢复到原始的自然环境。

（2）保持水土功能

为了保护边坡的稳定，可以利用植物材料进行防护，植物的根系纵横交织，十分发达，能有效地增加土壤机械固着能力，对提高防冲，防蚀能力、保持水土、稳固路基非常有效。它可截流，阻挡雨水直接冲击坡面，加大坡面的粗糙度，减少地表径流，防止路基变形及坡面坍塌。另外，路基的稳定和含水量有很大关系，路基含水量过大，是造成路面破坏的重要原因之一。尽管在路基设计中，考虑到一定的排水和隔水的措施，但若把工程措施与生物措施结合起来，起稳定路基的效果会更佳。因为植物的蒸发作用和毛细管水的输导作用，都大量消耗地下水，从而抑制了地下水的上升，增加了路基的强度和稳定性。净化大气、促进有机污染物的降解。

（3）调节净化空气，降低环境污染功能

绿色植物在光合作用过程中能够吸收二氧化碳，放出氧气，自动调节空气中二氧化碳和氧气的平衡，使空气保持新鲜。有关资料表明，地球土60%以上的氧气来自陆地上的植物。每公顷阔叶林（相当于1公里公路两侧单行道树）每天能吸收1000 kg二氧化碳，放出73 kg氧气，供1000人呼吸所需。一般说来，一个人每天需要0.7kg氧气，有10 m^2 树木或25m^2 草坪，就能自动调节空气中二氧化碳和氧气的比例平衡，使空气保持新鲜。

由于汽车排出了大量尾气，不仅污染环境，还会直接损害人体健康。而绿色植物能吸收大量有毒气体，对空气起到净化作用。

空气中飘浮着大量尘埃，是导致细菌和病毒生殖繁衍的场所，绿色植物对这些尘埃有良好的黏附作用，不易形成二次扬尘。同时一些植物如桧柏、臭椿等具有杀菌灭毒的作用，可创造一个比较清洁的环境。有些情况下由于环境中的有机污染物种类繁多，成分复杂，因此，仅靠传统的微生物消除有机污染物是很困难的，而植物却具有修复功能，能降低环境负荷及污染循环。植物主要通过三种机制去除环境中的有机污染物，即植物直接吸收有机污染物、植物释放分泌物和酶刺激根区微生物的活性和生物转化作用、植物增强根区的矿化作用。

（2）降低噪声的功能

汽车噪声是噪声公害的重要来源，公路绿化的目的也在于降低汽车噪声对环境所造成的危害。这是因为树木有散射声波的作用，能够把投射到叶片上的噪声分散投射到各个方向，造成声能消耗使其减弱；枝叶表面的毛孔绒毛，能像多孔纤维吸音板一样，把噪声吸掉。生长茂盛的野牛草，叶面积相当于它所占地面积的 9 倍左右，茂密的叶片形成松软而富有弹性的地表，类似海绵的吸收声能，减缓噪声危害。据北京园林科学研究所测定，20m 宽的草坪，可减少噪声 2dB。

（3）改善路况、美化路容功能

高速行驶的车辆，由于风流、摩擦、燃油能量转化过程，使环境的湿度降低，温度升高，恶化道路的小气候。应用植物防护，则能调节小环境的温度和湿度，创造一种温暖适宜、湿润舒适的行车环境。有资料表明，当夏季气温为 27.5℃时，草坪表面温度为 22℃~24.5℃，比裸露地面低 6℃~7℃，比沥青地面低 8℃~20.5℃，不同树种具有不同的降温能力，主要决定于树种树冠的大小，树叶的疏密和叶片的质地。

改善道路景观，恢复沿线的生态环境。通过公路两侧的绿化，使沿线乏味不雅观的环境得到改善，恢复了原有的植被景观。特别是四季交替变化的树木花草赋予了道路沿线不同的景观容貌，不仅反映了道路线形的优美，而且给司机和乘客提供了动态变化的视野景观，让乘客感到心旷神怡，司机消除疲劳。

（4）防止光污染功能

高速公路车速快，流量大，夜间由于行驶的车辆于前照灯相互对射的影响，极易造成驾驶员的眩目，对行车安全十分不利。利用中央分隔带植物防眩折光，既可节省资金，保证安全，又美化了公路环境。同时汽车灯光会使高速公路附近住户、居民和机关学校等单位受到光污染干扰，如在这些地方种植树木挡住灯光就可预防光污染的危害。

（六）边坡生态防护技术

根据不同的边坡地质条件，采用不同的施工方法和施工工艺可将边坡生态防护技术分为如下六种。各类边坡植物防护技术的主要作用及应用条件各不相同。

1. 种草护坡

种草护坡适用于不陡于 1∶1 的草类生长的土质边坡。一般选用根系发达、茎干低矮、枝叶茂盛、生长力强、多年生长的草种，并尽量用几种草籽混种。常用的植草方法有人工种草和湿法喷播。

人工种草护坡，是通过人工在边坡坡而简单播撒草种的一种传统边坡植物防护措施。多用于边坡高度不高、坡度较缓且适宜草类生长的土质路堑和路堤边坡防护工程。

湿法喷播方法主要是直接液力喷播技术，主要应用于边坡稳定且高度较低的完全土质型边坡，多级边坡顶部稳定的土质边坡，它是采用液压喷播技术直接将草籽喷播在边坡坡面上，经过养护管理而达到绿化及防护作用。

2. 铺草皮护坡

铺草皮护坡是通过人工在边坡面铺设天然草皮的一种传统边坡植物防护措簏。适用于边坡较陡、冲刷严重、径流速度 <1.2~1.8m/s、附近草皮较易地区的路基。草皮铺砌形式

有平铺、水平叠铺、垂直叠铺、斜交叠铺及网格式等。

（1）植树护坡

植树应在 1∶1.5 或更缓的边坡上，或在边坡以外河岸及漫滩处。主要作用是加固边坡、防止和减缓水流的冲刷。林带可以防汛、防沙和防雪，调节气候、美化路容，增加木材收益。植树品种以根系发达、枝叶茂盛、生长迅速的低矮灌木为主。

（2）液压喷播植草护坡

液压喷播植草护坡，是国外近十多年新开发的一项边坡植物防护措施，是将草籽、肥料、黏着剂、纸浆、土壤改良剂、色素等按一定比例在混合箱内配水搅匀，通过机械加压喷射到边坡坡面而完成植草施工的。

3. 土工网植草护坡

土工网植草护坡，是国外近十多年新开发的一项集坡面加固和植物防护于一体的复合型边坡防护措施。该技术所用土工网是一种边坡防护新材料，是通过特殊工艺生产的三维立体网，不仅具有加固边坡的功能，在播种初期还起到防止冲刷、保持土壤以利草籽发芽、生长的作用。随着植物生长、成熟，坡面逐渐被植物覆盖，这样植物与土工网就共同对边域起到了长期防护、绿化作用，土工网植草护坡能承受 4m／s 以上流速的水流冲刷，在一定条件下可替代浆（干）砌片石护坡。

4. 蜂巢式网格植草护坡

蜂巢式网格植草护坡是一项类似于干砌片石护坡的边坡防护技术，是在修整好的边坡坡面上拼铺正六边形混凝土框框形成蜂巢式网格后，在网格内铺填种植土，再在砖框内栽草或种草的一项边坡防护措施。

（七）路基施工取料场的设置

取料场选址的原则是取料场应尽量少占土地，少破坏植被和减少水土流失保护和改善生态环境。

在以下区域不应设置取料场：

（1）崩塌滑坡危险区和泥石流易发区。

（2）取料场不应危及公共建筑等设施的安全。

（3）取料场宜不占或少占林地、耕地或园地。

（4）取料场宜远离江河、湖泊和水库管理范围。

（5）取料场的设置应考虑对景观的影响。

（6）取料场的选址对噪声的要求。

（7）河道内设置的取料场不应影响河势的稳定。

（8）在特定区域设置取料场的规定。

（八）路基施工取料场的复垦

公路一般选择高地或山丘取料，取料后整平造田，改善当地的农作条件，这一做法被广泛接受。取料之后，对取料场进行生态恢复是非常重要的。在一些地区的公路建设中，用作路基填料的土源往往非常紧缺，处理不当就会造成严重环境影响。赤通鲁高速公路沿线很多地区采用路边农田取料的方式，取料使地下水出露，必须加大取料面积采集干土，从而造成对耕地资源影响，或取料过深形成水塘，需改变土地作为养殖。

二、路面施工生态保护技术研究

（一）拌台场、预制场等场地的选址

拌和场、预制场、料石场等应该尽量布置在公路的规划设计中是服务区的地方。在拌和场、预制场、料石场工作结束之后，这些地方就开辟为服务区。拌和场、预制场、料石场等场地内的一系列工作对当地的土壤、大气等产生较大的破坏，恢复其如初的难度较大。所以要把它们布置在规划设计中是服务区等人员活动密集的地方，利用这些地方来减小拌和场、预制场、料石场对生态的破坏。

（二）弃渣的处置

公路工程设计中弃渣处理是一项重要的内容，如果处理不好就会成为水土流失或泥石流（或水石流）的土石源。水土流失危害极大。它可冲毁土地，减少农田，给农业生产造成严重损失；降低土壤肥力，减少产量，严重制约粮食产量的提高；淤塞抬高河道，洪水泛滥，破坏交通，威胁人民生命财产安全；水土流失使土层变薄，植被破坏，大大降低蓄水能力，加剧洪涝灾害的发生。

公路工程弃渣主要来源于路基工程、隧道工程、桥涵工程、建筑工程、便道工程、生活垃圾及取料场的清表。在工程设计中，一般尽可能做到填挖平衡，或通过纵向调运，用工程出渣填筑路基，实现土石方平衡。但是，在很多条件下公路项目会出现工程弃渣。

1. 弃渣利用

针对工程弃渣，经过研究与实践有下列的方法可以采用：

（1）弃渣造田

我国是人均耕地缺乏的国家，公路路基占地无疑使耕土资源更加紧缺，任何时候公路设计时都应尽可能地选择造地方式。利用公路弃渣造地已有较成功的经验，一般首先采取挡护措施，再分层填倒工程弃渣，做排水处理，最后整平上部覆土造田。在选用冲沟或河滩造地时需要考虑地区泄洪，防止水流不畅引发洪涝灾害。

（2）弃渣绿化造景

虽然造地是处理弃渣首要的选择，但由于农田对土质和日常操作条件要求较高。在一些情况下造地是一种不合理的选择。

（3）弃渣利用

在大石山区，工程出渣可作为石源，加工成各种规格的石材，供应市场。有些质量达到标准的石料，可用于铺设路基或路面的材料。

（4）弃渣加固河堤

赤通鲁高速公路跨越多条河流。虽然这些河流多数属于季节性河流，可以利用赤峰境内隧道施工中取出的石料加固河堤。

2. 弃渣场的选址

弃渣场选址的原则是公路弃渣场应尽量少占土地，少破坏植被和减少水土流失，保护和改善生态环境。同时，还应尽量减少弃渣场挡渣墙、排水沟等防止水土流失工程措施的数量。

在以下区域不应设置弃渣场：①崩塌滑坡危险区；②泥石流易发区；③特定有关地区；④弃渣场不应危及公共建筑等设施的安全；⑤弃渣场宜不占或少占林地、耕地或园地。

我国人口众多，人均林地、耕地或园地相对较少。该3种土地类型具有较好的经济、社会或生态效益，十分宝贵，因此确定本条内容。

三、桥梁施工生态保护技术研究

跨河桥梁施工对生态环境的影响主要表现在桥墩基础开挖和钻孔产生的弃土碴堵塞河道，淤积河床水库，污染水体，占用、破坏、扰动河滩和河堤，导致雨季洪水冲刷，产生水土流失。

河流水中桥墩施工时应选择枯水期，桥墩施工方法采取半边河流施工。对河流半边设围堰，先清除外运围堰填筑土方、基坑弃土及草袋围堰等物，并保持水中施工机械清洁，避免机械油污污染水体，施工人员产生的生活污水和生活垃圾不允许直接排入水体中，而应采取措施收集到岸上统一处理，以减少对河流水质的影响。

临时占地对植被和土壤的影响主要是在施工过程中料场、桥梁施工等将占用土地，在路面施工、材料运输等过程中，如果不采取防尘措施，将会产生较大的粉尘和扬尘污染，粉尘和扬尘污染对农作物等农业生态环境产生一定的影响。但是由于施工期较短，影响周期短，随着施工期结束而消失。施工采取洒水、遮盖及大风天气停止施工等防尘措施，粉尘影响和污染程度会明显减轻，采取必要的防尘措施后，一般不会造成道路两侧的生态影响。

四、施工期间水土保持技术研究

（一）水土流失的特点

公路项目水土流失主要集中在施工和营运初期。在美国进行的观测表明，大暴雨从不稳固的高速公路和道路路基上冲走的土壤比从耕地上冲走的土壤要多10倍。水土流失的直接起因是植被的破坏。在公路修建后留下的裸地，雨水形成地表径流流失。暴露的工作面还会使植被更难以生长，这类问题在原来植被覆盖度就很低的北方山区，更具有代表性。当植被覆盖了裸露面之后，流失过程趋于稳定。

水土流失特点：

（1）破坏公路用地范围内的地表植被，产生新的裸露坡面，诱发新增的水土流失量。

（2）取土、弃土、弃渣产生的水土流失。

（3）临时占地及土石渣料的水土流失。

（二）水土流失的形成机制

1. 水力侵蚀

公路建设施工填挖面、砂石料采集场及施工过程中产生的渣、土等松散堆积物，因其结构疏松，孔隙度大，在雨滴的打击和水流的动力作用下，渣土颗粒质量不是以抵抗水流动力而发生位移运动，形成水土流失。水力侵蚀的动力主要为雨滴击溅、坡面径流冲刷、沟槽水流冲刷3种外力，雨滴击溅引起溅蚀，后两者引起面蚀和沟蚀。

2. 重力侵蚀

在道路建设中，开挖土石方及采集砂石料时，改变了原有地形地貌，使原有地表土石结构平衡遭到破坏。有的山坡土体的休止角变大，失去原已形成的平衡支撑；有的弃渣堆积过高，使得这些原生堆积和人为堆积物失去重力平衡，在雨水渗入后加重了堆积物的自重或在堆积体上方某处形成"滑坡面"，这些都为崩塌、滑坡、泄流等重力侵蚀创造了条件，在温度、暴雨、水分下渗、震动及人为活动的触发下，有可能产生崩塌、滑坡等重力侵蚀，产生新的水土流失。

3. 泥石流侵蚀

泥石流侵蚀是由于降水（暴雨、融雪、冰川等）形成的一种特殊洪流，也是水力和重力混合作用的结果，因此也称为混合或复合侵蚀。严格地说，它是："界于水流和滑坡之间的一系列过程，是包括有重力作用下的松散物质、水体和空气的块体运动。"

4. 风力侵蚀

施工过程中及工程竣工后的1～2年内，由于地表植被尚未完全恢复，使得施工区内地表裸露，轻质渣土在风力作用下易产生剥蚀而漂移。

（三）产生水土流失的主要形式

1. 填方路基

在山间洼地，工程需要大规模的填方作业，将形成许多较高的路堤，如（待调研后确定平均填土高约 6M，有的填土甚至……），这样在一定时间内坡面暂时处于裸露状态，松散的土壤上没有植被保护，容易在雨水中产生侵蚀，填土越高，坡度越大，坡面越长，侵蚀的程度越严重。高填方路段的水土流失，还使边坡松软的土壤被雨水冲入农田，另外，填方路段附近的植被还会遭到施工机械的碾压或被铲除，导致水土流失。

2. 挖方路基

挖方路段主要指路堑及半填半挖的路基，如（调研后确定）。山体的切割使坡体产生扰动，影响土体结构，降低抗蚀性，且基岩风化后结构松散，稳定性低，在降雨径流中冲刷下极易形成沟蚀；另外由于开挖破坏了植被或弃方埋压坡下的植被，裸露的坡体极易被降水侵蚀。赤通鲁高速公路沿线虽然雨水不多，但降雨时峰值很强，降雨是水土流失的动力或媒介，降水决定了该地区水土流失以水蚀为主，并大多发生在边坡陡峭的挖方地段。

3. 不良地质路段

沿线部分地区分布有一些滑坡体，在施工过程中切坡将会破坏山体的自然平衡，诱发、加速、加大滑坡的产生。岩体破碎的挖方段，产生崩塌也是水土流失的发生源。在雨季，特别是开挖山坡地段施工时，会有部分水土流失。

4. 取（弃）土场和砂石料场

高速公路在修建过程中需开采大量筑路材料修筑路基及桥隧工程。丘陵路段还将产生大量的废弃土、石方。若为数众多的取土场、弃土堆和石料场处理不当，将会严重破坏沿线的自然地貌，人为产生水土流失。另外，施工弃土的土壤结构松散，弃土渣中含有大量的破碎岩块，其稳定性、抗蚀性都较差。当雨季来临时，弃土（渣）堆周围产生水土流失。

5. 桥梁

赤通鲁高速公路的有些桥梁工程跨河处河面较宽，两岸地形条件较差，特别是有桥墩在水中的一些桥梁，桥台及桥墩基础施工会对一定范围内的地表造成扰动，围堰施工造成水土流失。

（四）公路工程中水土保持措施

《水土保持法》明文规定：修建铁路、公路和水利工程，应当尽量减少破坏植被；在铁路、公路两侧地界以内的山坡地，必须修建护坡或者采取其他土地整治措施；工程竣工后，取土场、开挖面积和废弃的砂、石、土存放地的裸露土地，必须植树种草，防止水土流失。在山区、丘陵区修建公路，在建设项目环境影响报告书中，必须有水土保持方案。

1. 公路工程中常用的坡面防护措施

（1）植物防护

在边坡上种草或铺草皮，既可阻止风对坡面的吹蚀和地表水对坡面的冲刷，又可绿化路线、增加美观。在冲刷不严重的较缓而高度不大的土质坡面上，可选择适合于当地土壤和气候条件的草籽，直接播种于其上。在风蚀或冲刷较严重的较陡（但不陡于 1：1）和较高的土质坡面上，则可采用满铺草皮（平铺或竖铺的方法）。

（2）边坡防护网

在公路挖方路段或半挖半填路段的边坡采用防护网可以起到紧固土壤的作用，防止边坡的滑塌，保护边坡稳定。防护网可以用铁丝或尼龙材料制造。在国外的一些公路工程中常可见到这类实例。

（3）砌石护坡

对于较陡的土质边坡（1：0.75~1：1）和易风化或破碎的岩石边坡，可采用砌石护坡。砌石有干砌和浆砌片石两种，前者适用于边坡坡度较缓或经常有地下水渗出坡面的情况，后者适用于坡面较陡的情况。

（4）抹面

在夹有易于风化的软质岩层的路堑坡面上，由于软质岩层风化较快，常常剥蚀而成凹坑，引起上部具有节理的硬质岩层的坍塌和落石等病害。对此，可采用抹面的措施，防止开挖后软质岩层的继续风化。

（5）护墙

由浆砌片石组成，用以防护坡度较陡的土质边坡或易风化剥落和节理发达的岩石路堑边坡，避免进一步风化而出现崩塌和剥落等病害。护墙不承受墙后的侧压力，故所防护的边坡坡度应符合稳定坡度的要求，一般不陡于 1：0.3。

2. 公路排水措施

防止土壤侵蚀的主要方法之一是控制地表径流流量、水流方向以及水流速度。常用的控制措施如下：

（1）在坡顶和坡底开设截水沟，利用排水沟和溢洪道来控制坡地的下冲水流。

（2）开挖排水沟，以阻止水流进入敏感区域，并采用多条排水沟分流的方法，使水流不至于汇集得太大。

（3）在排水沟中修建混凝土消能构筑物，使急速流动的雨水得以减速，以减少对下游产生的侵蚀力。

（4）在排水沟中设置各种消耗水流能量的天然材料，如：木桩、草束或在块等。但这些材料需要得到经常维护。

（5）在公路两侧构筑沉淀池，使水流在进入下游排水沟之前，沉淀去除其中所含得淤泥、污染物以及路面垃圾。

五、公路施工过程中应加强的水土保持措施

（一）各防治区的防治

1. 施工便道的防治

在公路建设中对施工道路一般都不考虑排水以及弃渣的处理。在水保方案中应补充施工道路的排水，对于永临结合的措施除采用排水措施、边坡防护外，还需要进行植物措施防护或绿化。对于施工便道的弃渣应重点考虑，进行土石方平衡后将弃渣放于附近主体工程的弃渣场中，并进行防护。

2. 取土场的防治

根据取土场所在的地理位置及地形条件进行综合治理，主要采用坡面防护、防洪排水、覆土造田等措施。取土场的取土的过程中破坏了原有地表的自然坡度，形成了裸露坡面，水保措施主要对其进行治理改造，对裸露面进行削坡，在开挖坡面上覆土造田，土地整治后采取植物防护，在开挖坡面坡顶设截水沟防治水土流失，恢复植被，充分利用土地资源。

3. 弃渣场

弃渣场地的选择：废弃土石渣禁止河道、汇水区、湿地倾倒。弃土场选择生态系统薄弱处，尽量避免汇水处。

弃方的处治对策：对弃渣场应采取挡土墙、护坡工程以及综合排水工程和土地整治等水土保持措施，设置渣场排水系统、挡渣墙，弃渣后回填表土、表面平整、人工压实、坡面植物防护、恢复植被等。

4. 桥梁立交

公路工程桥梁及立交施工一般采用钻孔灌注桩施工工艺，主体工程只设置泥浆池存放泥浆。水保方案为了防止施工中泥浆及钻渣流入河道、池塘，污染周围环境，增设泥浆及钻渣沉降池进行临时防护。

5. 拆迁安置区

公路工程建设中，对于涉及移民的部分，一般都征用一部分土地作为拆迁户的安置用地，因拆迁较为分散，且涉及多个城镇、乡村，各拆迁户的生产用地和宅基地用地由当地政府统一安排解决。由于做水保方案时其拆迁安置地点尚未确定，因而拆迁安置点的水保治理工作容易被忽视。

6. 临时工程用地区

施工用临时便道、驻地、料场等应尽量利用现有道路或结合农村规划道路修建，施工期场地的临时设施尽量选择在公路征地范围如立交区、服务区、收费站等，施工营地尽量租用已有房屋和场地。

（二）表层土的剥离及返还

对于有耕种土壤的施工区在施工前应剥离表层 0.4m 厚的腐殖土，应将剥离的腐殖土推至一旁，待施工完毕后用于植物措施覆土，路基施工产生的清表耕植土主要作如下利用：

（1）用于路堤，路堑防护和中央分隔带的绿化，剥除后、利用前需在各路段内设立临时堆方场。临时堆方场地利用已永久征用的场地——填方路基与征地界之间的空地，原则上 2km 设 1 个。

清表耕植土的临时堆放时间约 1 年 ~ 3.5 年，在此期间，为减少流失量，在四周设置编织袋防护墙防护，防护墙高度为 lm，在防护墙以上进行 1 ∶ 2 削坡，最置高度可达 3m，在表面撒播草籽保持肥力。

（2）用于互通区、沿线设施的绿化美化，需在互通区临时堆方。这部分土方是根据各路段施工时间的先后而分批堆放的，且堆放面积大，四周采用编织袋防护，土体堆放时的边坡以不大于 1 ∶ 2 为宜，最高 3m，边堆边围。工程后期进行绿化。

（3）用于施工临时占地区的植被恢复。

（三）施工临时防护措施

在施工期，由于施工影响，人为扰动地表，地面土壤结构破坏，土壤抗蚀力减弱，在外力和人为扰动下，容易造成新增水土流失。针对这种情况，特采取以下临时防护措施：

1. 路基防护

路基路面排水。路基应设置完善的排水设施，以排除路基、路面范围内的地表水和地下水，保证路基和路面的稳定。路基地表排水一般采用边沟、截水沟、排水沟、跌水及急流槽、拦水带、蒸发池等设施。对高填深挖路段，应合理安排施工时间，尽量避免在雨季，特别是在暴雨期施工。

路基填筑施工。路堤填筑施工首先从清理场地开始，经过填前碾压原地面后进行分层填土、压实。在较低洼的地段，为保证施工中排水的需要，还需在路堤坡脚外开挖临时排水沟，待分层填筑施工的填筑高度达到路基设计标高后，再进行路基边坡修整。因施工质量要求每层均需达到规定的压实度，经压实后，土壤抗蚀能力可提高 80%，雨水对它的侵蚀以雨滴溅蚀为主，径流面蚀的破坏很小。而边坡部分则不同，因边坡处压路机难以正常作业，土质疏松，空隙率大，下雨时除了受溅蚀之外还会受路基体汇流的表面水冲刷，形成面蚀。当雨期长，土颗粒间空隙水达到饱和或坡面径流集中时，侵蚀量便成倍增加，有可能变成严重的沟蚀。土壤受侵蚀的程度随路堤高度的增加而增大，在暴雨期间，路堤坡脚会遭受冲蚀，特别是当路基体汇水径流集中于某处时，其坡面还有可能发生严重的冲毁和崩塌。

路基防护。路基防护工程是保证路基稳定，防止水土流失，改善环境景观和保护生态平衡的重要设施。在适宜于植物生长的土质路基边坡上，应优先采用植草种树等植物防护措施。植物难以生长的填方边坡可采用护面墙、砌石等工程防护措施；挖方边坡可采用护坡、护面墙及锚喷混凝土等防护形式。

在雨水地面径流处开挖路基时，及时设置临时土沉淀池拦截混砂，待路基建成后，及时将土沉淀池推平，进行绿化或还耕。

绿化工程：为了改善公路两侧景观及防止水土流失，线路边坡、中央分隔带、土路肩、互通立交区、生活服务区地等应进行绿化美化工程。

（1）路面养护

路面未硬化前，应采取早、中、晚洒水措施，防止扬尘和空气污染。

（2）边坡面的防护

挖、填方路基边坡坡面考虑全防护，土质边坡地段采用锚杆框格梁护坡、现浇拱形植草护坡、浆砌片石拱形护坡、锚索框格梁护坡和植草护坡等防护措施。针对不同的边坡坡率、当地气候和地质条件，选择能适应当地自然条件的粗放型草灌植物，合理搭配适宜边坡生态恢复的乔、灌、草、藤等植物，恢复开挖边坡的绿化，与自然景观相配合，保持与周围环境相协调。石质边坡地段采用攀藤植物、锚杆框格梁护坡、现浇拱形植草护坡、浆砌片石拱形护坡、锚索框格梁护坡和植草护坡等防护措施，施工过程中实行边开挖边防护的方式进行，若边坡开挖后还未进行防护的应及时用塑料薄膜进行覆盖，防止被雨水破坏拉槽。填方边坡上采用植草护坡和浆砌片石拱形护坡等防护措施。

（1）沉沙池

由于临时弃渣土壤流失量比较大，需要在汇集水流排入河流或沟道以前布设沉沙池临时措施，拦蓄泥沙，减少土壤流失量。

（2）隧道

进出口在开挖坡面，进行草灌混播，以利植被自然恢复。对于分离式隧道进出口根据地形情况及两隧道进出口的距离采取一定的绿化美化措施，一方面与周围环境协调，另一方面起到诱导视线的作用。在隧道明洞洞身上的覆土部分进行绿化，以利于固土、恢复植被，与周围环境和谐统一。

（3）施工取土时采取平行作业，边开挖、边平整、边绿化，计划取土，及时还耕，及时进行景观再造。对沿线自然水流形态应予以保护，应保证不淤、不堵、不漏、不留工程隐患，路基不得堵塞、阻隔自然水流。做好施工组织施工，保证施工期间的自然水流形态，施工便道一般应设置必要的过水构造物，跨河便道宜设置便桥，工程完成后予以拆除，季节性河流河床内施工便道不宜高出原地面，以避免洪水期影响泄洪。桥涵施工时不得压缩河道原宽度。

六、施工期间防尘技术研究

（一）采石场岩尘的性质和危害

1. 岩尘中成分及存在状态

岩尘中含有游离的一氧化硅，一氧化硅是多种岩石和矿物的组成成分，它有两种存在状态：一种是结合态的一氧化硅，对人体危害较轻；另一种是游离态的一氧化硅，它在岩尘中的含量是危害人体的决定因素，含量越高，危害越大。岩洞中的岩尘多是游离状态的一氧化硅。

2. 岩尘的特性

岩尘的粒度：即岩尘颗粒大小的尺度。试验表明，岩尘粒径越小，其总表而积就越大，其活化性、溶解性和吸附能力就会显著增加，其动力特性就更易悬浮于空气中，难于把它从空气中捕捉分离，且易被人体吸入体内。可以说岩尘颗粒越小，对人体的危害越大。

岩尘的分散度：是指岩尘整体组成中各种粒级的尘粒所占的百分比。试验表明，在岩尘组成中，小于 $5\mu m$ 的尘粒所占百分数越大，对人体危害越大。

岩尘的浓度：是指单位体积岩洞空气中所含浮尘的数量。试验表明，空气中岩尘浓度越高，对人体危害越大。

岩尘的湿润性：湿润现象是分子力作用的一种表现，如果液体分子之间的引力小于液体与固体分子间的引力，则固体就能被液体所湿润，反之，固体不易被湿润。试验表明：微细的岩尘表而吸附空气形成气膜而难于湿润，因此，岩尘一部分是亲水性的，一部分是疏水性的。通常采取提高尘粒与水滴的相对速度来降低水的表面张力等方法，提高湿润效果。岩尘的湿润性是水压防尘的有效依据。

岩尘的荷电性：是指浮于空气中的尘粒通常带有电荷，它的荷电量取决于尘粒的大小和比重，并与温度和湿度有关；温度升高荷电量增高，浓度增加荷电量降低。试验表明：带电的尘粒较易沉积在支气管和肺泡中，易增加对人体的危害。

3. 岩尘的危害

岩尘在岩洞中危害极大，会危害人体健康。人如果在岩洞中长期大量吸入微细岩尘，这些岩尘会侵蚀人体的呼吸系统，使人体患慢性职业病（硅肺病）和皮肤病。岩尘会污染工作场所，降低工作场所的可见度，从而使工伤事故增多，同时岩尘能加速机械的癖损，缩短精密仪表的使用时间。

（二）施工现场扬尘的危害

施工扬尘主要来自两方面，其一为运输材料过程中，由于公路凹凸不平或装运过饱满等原因造成的抛洒及车辆身后真空吸力所造成的道路扬尘；其二为施工工地装卸、堆放材料及施工过程中，由于地面干燥松散由吹风所引起的风扬灰尘，扬尘不仅会严重影响沿线居民的生活及环境卫生，还能大大增加大气浮尘含量，甚至给沿线路域生态带来不良影响。

运输车辆行驶产生的扬尘影响植物正常的繁殖和发育过程，应通过路面硬化处理以及定期清扫、洒水抑制扬尘的发生，路面应始终保持湿润。

水泥、石灰、矿粉等堆置和撒落会通过改变土壤的理化性质，破坏土壤的结构以及土壤微生物的理化环境，从而降低土壤肥力。因此水泥、石灰、矿粉要有指定地点堆置并且应采取密封存放的方式，控制其扬尘；存放点地面应做硬化处理，硬化处理前应剥离地表熟土，并集中保存。施工结束后，应去除硬化地面，将保存的熟土回填，并恢复初始地表植被。对于堆置点附近可能被污染的土壤应进行改良，恢复其肥力。

（三）施工期间防尘措施研究

1. 通风除尘

这是稀释和排出工作地点悬浮粉尘，防止过量积累的有效措施。要排出井巷中的浮尘必须有一定的风速，据试验观测，当岩洞中风速达到 0.15m/s 时，$5\mu m$ 以下的浮尘将随风带走，当风速过大，会导致岩尘的二次扬起，试验测定，最优排尘风速为 1.5m/s~2m/s。

2. 湿式作业

湿式凿岩：它是在凿岩过程中，将压力水通过凿岩机并充满孔底，以湿润冲洗和排出产生的岩尘，操作要保证有是够的供水量。

湿式钻眼：就是用湿式电钻在岩层中钻眼，具有好的水密封性能。

水封爆破：即在炮眼底部装人炸药后，用木塞或黄泥封严（采用专用封 1：3 器），封口后向孔内注水，再进行爆破。当炸药爆炸时所形成的高温、高压使水迅速汽化，然后冷凝形成微小水滴，并和粉尘加速碰撞而凝结，使粉尘渐渐沉降而不致飞扬。

洒水防尘：就是在岩石工作而事先喷水，操作中继续喷水，使岩尘降落，浮在周壁，以便在装运过程或受风流作用时不易扬起而造成积尘二次飞扬。

喷雾降尘：就是利用各种喷雾器，将水雾化成微细水滴喷射于空气中，使水滴与浮尘碰撞接触，则尘粒被水捕捉而附于水滴上或者被湿润，且尘粒互相凝结成大颗粒，从而加速沉降，快速变为落尘。

水封爆破降尘：是把水装在用聚氯乙烯、聚乙烯等薄膜加工的塑料袋子中充当炮泥，并放在炮孔中封堵炸药，减少爆炸产生的岩尘和有害气体，从而起到防尘的作用。

喷射混凝土采用湿喷法：用湿喷法比干喷法可降低粉尘 85%。

机械除尘：在距掌子面 30m 处和其他粉尘浓度较高的地方安装除尘机，采用机械除尘，达到降低粉尘浓度的目的。

3. 密封抽尘

这种方法是把局部产尘点首先密封起米，防止岩尘飞扬，然后将岩尘抽到集尘器内，含尘空气通过集尘器将尘粒阻留使空气净化。

4. 净化空气

就是在岩洞中增设特定的设施或设备，当含尘空气通过时，将岩尘捕获净化风流的技术措施。目前使用较多的是水幕，就是在岩洞中靠近尘源位置四周断面安设多个喷雾器，当含尘浓度较高的风流通过时，岩尘被湿润而沉降下来。

5. 个体防护

岩洞中各生产环节采取防尘措施后，仍有少量微细岩尘悬浮于空气中，甚至个别地点不能达到卫生标准，所以加强个体防护是综合防尘的一个重要方面。个体防尘主要有防尘口罩、动力防尘口罩、压风呼吸器和防尘安全帽等。进入岩洞的人员按规定佩带防护用品。赤通鲁项目公路工程施工现场的粉尘来源主要有：

（1）路基开挖、土地平整及路基填筑等施工过程。如遇大风天气，会造成粉尘、扬尘等大气污染。

（2）水泥、砂石、混凝土等建筑材料。如运输、装卸、仓库储存方式不当，可能造成泄漏，产生扬尘和大气污染。

（3）灰土拌和、混凝土拌和加工会产生扬尘和粉尘。

施工所需散体建筑材料数量较多，施工将增加车流量，加之建筑砂石、土、水泥等泄漏会增加路面起尘。

（4）施工期燃油机械和车辆会产生废气中的主要污染物为悬浮物微粒、一氧化碳、一氧化碳及氮氧化物等。

赤通鲁项目公路工程施工现场采取的防尘措施主要有：

（1）高速公路建设过程中，使用大量的建筑材料如石灰、水泥、粉煤灰等，这些材料中含有大量的粉尘，在运输和拌制过程中，尽量采用灌装材料，不能灌装运输时要封闭覆盖处理。

（2）施工中所使用的便道，如果洒水不及时，经车辆多次碾压后，路面泥土变成粉末状，造成扬尘，对周围空气造成污染，对工程沿线的动物植物都有很大影响，甚至威胁动植物的生命。在运输过程中，要对易引起扬尘的材料运输车辆备有帆布、盖套及类似的物品进行遮盖。水泥和混凝土运输应采用密封罐车。采用敞篷车运输时，应将车上物料用篷布遮盖严实。对施工车辆要求限速行驶，行车速度越慢，扬尘就越小。施工废气、粉尘排放，应当符合国家规定的环境空气质量标准。

（3）高速公路施工过程中，会挖填大量的土方，少则几百万立方，多则上千万立方，如果处理不当会造成相当严重的粉尘污染。工程开挖土石方应集中堆放，以缩小粉尘影响范围，及时回填，减小粉尘影响时间。

（4）拌和楼在拌制沥青混凝土工程中，会产生含有大量有毒物质的沥青烟，污染环境。

公路施工堆料场、拌和站宜设在空旷地区，相距周围的环境敏感点距离小少于300米，并设在当地主导风向的下风侧。拌和设备要采用符合达到环保要求的设备，如应安装消烟除尘设备，避免因拌和设备的问题造成对大气的污染，对从事拌和工作的人员提供必要的防护措施，定期进行身体检查。拌和楼一般不宜采用开敞式、半封闭式沥青加热工艺。对拌和场可能产生尘害的细粉拌和作业，应在其作业现场设置喷水嘴装置洒水，以使作业产生的扬尘减至最低程度。材料仓库和临时材料堆放应防止物料散漏污染。仓库四周应有疏水沟系，防止雨水浸湿，水流引起物料流失。

（5）石灰、粉煤灰等粉状物的运输堆放应加以覆盖或袋装罐装，减少扬尘；施工现场及施工便道要及时洒水，减轻扬尘对沿线居民和农作物的损害。

（6）粉尘、扬尘、燃油产生的污染物对人体健康有害，对受影响的施工人员应做好劳动保护。

七、施工期间噪声控制

（一）噪声基本理论综述

噪声是一种声波，具有一切声波运动的特点和性质。噪声就是使人烦躁的、讨厌的、不需要的声音，并希望利用一定的噪声控制措施消除掉的声音总称。它不仅包括杂乱无章不协调的声音，而且也包括影响旁人工作、休息、睡眠、谈话和思考的音乐等声音。声源振动辐射的声波在媒质中传播时，在某一时刻声波到达的各点所形成的包迹面称为波阵面。根据波阵面的形状，可以将声波分为平面波、球面波和柱面波。

1. 声波的声速、波长与频率

声波在媒体中传播的速度称为声速，习惯用符合 C 表示，单位是 m/s。声速与声源的性质无关，而与媒质的弹性、密度及温度有关。

波声传播路径上，两相邻同相位质点之间的距离称为波长，记做九，单位为 m。声波传播一个波长所需的时间称为周期，记做 T，单位是 s。周期的倒数称为声波的频率，记做 f，单位为 Hz。

2. 噪声在空气中传播

噪声在空气中传播时，由于声波的作用，使空气中质点获得声能量。所以，噪声从声源传播到受声点，因传播发散、空气吸收、阻挡物的反射与屏障等因素的影响，会使其产生衰减。声波的传播过程实质上是声源辐射声能量的传递过程。噪声的强度随着传播距离的增加而衰减，其原因，主要是声能量随声波波阵面的扩张而衰减，其次是空气对声能量的吸收及近地面传播时的附加吸收衰减。气象条件如风速、温度、雨、雾等对噪声传播也有相当大的影响。为了保证噪声影响预测和评价的准确性，对于由上述各因素所引起的衰减值需认真考虑，不能任意忽略。

风速和温度梯度对噪声传播的影响声波从声速大的媒质进入声速小的媒质时，折射声波的传播方向将靠拢法线，反之，折射声波的传播方向将背离法线。

3. 噪声的主观评价

噪声对人产生的影响不但与声压、声强等客观物理量有关，而且与人的心理、生理等主观因素有关，还与噪声的频率、起伏变化程度有关。要正确地反映噪声对人地影响，应把反映噪声地客观量与人的主观因素联系起来研究。这就是噪声主观评价的任务。

（1）人耳听觉特性

人耳是一个非常复杂和精密的声音传输机构。在频率为1000Hz时，人耳可以听到10~2W/m2的声音，这时鼓膜振动的位移稍小于10~12m（这是一个分子直径的十分之一），很难想象它为何做如此超微观的位移。

人耳对声音有的听起来较轻，有的听起来则较响，这是人耳对声音响度的判断。响度是人耳鼓膜接收到入射声后的主观感觉量。经研究表明，声音的响度不但与其声压级大小有关，而且与其频率的高低有着密切的关系。如果两个噪声源具有相同的声压级，但频率高低不同，给人的感觉会有很大差异。中、高频的声音听起来比低频的响得多，即人耳对高频声敏感、对低频声迟钝。声压级只能表示声音在物理上得强弱，即客观上得大小，并不能完全反映出人耳主观感觉上得强弱。人耳的主观听觉与声音的客观物理量并非简单地呈线性关系。

（2）噪声的主观评价

响度级：为了既能显示出声音在客观上地大小，又能反映出声音在主观感觉上地强弱，仿照声压级地形式引出一个新的概念——响度级，单位是phon（方）。选取1000Hz纯音作基准音，凡是听起来和该基准音一样响的声音，不论其声压级和频率是多少，它的响度级就等于该纯音的声压级值。例如，某噪声的频率为3000Hz，声压级为90dB，主观感觉与1000Hz纯音声压级100dB时一样响，那么，该噪声的响度级为100phon。用响度级作为表示声音大小的量，可以把声压级和人的主观感觉联系并统一起来。响度级是人们对噪声主观评价的一个基本量。

利用与基准纯音相比较的方法，通过试验可以得到整个音频范围各个纯音的响度级。人耳对高频声，特别是3000~4000Hz的声音最敏感，而对低频声，尤其是100Hz以下的低频声很迟钝。如同样响度级40phon，对1000Hz的声音其声压级是40 dB，对3000~4000Hz的声音其声压级是33 dB，而对100Hz声音的声压级则为5l dB。由此可见，人耳对声音的主观感觉随频率的不同相差很大。

（3）计权声级

在噪声测量中，试图用声级计直接测定噪声的"响度级"，但实际与响度级并非完全一致，因此，读数称为声级，单位是dB。为了使声音的客观物理量与入耳听觉的主观感觉近似取得一致，在测量仪器中对不同频率的声压级，人为地给予适当地增减，这种修正方法称为频率计权。实现频率计权地电网络称为计权网络，经过计权网络测得的声级称为计权声级。

计权网络 A、B、C、D 的频率响应特性曲线的国际规定。A 网络曲线近似于响度级为 40 phon 的等响曲线的倒置，B 网络曲线近似于响度级为 70phon 的等响曲线的倒置，C 网路曲线近似于 100phon 的等响曲线的倒置。通过计权网络测得的声级值分别为 A 计权声级、B 计权声级和 C 计权声级，简称 A 声级、B 声级和 C 声级，其单位分别表示为 dB（A）、dB（B）和 dB（C）。如果不加频率计权，即仪器对不同频率的响应是相同的，测得的声级称为线性声级（或总声级）。

在实践中发现 A 声级与人耳的主观反应非常接近，A 声级分贝数的大小与人们主观上响度的感觉近乎一致。所以近年来，国际、国内各种噪声标准和规范多数采用 A 声级作为评价量。习惯上，A 声级的单位可以记做 dB，如果没有注明时，单位 dB 即表示 A 声级。

A 声级通常用于稳态噪声（随时间变化不大的噪声）的评价量。对于随时间起伏变化的非稳态噪声的评价量采用等效声级、昼夜等效声级、统计声级、噪声污染级等。

（4）等效声级

当噪声的 A 声级随时间起伏变化时，需用按能量法则算出的平均 A 声级来评价该噪声，称为等效连续 A 声级，简称等效声级。记为 LAeq，单位为 dB。等效声级等效于一个连续稳定的噪声作用在测量周期内，此稳定噪声和实际起伏噪声具有相同的 A 计权能量。按国家现行噪声测量方法规定，对于随时间起伏变化的噪声（如交通噪声）的等效声级应采用积分式声级计直接测定。

（5）昼夜等效声级

因噪声在夜间比昼间对人干扰更大，为了考虑这种因素，提出了昼夜等效声级作为评价量，记作 Ldn，单位为 dB。计算昼夜等效声级时，规定将夜间测得的噪声级加 10dB，然后再计算一昼夜 24h 的等效声级。

（6）统计声级

当噪声随时间起伏变化较大时（如道路交通噪声）常用统计方法来评价。用噪声级出现的累积概率来表示这类噪声的大小，称为统计声级，又称为累积分布声级，记做 LN，单位为 dB。统计声级 LN 表示在测量时间内，有 N% 时间的噪声值超过的声级。常用的指标有 L10、L50、L90，分别表示在测量时间内有 10%、50%、90% 时间的声级超过它的值。如 L10=80dB，表示有 10% 时间的噪声级超过 80 dB，而 90% 时间的噪声级低于 80 dB。在应用中 L10 代表噪声的峰值，L50 代表中值，L90 代表背景噪声级。

（7）噪声污染级

等效声级是从能量平均的角度来平均价噪声。从噪声对人的干扰来讲，起伏变化的噪声比平稳的噪声要更大一些。噪声污染级是综合噪声的能量平均和起伏变化特性两者的影响而给出的评价量，记作 LNP，单位为 dB。

（二）公路噪声概念及形成

1. 公路噪声概念

《中华人民共和国环境噪声污染防治法》有关噪声污染的规定是，超过国家规定的环境噪声排放标准，并干扰他人正常生活、工作和学习的现象称为环境噪声污染。公路施工噪声污染是指在公路施工过程中，由施工设备、机械、车辆等产生的超过国家规定的噪声排放标准的噪声排放现象。

2. 公路施工噪声污染的形成

公路施工噪声主要是由施工生产过程中使用的各种机械、设备、车辆等运转过程中，由于各种动力机、工作机做功时产生的撞击、摩擦、喷射以及振动产生的，其大小可由几分贝至几百分贝。现在大多数正在作业的公路施工现场噪声一般在 90dB 以上，最高达到 130dB。一般公路工程机械噪声，施工噪声按 10~30m 声流测定，打桩机平均为 91~105dB，挖土机 84dB 左右；推土机 78dB 左右；冲击或钻井机 81dB 左右；搅拌机 73~84dB；摊铺机 76~81dB：压路机 75~80dB；平地机 74dB，尽管施工噪声只是暂时的，且一般施工期限是 2~3 年，但是这些机械如同时施工，对周围的人和动物的危害是非常大的。

（三）公路施工噪声的特点

公路施工期噪声主要来源于施工机械和运输车辆辐射的噪声。施工过程中需要使用许多施工机械和运输车辆，这些设备会辐射出强烈的噪声，对附近居民、学校及敬老院产生影响。据调查，国内目前常用的筑路机械主要的挖掘机、推土机、装载机、平地机、拌和站、压路机等运输车辆包括各种卡车、自卸车。

公路施工噪声的特点主要体现在以下几点：

1. 随意性和无规律性

施工机械种类繁多，不同的施工阶段有不同的施工机械，同一施工阶段投入的施工机械也有多有少，甚至同一种机械设备在不同负荷或运转状况下产生的噪声也不一样，这就决定了施工噪的随意性和无规律性。

2. 不同一性

不同设备的噪声源特性不同，有些设备噪声呈振动式的、突发的或脉冲特性的，对人的影响较大；有些设备如搅拌机频率低沉，不易衰减，而且使人感觉烦躁；施工机械的噪声较大，但它们之间声级相差仍很大，有些设备的运行噪声可高达 130dB。

3. 流动性和局部性

施工噪声源与一般的固定噪声源及流动噪声源有所不同，施工机械往往都是暴露在室外的，而且它们会在某段时间内在一定的小范围内移动，这与固定噪声源相比增加了这段时间内的噪声污染范围，这就是它的流动性和局部性。

4. 阶段性

对某段公路而言，施工噪声污染仅发生在施工期内，具有很强的阶段性。

（四）公路施工噪声的危害

噪声干扰与其他干扰相比，干扰效应不容易度量，但噪声同样也是污染自然环境的一个重要因素，对人、动物和植物的生活和生存都有很大的影响。

对人的危害：

1. 影响睡眠和休息

噪声会影响人的睡眠质量，当睡眠受干扰而不能入睡时，就会出现呼吸急促、神经兴奋等现象。

2. 干扰人的正常工作和学习

当噪声高于90dB时，交谈和思维几乎不能进行了，它将严重影响人们的工作和学习。

3. 损害人的听力

噪声可以造成人体暂时性和持久性听力损伤。一般来说，85dB以下的噪声不至于危害听觉，而超过100dB时，对长时间工作在这一环境中的人来说，将有近一半的人耳聋。

4. 引起人体其他疾病

实验表明，噪声对人的神经系统、心血管系统都有一定影响，长期的噪声污染可引起头痛、惊慌、神经过敏等，甚至引起神经官能症。

对动植物的危害：

噪声在短期内不会对动植物的生理产生较大的影响，但是如果动植物长时间生存在噪声环境中就容易引起生理胁迫，最终导致生理紊乱。

高速公路的噪声污染会干扰动物的择偶、交配、产仔、哺乳等行为，最终影响动物种群的稳定发展。例如，云南野象谷自然保护区实验区由于受到公路噪声干扰，很少能够观察到野象的行踪；野生动物穿越进路时被撞死的路劫现象也时有发生。

实验表明在噪声场中，豚鼠的体温升高，心电图、脑电图出现类似于心跳加快，心律失常的现象，在强噪声作用下，豚鼠的内脏受到广泛损伤，几乎影响到所有的空腔器官，左右肺均有大面积出血、瘀血和严重的瘀血性水肿。在胃底部可看到大片瘀斑，严重者呈现弥漫性出血，甚至胃粘膜破裂。胃肠也出现斑片状或弥散性瘀血和出血，其他脏器也有不同程度的瘀血和出血现象。而且，170分贝的强噪声还具有致死作用。

鸟类对交通噪声反应较为敏感，噪声直接影响到它们的交流、生活习性和交配。对荷兰鸣鸟的研究显示，公路附近的鸟类具有低生殖、低生存和高迁移率的特征。对公路噪声干扰反应较为敏感的物种主要有大型物种、长寿物种、低繁殖率物种、闭塞生境中的物种、稀有物种、依赖原生生境的物种和生存集中的物种。

高速公路建设对野生动物的生存构成威胁的同时，也严重影响着当地野生植物的生存和发展。施工期间产生的噪声、扬尘、废气、废水等污染影响部分植物繁殖体的产生、传播和结合，影响植物幼苗的生长发育，最终影响到植物种群的稳定发展。

（五）公路施工期噪声污染控制措施

基于噪声对人、动物和植物的危害，在公路施工的整个期间，都应该采取降噪措施，将噪声危害降到最低，不仅在珍稀动植物分布路段要较强防护，在非珍惜动植物分布路段也要加强防护，以免危害附近居民和作业工人。

所有噪声问题均可从声源、传播路程、受音点三个方面进行治理，按照《中华人民共和国城市区域噪声标准》规定的城市 5 类区域的环境噪声最高限值，根据敏感点的性质、位置、规模、当地条件及工程特点，在公路施工期间，可考虑调整公路线位，填筑工程弃方，建筑物设置隔音设施，建造声屏障，栽植绿化林带，调整临噪声源一侧建筑物的使用功能等措施防治噪声污染。具体说明如下：

1. 依靠屏障（包括防噪墙）降低噪声

凡是可以遮断声源至接收点视线的一切实心体屏障，不论是天然的还是人造的，均能降低噪声作用。居民分布区，可以在施工前建造声屏障，以防止施工期间的巨大噪声对周围的动植物及居民造成不良影响。

（1）建造声屏障应符合下列规定

当公路距敏感点较近、用地受限且环境噪声超标 5dB 以上时，可采用声屏障。

声屏障应设在靠近声源处，路堤地段声屏障内侧距路肩边缘不宜大于 2.0m 路堑地段则应设在靠近坡口部位；桥梁地段可结合护栏一并设置。

声屏障的高度应根据噪声衰减量、屏障与声源及接受点三者之间的相对位置、公路线形、地面因素等进行设计。

为了降低声屏障的风荷载，声屏障高度不宜超过 5.0m，如需超过 5m 时可将屏障的上部做成折形或弧形，将端部伸向道路，以使更接近声源。

声屏障紧急疏散口是供公路上发生事故时紧急疏散使用，当声屏障长度大于 1km 时，应设紧急疏散口，疏散口之间距离不宜大于 300m，疏散口处设置标志，疏散口不能过大，门扇应密封易开启。

声屏障结构设计应作强度计算和抗倾覆稳定性验算。

声屏障临公路侧的表面应减少对声波、光波的反射，其形式和色彩应与周围环境相协调。

声屏障的材料构造直接影响其技术性能、造价及寿命等，是声屏障设计的关键之一。声屏障材料应具备隔声、高强、低眩、耐久、耐火、耐潮、施工简便等性能。

声屏障的长度应大于其保护对象沿道路方向的长度。由于有限长声屏障的噪声衰减量比无限长时要小，因此，设计时，应根据保护对象的性质、规模和声屏障的造价等，综合确定声屏障的长度。

（2）声屏障的构造

声屏障的构造因材料不同而各异，归纳起来可分为砌块类型、板体类型和生物类型等三类。

砌块类型

用预制砌块砌筑成的声屏障。砌块的材料种类较多，常用的有黏土砖类、水泥混凝土类、陶粒混凝土类及炉渣、蛭石等轻质混凝土砌块类。砌块的形状可根据声屏障的形体需要制作。它的优点是施工方便，造价较低，具有高强度、耐火、耐腐蚀等性能。

板体类型

声屏障的壁体用板型材料建造的称为板体类屏障。采用的板材有混凝土板、金属板、木板和高强塑料板等。用轻质板材时，为提高其隔声量应采用复合板材。板材类型的声屏障施工简单，但造价较昂贵，常用于城市高架道路或市郊公路。

生物类型

近年来，声屏障的材料构造趋向自然生态类型。例如：采用混凝土槽砌筑屏障壁体，在槽内填土绿化种植；在路侧筑土堤，在土堤表面绿化种植，当土堤较高时在土堤外设砌块护面或分层梯状砌筑，在砌块间绿化种植等，以形成生物墙。生物类型声屏障的优点是声学性能好，能与周围环境较好的融合，不影响环境景观，当地民众对它们有认同感。

双层隔声墙板

在工地段需设隔声地段采取用双层隔板，效果会更好。一般而言，每个单层均质墙板的隔声是随频率而变的。在很低频率范围内，即低于墙板的减震频率时，它主要是由板的劲度所致，这时墙板受声波激发后，其作用类似一单位面积劲度均匀的等效活塞。在此频率段墙板的刚性愈大、频率愈低，隔声量就愈高。而二层隔声墙板的效果就会更好，因此二层之间有空气层相隔的双层分层墙板可以使隔声量大大提高以至于超过质量定律，因而在考虑轻型结构隔声时，这种构造形式特别有用。

2. 依靠公路绿化带降低噪声

从传播途径进行治理，常见的工程方法包括修建声屏障和种植防噪林，但是声屏障造价较高，对于降噪目标量不大的情况下，发展绿化带来减小周围环境大气和噪声污染是公认的最便宜方法。

绿化带被认为是自然降噪物。尽管绿化带不像实体墙那样能成为隔离空气声传播的有效屏障，但树木有浓密的枝叶，比粗糙的墙壁吸声能力强，能够减少声音的反射。当噪声通过树木时，树叶表面的气孔和粗糙的须毛，能吸收一部分声能，尤其能隔离高频的车辆噪声。又由于树木对声波有散射作用，通过枝叶摆动，使声波减弱而逐渐消失。枝叶吸收声能通过声场中空气分子动能转化为叶子的振动。因此，从声能中分离出来的振动能一部分因枝叶的摩擦转变为热能而散失。

据测定，40m 宽的林带中减低噪声 10~15dB，30m 宽的林带可吸收 6~8dB 的噪声。城市公园中成片树林可使噪声降至 26~43dB，使噪声接近于无害的程度。在两侧没有种树的街道上，其噪声要比两侧种满树的人行道大 5 倍，绿化的街道可减少噪声 8~10dB。一般来说，树冠矮的乔木和灌木比树冠高的乔木防噪声的能力大，灌木的吸音作用更显著。阔叶树吸音效果比针叶树好，几条狭林带比一条宽林带吸音作用大，山乔木、灌木、草木构成的多层稀疏林带比一层稠密林带的作用更显著。乔、灌木搭配密植，树木高大，树叶茂密的绿化带的附加降噪估量如下：

林带宽度为 10m 时，附加降噪量 1dB~2dB

林带宽度为 30m 时，附加降噪量 3dB~5dB

林带宽度为 50m 时，附加降噪量 5dB~7dB

林带宽度为 100m 时，附加降噪量 10dB~12dB

根据绿化带的降噪特性，栽植绿化林带防治噪声可根据下列指导和规定：

为保证降噪绿化效果，防噪林带采取沿公路两旁先低后高分层次种植。选择几种植物混种，以便取长补短，在车道近旁可栽种灌木，稍远处可以种植草地，再远处可栽种乔木林带，并探索出不同的地方用不同的植物配置原则。树木一定要求速生且高大，能很快超过路堤高度形成自然屏障；防噪林的效果会因声波频率、树林的密度和宽度而异，所以林带要种得密、是够宽，而且要根据上壤选用树冠矮、分枝低、枝叶茂密的灌木与乔木搭配构成防噪林带，阔叶的树木比针叶树木的单位吸声量大。

绿化带的降噪作用不仅与种植参数有关，而且与声源及接收者离地高度有关。2000 Hz 以上的高频，其波长往往比树叶小，故树叶只有遮挡视线和高频声的作用，而对中低频的吸收较好。

林带位置应尽量靠近施工路段。其间距离宜在 6~15m 之间，林带宽度一般不小少 30m；林带高度宜在 10m 以上，灌木高度不宜小于 3m；长度应大于受保护点的长度。

注意树木的株行距，保证树木得到充足的生活空间、水分、养分、光。以 72 杨、69 杨为例，一般 1 ~ 2 年生幼树树冠在 2~3m，2~3 年生可达 4~5 m，3 行以上的成片、速生丰产林行间距为 3×3m。对防噪林的采伐要严加控制，在经济林成熟以后，采伐宜分期分批进行，采伐后要及时补种新树。

要保证一年四季都有降噪效果，耐寒树木不可少，可选用蜀桧柏和独木女贞等常见的耐寒树种；为了提高抗病虫害的能力，树种应有多样性，错落有致，形成一个良好的生态群落，也有利于树木成活与降噪，减少管理和维护；考虑林木色彩搭配合理，避免单调呆板，增加色彩与美观。林带衰减与宽度成正比，与能见度成反比。林带要有一定的高度和长度才有降噪效果。每 10 m 林带总的噪声衰减在 3 dB 左右。枝叶和有腐殖质的地而对中低频衰减较好，而树干对高频衰减较明显。利用绿化带降低噪声，其效果取决于树种、能见度、种植宽度、树冠高度、枝叶密度以及季节变化等，其中能见度和宽度是最重要的两个因素，在噪声源与建筑物之间，要合理配置山常绿（或落叶期短）乔木和灌木组成的绿化带，且靠近噪声源植树比靠近防护对象植树效果要好。林带最好是稠密的高树，分枝点低，枝叶茂密，垂直分布，且高矮搭配。

3. 修筑路堑或假路堑降低噪声

假路堑是利用施工废土或工业废渣在公路旁修筑成堤状构造物。路堑形式若满足不了降噪要求，可适当将路堑土方再填高或修筑墙体。当拟建公路两侧的声环境敏感附近环境条件及水文地质条件许可的前提下，可以修筑路堑路基。路堑的深度可视公路侧环境敏感点预测的环境噪声超标情况而定，路堑的长度可视敏感点沿走向所占的范围而定。根据日本研究介绍，减噪效果以路堑形式最佳。美国修建高速公路当通过声环境敏感地区时，亦常采用路堑形式，这样不但可以减少噪声，还不会因设置声屏障而影响路侧景观。公路工程实践表明，挖深 3~4m，路堑长度为 100~500m，当距路边的垂直距离为 50m 时，路堑声屏障的降噪效果可达 20dB。

填筑工程弃方防治公路噪声，应符合下列规定：

（1）应对用地的可行性进行分析论证，并注重与景观协调。

（2）工程弃方填筑高度、长度可参照规范的规定设计，其边坡坡度应根据当地土质条件、地形、地物确定，填筑体应压实，保证稳定。

（3）采用建筑垃圾或工业废渣等废弃物填筑时应用土壤包覆，不得外露，并及时绿化。

（4）填筑体表面应绿化，有条件时应在其表面及周围作美化栽植。

4. 采取土堤、墙体和植树的组合方式降低噪声

这种降低噪声形式的墙体高度较低，可减少由于高墙带来的压迫感，造成作业工人的心情不舒畅而引起的施工事故。确保了植树的空间，取得了降低噪声、遮蔽声源的效果。采取这种综合的办法降低噪声效果更佳。

5. 其他措施降低公路噪声

运输车辆噪声主要影响料场至施工工地间道路旁的居民；机械噪声则主要在公路施工地段。从对居民的影响看，主要是前者。因为料场至施工地段道路两边的村庄较多，有的道路就是从村庄中通过的，而施工公路地段两侧村庄较少，基本为农田。

道路选线除应保证行车安全、舒适、快捷、建设工程量小等原则外，还应根据环境噪声允许标准控制路线距环境敏感点的距离，最大限度地避免噪声污染。

公路施工组织设计中应对产生强噪声辐射的施工机械的作业时间、场地布置等作出规定，其噪声标准应符合《建筑场界噪声标准》（GBJl2523.90）中的有关规定。

针对施工期的噪声主要来自施工机械和运输车辆的特点。施工中位应该选用符合国家有关标准的施工机具和运输车辆，对各种车辆和机械进行强制性的定期保养维修，以减少因机械故障等原因产生的附加噪声。

使它们都能在正常状态下运转，防止由于机械设备的"带病"工作而造成噪声声级的提高。

尽量选用低噪声的施工机械和工艺。选用低噪声设备，可从根本上降低声强，低噪型运载车在行驶中的噪声声级比同类水平其他车辆约降低 10.15dB，不同型号压路机噪声声级可相差 5dB。

为保护施工人员的健康，施工中位要合理安排工作人员轮流操作辐射高、强噪声的施工机械，减少接触高噪声的时间，或穿插安排高噪声和低噪声的工作。

针对筑路机械施工的噪声具有突发、无规则、不连续、高强度等特点。可加强施工组织安排，把可能产生强噪声的工序安排在昼间，并避开人们午休时间，把噪声影响降到最低。在人员相对密集的施工路段，尽量安排可达到同等施工质量的低噪声施工设备。

对距居民区150m以内的施工现场，噪声大的施工机具在夜间22∶00～06∶00应停止施工。

做好宣传工作，争取取得周围群众的理解和支持。与当地环保部门配合设立投诉电话，及时纠正防护不当和安排不合理行为，处理好各种环境纠纷。

公路施工为露天施工，只能在施工过程中将营地或机械集中点尽可能放在避开噪声敏感的地点，或者必要时在一些敏感地点设置临时隔声墙，施工场站应远离工厂、学校、生活区等人员聚集地，以防止噪声污染和不必要的纠纷。

利用土丘、山岗降低噪声。路线布设时，尽可能利用地貌地物作声屏障。如将路线布设在山丘外侧，使村舍处于声影区。控制路线距敏感点的距离，因地面吸收的衰减也是十分显著的。

第四节　公路工程防沙、固沙对策研究

一、科尔沁沙地基本情况

科尔沁沙地原生植被属于森林向草原过度类型。目前原生植被已被破坏殆尽，现存的植物种类表现出强烈的次生性，大部分已演变为半隐域性的沙生植被和隐域性的草甸植被。在区系分布上，本地区属于蒙古植物区系、华北植物区系和长白植物区系交接地带，其中分布最广、种类最多的是蒙古植物区系植物。

（一）研究地区现有植被分为4种类型

（1）流动、半流动沙地先锋植被。

（2）固定、半固定沙地灌木、半灌木植被。

（3）沙质草甸植被。

（4）沙地森林植被。

在沙地（半固定沙地和固定沙地）形成小叶锦鸡儿—差不嘎蒿（灌木—半灌木）群落；在甸子地分布拂子茅、雾冰草、萎陵菜等草本群落；在局部地区有人工栽植的杨、柳、樟子松等乔木树种。本地区典型生态系统类型有二种：疏林草原生态系统、农林复合生态系统。科尔沁沙地以草地沙化、固定沙丘活化后风沙流侵袭路面为主，表现为风沙流过境或遇阻堆积。

二、科尔沁地区沙漠化成因及动态分析

（一）科尔沁沙地形成的自然因素

对科尔沁沙地地质历史以来形成规律的分析。该区既存在着沙漠化的正过程（其存在表示地表已出现流沙并趋于扩大）。又存在着沙漠化的逆过程，即出现生草成土作用的产物——古土壤，它的出现表示流沙趋于固定、缩小。科尔沁沙地的演替经历了扩大与固定、缩小的波动交替发展模式。其成因可与该区处于水平生物气候带的南北移动有关，而移动原因可归为全球冰期气候波动。

（二）科尔沁沙地形成的人为因素

科尔沁沙地的开发历史悠久。从敖汗旗大甸子村遗址中发现了丰富的夏家店下层文化可见一斑。由于人类活动的影响，加之气候的干旱化。大面积地表植被难以短期内恢复，地表反照率增大，促使沙漠化发展。史料记载，公元10世纪的辽代发展屯垦和农耕，这些地区的自然条件是"地沃宜耕植，水草便畜牧"，至公元12世纪末，居民增多，樵柴和过度放牧破坏了部分地区的植被，下覆沙质沉积随风而起。至13世纪西辽河流域政治经济活动不如前代活跃，使草原植被得以复苏生长。19世纪后，加速开垦荒地，后又被废弃，撂荒地经过干旱风季沙层被吹扬而起，形成流动沙丘，从而使草原退化为沙漠化土地。可见人为乱垦滥伐是近代科尔沁沙地沙漠化的直接因素。

科尔沁地区沙漠化动态分析：

通辽人口增加，市区面积扩大，耕地由20世纪80年代的38.9%增加到90年代的57.82%。而林草地则分别下降了1.7%和3.97%，其中草地中仅有中低覆盖的草地，沙质沙化地占5.57%。由于土地承载力加大。耕地不能很好地进行施肥和营养恢复，面临进一步沙化的可能。草地面积的减少使畜草矛盾的进一步突出。开鲁县的人口密度10年也增加了9人/m²。人口增加使耕地被迫增加，而林地则由80年代的13.90%下降到90年代的0.41%。草地面积也减少了4.56%。潜在沙漠化面积加上已沙化的面积维持在80、90年代两次调查中大约一致的水平。通辽、开鲁位于冲积平原，土层深厚。水分条件良好，应当合理安排农、林、牧的比例，植树种草，减少水土流失。

位于南部高阶地的丘陵栗褐上、褐上灌草丛区的奈曼旗人口增加不明显，而耕地却增加16.83%。林地下降15.49%，草地增加3.41%，草地中几乎全为高覆盖草地。奈曼旗位于温带、暖温带的过渡区，水热条件较好，大面积为黄土覆盖，上层深厚。当前，两地均存在较为严重的沙化，且沙化面积正在扩大。必须大力营造防风固沙林、围栏种草。

三、项目区自然条件

（一）地形地貌

项目区地形为北高南低，地貌类型为坨甸为主要特点，高低起伏不平，且以固定半固定沙丘分布为主，沙丘高度 5.10 米，沙丘密度在 0.5 以上，丘间低地水分条件较好，自然植被发育良好。

（二）气候

由于项目区处于科尔沁沙地，因此具有典型的半干旱大陆性气候特点，降水一般为 350mm 以上，并多集中于 6、8 月，年蒸发量一般为 2300mm 以上，年平均气温 4.9℃，最冷月为一月，最热月为七月，>100C 有效积温 2800℃ 以上，无霜期 120~130 天，主害风方向以西北风为主。

（三）土壤条件

项目区土壤类型为棕壤土、栗钙土、草甸土、风沙土等，其中以风沙土为主，其特点是地表风蚀严重，土壤有机质含量低，pH 酸碱度 8.9，土壤含水量 1~2%，机械组成以中细沙为主，占 90% 以上。

（四）植被状况

项目区位于通辽市奈曼旗境内，属于农牧交错地带，景观类型主要以农田和沙丘分布为主。流动沙丘主要植物种有沙米、沙蒿等，半固定沙丘植被以黄柳、小叶锦鸡儿、乌丹蒿为主，而且有大面积的人工杨树林分布。

四、公路沙害的成因

主要有两个方面，即自然因素和人为因素。首先，线路所经地段公路两侧的沙质土地地表松散，多以活动、半活动沙丘为主，在干旱多风的气候条件下产生扬沙，对公路路基、边坡和路面造成风蚀和埋压。其次，沙漠公路地段是人为活动较频繁的区域，人为活动的增加和人类对自然资源的不合理利用，干扰了正常的自然生态系统，造成土地沙化。

同时，修筑公路时自然植被大量破坏，引起土壤风蚀沙化，产生新的沙源。另外，筑路时的废弃物堆积，使风沙遇到障碍后风速减小，挟沙能力降低而沉积公路路肩路面，形成片状积沙，从而危及公路正常交通运输。具体因素包括：路基断面结构不合理。风沙流不宜通过而引起路面积沙；路基较低容易积沙而造成埋压；路侧有障碍物，沙粒遇到障碍后下沉堆积在公路上；高大沙丘在强风作用下向前移动，整体埋压路面；公路两侧原来固定的沙丘植被遭到破坏后沙丘活化，很快演变成流动或半固定状态，使流沙面积迅速扩大而埋压公路；机械沙障受损后失去阻沙作用，形成公路沙害；公路的改建、扩建，破坏了原有植被，造成草地沙化、固定沙丘活化形成新的沙源；筑路时的弃土堆积在路边形成障碍物，使风沙流受阻；太范围的草地、农田沙化风蚀后构成丰富的沙源，在风力的作用下发生强烈的风蚀、搬运和堆积，给公路造成危害。

五、公路沙害危害方式

（一）路基风蚀

公路路基风蚀是沙区公路沙害最为普遍的形式。沙区的一个重要特征是气候干旱、风大沙多，而公路路基主要由当地的风沙土填筑而成，路基结构松散、固结性差，受到风力作用，沙粒很容易被风吹走，产生路基、边坡、路肩的风蚀；或因过境风沙流的冲击、磨蚀，导致路肩或路面底层被掏空而塌陷。

（二）路面沙埋

沙埋路面是沙区公路最为严重的风沙危害形式。当公路穿越密集的流动沙丘群时，则易造成沙丘整体前移上路，阻碍交通，尤其是沙丘群低矮，主风向单一且与路基垂直时，沙丘移动迅速，造成大量沙子堆积，路面形成堆状积沙；当过境饱和风沙流在运行过程中遇到路基阻碍时，由于地形的变化而削弱风沙流的挟沙能力，引起多余沙粒沉积，造成舌状积沙和片状积沙。

湿润区公路以风蚀和小片积沙为主，形成阻路段较少，积沙累积 60 米。科右中旗——高力扳线公路以风蚀为主，形成阻沙路段极少，植被覆盖率高，沙丘呈固定、半固定状态，出现沙害的路段只有 3km。

六、沙漠地区防风固沙技术

（一）植物固沙治理技术

（1）固沙植物种的选择

治理区固沙植物种的选择范围包括乔、灌、草等，最终应选定比较适合当地立地及造林条件的植物。

（2）固沙植物种配置

根据不同的植物种混交及株行距配置，虽后确定防治最好的配置模式。

（3）植物固沙新技术应用

采用当前最新的保水剂、抗旱剂、生根粉等处理植物苗木，使固沙植物更加有效地起到防护效果。

（二）工程固沙技术

土工编织袋沙障选用可抗老化 5~10 年的 PV 管丝编织布，设计成长桶状，分为带鳍和不带鳍两种。带鳍者状如鱼鳍，在长筒侧面借口处预留一定尺寸，鳍顶端一定尺寸内的横线抽掉成须状，模拟麦草，用此装置可将沙障设置成带状、方状、菱形、拱形。另一方面用传统材料设置的沙障其固沙效果无法进行人工调控，一旦设置后其固沙效果会随时间的流逝，在不利环境因子的侵蚀下，沙障的固沙作用逐步降低，用土工材料设置的沙障由于材料本身抗不利环境因子的能力强，而且在一场大风过后可用人工将沙障提起，固沙效能马上得到恢复，相当于新设一次沙障。由此可见，这类沙障具有灵活、机动、固沙效果好的特点，可广泛地用于公路的沙害防沙工程。

（三）沙袋固沙

黄柳是当地人工种植的固沙先锋灌木，生长良好；它耐干旱贫瘠，抗风蚀、喜沙埋，在流沙趋于固定后，其生长状况逐步衰退。使用1~2年生的黄柳条，切成80cm的插条，扦插时地表以上外留20cm；按不同的规格在流动沙丘上设置菱形活沙障。